KB260551

Friendshifts

프렌드시프트

Friendshifts

프렌드시프트

잔 야거 지음 | 한지영 옮김

필맥

우정은 보석과 같아. 주식은 값이 오르락내리락하지만 우정은 가치가 계속 커지지.

– 글래디스 바커스, 74살의 노인

PART 2 프렌드시프트, 우정이 삶과 함께 어떻게 변하는가에 대해

친구란 나를 진심으로 위하는 사람이죠.
내가 어떤 얘기를 하더라도 그 얘기를 듣고 "괜찮다"고 말해주는 사람이죠.
그런 게 친구예요.

- 네 자녀의 어머니인 52살의 대학원생

친구는 사치품이 아니다. 필수품이다.

- 보이스타운센터가 발행한 소책자에서

친구를 사귀려면 두 가지가 필요하니, 하나는 진실함이요 다른 하나는 다정함이다.

- 에머슨의 《수상록(Essays)》중 '우정' 편

그래서 친구가 좋다는 게 아닌가

1. 우정의 힘

1년 전 어느 일요일 오후 나는 친구 조이스에게 안부나 전하려고 전화를 걸었다. 마침 조이스가 집에 없어 통화를 못하고 끊었는데 몇 시간 뒤 조이스에게 전화가 왔다. 조이스는 다음날 면접을 봐야 한다는 얘기를 꺼냈다. 경쟁자가 90명쯤 된다고 했다. 그래서인지 목소리가 잔뜩 풀이 죽고 겁에 질려 있었다. 그때였다. 내가 친구에게 들을 수 있는 최고의 칭찬을 들은 것은. 조이스는 내게 "네 목소리만 들어도 기분이 한결 낫다."고 말했다.

　나는 생각하지도 않았는데 친구의 스트레스를 덜어주었다. 이처럼 친구라는 존재는 스트레스를 줄여주는 능력이 있기에 친구가 있어야 더 오래 살고 삶의 질도 높아진다고 학자들이 주장하는 것이다.

　나와 조이스는 아무 이야기나 편하게 할 수 있다. 우리는 많은 일을 함께 했고 지금도 여전히 친하다. 우리 우정은 우리가 1969년 여름 필라델피아 템플대학 지질학 수업에서 처음 만났을 때로 거슬러 올라간다. 조이스는 처음부터 내 농담에 웃어주었다. 자기주장이 강하고, 늘 지나치게 열심이고, 학구적인 겉모습에 가린 내 엉뚱한 면을 조이스는 알아보았다. 나는 조이스의 어머니가 너무 젊은 나이에 돌아가셨을 때 슬픔을 함께했다. 조이스가 내 결혼식을 지켜보았던 것처럼 조이스의 행복한 결혼식을 지켜보았다. 그리고 꽤 오랜 시간이 흘러 조이스가 첫 딸을 낳았을 때는 축하 잔치에도 참석했다. 그 잔치는 조이스가 5개월을 넘기지 못하고 유산을 거듭한 끝에 드디어 얻은 아이를 축하하기 위한 잔치라 더욱 뜻 깊었다.

프렌드시프트

내가 뉴욕으로 돌아갔다가 다시 코네티컷으로 옮기는 바람에 조이스와 나는 불과 3년밖에 한 도시에서 살지 못했다. 그래도 우리는 지금껏 아주 가깝게 지내고 있다. 프렌드시프트는 우정이 삶의 단계에 따라, 또는 학교, 직장, 사는 곳이 바뀜에 따라 변한다는 뜻으로 내가 만들어낸 단어이다. 말하자면 "새 친구를 사귀되 옛 친구를 버리지 마라. 새 친구가 은이면 옛 친구는 금이다"라는 금언을 지금의 현실에 맞게 바꾼 것이다. 우리가 새 친구를 필요로 하는 이유는 관심사의 변화, 이사, 승진, 전직, 친구나 배우자의 죽음 등 다양하다. 이유야 어떻든 우리는 친구를 계속 사귀어야 옛 친구를 자주 또는 영영 볼 수 없게 되더라도 계속 유대감을 느끼며 살 수 있다.

　우리는 살아가면서 학생, 직장인, 배우자, 부모 등 여러 역할을 해야 하고 이에 따라 우정이 삶에서 차지하는 자리도 바뀐다. 그러나 어떤 경우에도 친구는 필요하다. 그것도 적당히 친한 친구부터 꽤 친한 친구, 아주 친한 친구, 남자친구, 여자친구에 이르기까지 다양한 친구가 필요하다. 우정은 우리가 살아가면서 다른 주요관계에 애착을 느끼는 정도에 따라 정서안정에 미치는 중요도가 달라지는 하나 계속하여 일정한 구실을 한다.

　사랑하는 우리 할머니가 83살로 세상을 떠났을 때의 일이다. 장례식에서 추모사를 읽다 주위를 둘러본 나는 장례식장에 가족 몇 명밖에 모이지 않은 것을 보고 서글픔을 느꼈다. 일찍이 남편을 여읜 할머니가 평생을 의지하며 사이좋게 지낸 친구 분들은 단 한 분도 보이지 않았다. 이미 돌아가셨거나 멀리 다른 곳으로 이사했기 때문이다. 할머니는 새 친구를 사귀지도 못했고 따라서 말년이 더 외로울 수밖에 없었다. 할머니는 프렌드시프트라는 개념을 이해했어야 했다. 그랬더라면 노년을 더 충만하게 보낼 수 있었을 것이다. 할머니는 날마다 얼굴을 보며 친밀감을 나눌 수 있는 상대를 간절히 원했지만 할머니의 가족들은 너무 바빴다.

누구에게나 친구가 필요하다

다행히 관심과 사랑이 넘치는 가정에서 자란 사람일지라도 언젠가는 집을 떠나야 한다. 그러나 친구는, 오랜 세월을 사귄 친구든 새 환경에서 새로 사귄 친구든 언제나 곁에 있으면서 힘이 되어주고 외로움을 덜어준다.

친구는 우리에게 자기존중감과 사랑을 느끼게 하며 추억을 만들어준다. 절망에 빠졌을 때는 희망도 준다. 1993년 캘리포니아에서는 항암치료로 머리가 빠진 반 친구가 자기 모습에 주눅이 들까봐 반 아이들이 다같이 머리를 밀기도 했다. 아이들은 친구의 병세가 누그러졌다는 소식이 들려올 때까지 그렇게 까까머리로 지냈다.

우정. 많은 사람들이 우정을 당연하게 생각한다. 사람들은 우정이 얼마나 강력하고 긍정적인 힘을 발휘하는지 알지 못한다. 안다면 우정을 좀더 진지하게 생각할 것이다. 친구를 잘 사귀면 자기의 가치를 깨달을 수 있다. 친구를 잘 사귀면 대통령이 될 수도 있다. 공부, 일, 부모 노릇, 심지어 늙는 것도 친구와 함께라면 더 재미있을 수 있다.

나는 세인트존스대학 재학생 46명에게 친구를 사귈 때 어떤 점을 중요하게 생각하는지 물었다. 거의 대부분의 학생이 신뢰와 정직이라고 대답했다(각각 44명, 43명). 그 다음으로 많이 꼽은 것이 신의, 성실, 이야기를 잘 들어주는 능력이었고(35명, 32명, 31명), 마지막이 공통된 생각과 사랑이었다(28명, 24명). 매력이라고 대답한 사람은 단 한 명이었다. 두 사람만이 나이가 문제된다고 했다. 10명만이 지성을 꼽았으며 8명은 화제가 풍부한 사람이라고 대답했다.

보라, 우정이란 얼마나 고귀한 관계인가! 신뢰, 정직, 신의, 성실, 이야기를 잘 들어주는 능력, 공통된 생각, 사랑이 중요하다니 말이다. 이런 것들은 모두 노력하면 얻을 수 있는 품성과 감성이다. 나이, 매력, 지성 같이 상당 부분 출생과 운에 좌우되는 특성은 우정에서 중요하지 않다.

마찬가지로 가족은 내가 골라서 태어날 수 없지만 친구는 내가 선택할 수 있다.

여러분은 학교에 다니는 아이들이나 애인이 없는 독신자에게 우정이 매우 중요하다는 말에 아마 동의할 것이다. 그러나 더할 나위 없이 행복한 커플에게도 친구는 중요하다. 우리는 가장 긍정적인 남녀관계나 혈연관계보다 우정에서 더 확고한 존재감을 느낀다. 이제 친구가 일평생 필요하다는 사실을 모르는 사람은 없다.

"슬프고 지칠 때, 정말 친구가 필요할 때, 누가 좋은 친구인지 금방 알 수 있어요. 좋은 친구는 친구가 풀이 죽어 있을 때 모른 체하지 않아요. 잘 되어도 시기하지 않고요." 신시내티에 살며 어린 두 딸을 둔 어느 판매담당 부사장의 말이다.

이 책에서 또 하나 말하려는 바는 우정도 사랑처럼 시간과 노력이 필요하다는 것이다. 친구를 사귀고 유지하는 법은 아이 때부터 가르쳐야 한다. 부모는 아이들이 스스로 친구를 사귈 수 있을 만큼 자랄 때까지 아이가 다른 아이와 모여서 놀 수 있는 자리를 마련해주어야 한다. 아이가 이웃집 아이와 노는 것도 좋지만 그것만으로는 부족하다. 아이들은 단지 가까운 곳에 살거나 만나기 편리하다는 이유만으로 친구를 사귈 것이 아니라 생각이나 취미가 같은 친구를 사귀어야 한다. 그리고 친구가 멀리 이사하거나 친구와 의견이 맞지 않을 때에도 우정을 유지하는 법을 배워야 한다.

만일 여러분에게 배우자나 애인이 있다면 그 사람과 친구가 되는 것도 좋다. 그러나 생계를 함께 하며 배우자나 부모 노릇을 하다 보면 관계가 복잡해지기 마련이고 결국 정신적인 우정을 찾게 된다.

또한 운이 좋아 아주 이해심 많은 이성과 관계를 맺고 있다 해도 초경, 출산, 아빠가 되는 것, 폐경기 같은 특정한 성별에 국한된 경험은 나눌 수 없다. 반면 동성친구는 자기의 경험을 보태어 우리 삶을 풍요롭게 한다.

친구를 보면 그 사람이 어디서 어떻게 사는가도 알 수 있다. 다이안 크리스펠이 여론조사기관의 설문결과를 인용하여 〈월스트리트저널〉에 보도한 내용에 따르면 미국인은 자기를 가장 잘 나타낼 수 있는 것으로 친구를 꼽았다(39퍼센트). 이는 집(26퍼센트), 직업(12퍼센트), 옷차림(12퍼센트)을 많이 앞지르는 수치였다.

우정에 관한 다음의 사실도 알아둘 만하다.

:: 친구가 있는 아이들이 학교생활을 더 잘한다.

:: 친구가 있는 사람은 심장발작이나 큰 수술 뒤에 살아날 가능성이 크며 호흡기질환이나 암에 걸릴 위험이 적다.

:: 친구는 독신에게 지속적인 인간관계를 제공함으로써 가족이 없는 사람이라도 만족스런 삶을 살 수 있게 한다.

:: 친구가 있는 사람이 더 오래 산다는 사실이 캘리포니아 주민 수천 명을 상대로 9년간 실시한 조사에서 밝혀졌다.

왜 우정이 이처럼 중요해진 걸까

다음과 같은 이유로 우정은 과거 어느 때보다 중요하게 생각되고 있으며 앞으로 더 중요하게 여겨질 것이다.

첫째, 더 작은 핵가족화 추세가 지속되고 있다. 내가 개인적으로 아는 삼사십대 남녀 다섯 명은 형제가 일곱에서 열한 명이나 된다. 그러나 우리 세대나 우리보다 젊은 세대 중 자녀를 다섯 이상 두고 있는 경우는 드물다. 하나나 둘, 많아야 셋이다.

형제가 없는 사람은 집에서는 또래와 상호작용을 나눌 수 없다. 대신 친구와 그런 상호작용을 나눈다. "친구들이 없으면 난 못 살아요. 지금은 결혼해서 가족이 생겼지만 그래도 마찬가지예요." 무남독녀인 캐럴 앤 핀켈슈타인의 말이다. 캐럴의 부모님은 1970년대 후반 캐럴이 서른도 되지 않았을 때 1년 사이에 모두 돌아가셨다.

둘째, 은퇴한 사람들뿐만 아니라 핵가족의 구성원들도 직장, 교육, 결혼 문제로 이사하는 일이 늘고 있다. 아직 일을 하고 있거나 은퇴한 친척, 부모, 조부모, 형제들이 다른 도시나 주 또는 다른 나라로 이사하는 일이 늘면서 어른이 된 뒤에는 가족들과 자주 만나지 못한다. 가족의 일원이 다른 곳으로 이사할 경우 다른 사람이 그들을 대신할 수 없다. 그러나 친구는 언제든 새로 사귈 수 있다.

셋째, 학교에 다니는 자녀를 둔 일하는 엄마가 늘고 있다. 일하는 엄마를 둔 아이에게는 학교에 있는 시간이나 방과 후에 친구가 엄마를 대신하여 친밀한 관계를 제공한다.

넷째, 노인들은 친구에게서 친밀한 관계를 충족한다. 평균수명이 늘어나면서 일을 통한 일상적인 접촉이 결여된 채, 배우자가 먼저 세상을 뜬 경우 친밀감을 나눌 상대도 없이, 10년 이상 살 가능성이 높아졌다. 그러나 친구가 있으면 외로움과 고립감에서 벗어나 자기가 필요하고 쓸모 있는 사람임을 느낄 수 있다.

다섯째, 독신은 친구에게서 친밀감을 느낀다. 친구는 미혼 또는 이혼한 사람, 배우자를 여읜 사람이 새로 가정을 꾸릴 때까지 정신건강에 도움을 준다. 이들이 계속 독신으로 살 경우에도 친구는 많은 도움을 준다.

여섯째, 결혼생활이 아주 행복한 사람일지라도 우정에서 감성과 지성의 자극을 받는다. 기혼남녀는 소모적이고 때로 단순하기 짝이 없는 부모, 배우자, 직장인 노릇에서 벗어나 다른 사람들과 친밀한 관계를 맺고 싶어 한다. 이들에게 우정은 '또 다른 자아'를 찾아준다.

일곱째, 친구는 한때 평생고용주가 보장했던 경력의 지속성을 제공한다. 감원이 늘면서 평생고용은 극히 드문 일이 됐다. 그러나 친구를 통해 경력을 계속할 수 있는 기회를 얻고, 심지어 직원을 뽑는다는 내부소식을 먼저 듣기도 한다.

우정에 관한 교육은 가정에서 시작된다

어린 시절에 어머니, 아버지, 형제를 대하며 익힌 패턴이 다른 사람과 관계 맺는 방식의 바탕이 된다는 것은 아마 다 알고 있는 사실일 것이다. 이런 사실을 이해하고 자신의 패턴을 인식하는 것이 지금 자신의 불만스런 우정패턴을 바꾸는 첫걸음이다.

또한 어려서 익힌 패턴이 지금의 관계를 좌우한다는 사실을 알면 친구에게 실망하는 일이 있더라도 더 이해심을 발휘할 수 있다. 친구는 당신과 아무 상관없는 어린 시절에 익힌 패턴을 자기도 모르는 사이 되풀이하고 있는지도 모른다.

예를 들어 당신에게 심하게 경쟁심을 느끼는 친구가 있다고 하자. 이 친구는 어렸을 때 다른 형제들과 늘 비교되었을 것이다. 당신은 경쟁이 부담스러워 그 친구를 멀리할 수도 있지만 그것은 두 사람 모두에게 손해이다.

내가 변화시킬 수 있는 사람은 나뿐이다. 이 점을 염두에 두고 문제를 풀어라. 왜 경쟁이 나에게 이처럼 부정적인 느낌을 주는가? 정녕 친구의 행동이 문제인가? 아니면 내가 친구의 행동에 효과적으로 대처하지 못하는 것이 문제인가? 이 기회에 갈등을 적극적으로 해결하라. 아니면 경쟁심 때문에 다른 친구와도 똑같은 갈등을 겪게 될 것이다.

우정은 문제가정에 도움을 준다

커트와 여동생은 일주일에도 몇 번씩 아버지에게 두들겨 맞았다. 이런 일은 커트가 네 살 때부터 계속됐다. 시비에스 방송의 특별 프로그램 〈침묵을 깨라: 아동학대에 맞서는 아이들〉에 출연한 커트는 이렇게 말했다. "제 동생이 자기 친구들에게 얘기한 덕분에 마침내 학대에서 벗어날 수 있었어요. 동생 친구들은 믿을 수 있는 어른에게 말씀드렸고 그분이 아동학대상담소에 전화했지요." 커트 남매는 3년간 위탁가정에 맡겨졌다가 아버지가 술을 끊은 뒤 집으로 돌아갔다. 커트의 부모는 자식의 눈두덩에 멍을 남기거나 코피를 터뜨리지 않고도 훈육하는 법을 배웠다.

화목한 가정에 태어나지 못한 사람일지라도 친구를 통해 원하는 것을 얻을 수 있다. 이는 이 책의 주제 중 하나이기도 하다. 즉 지금까지 충분히 활용되지는 못했지만, 친구가 문제가정, 특히 방임되거나 학대받는 아이와 청소년에게 도움을 줄 수 있다는 것이다. 이런 가정에서 자란 아이들에게 심리치료나 가족치료 프로그램 같은 치료적 개입에 앞선, 혹은 병행한 친구의 도움은 자기존중감을 회복시키고, 외로움을 달래줄 수 있다. 1989년 9월, 당시 대통령이었던 조지 부시가 주변에 마약을 하는 친구가 있다면 "부디 못 본 체 하지 말라"고 젊은이들에게 호소한 것도 이와 같은 맥락이라 할 수 있다.

나는 왜 이 책을 썼나

나는 늘 인간의 특성에 흥미를 느꼈다. 그러나 이와 관련해 정식으로 공부를 시작한 것은 1970년 인턴대학원생 자격으로 하네만 의과

대학에서 미술심리치료를 공부하면서부터다. 나는 그 뒤 10년 동안 대학에서 학생들을 가르치고 형사사법으로 석사학위를 받았으며 《희생자(Victims)》《도움서(The help Book)》《미국의 독신(Single in America)》등 논픽션을 몇 권 썼다.

　　나는 대학원에 다닐 때 한 남자를 사귀면서 우정에 깊은 관심을 가지게 됐다. 남자친구에게는 고등학교 때부터 사귄 아주 친한 친구들의 네트워크가 있었는데 우정이 매우 돈독하여 서로 도움을 아끼지 않았다. 나도 늘 여자친구들이 있었지만 나와 상대방 둘이서만 친한 게 보통이었다. 내게는 그렇게 나하고만 친하지 자기들끼리는 알지 못하는 친구들이 많았다. 나는 남자들이 그러는 것처럼 여자들과 네트워크를 만들어 끈끈한 유대감을 느끼고 싶었다. 한편 하나뿐인 언니가 남편을 따라 워싱턴으로 가게 된 것도 내가 우정에 대해 다시 생각하는 계기가 됐다. 10년 동안 먼 도시에서 살았던 언니는 몇 년 전 내 맨해튼 집에서 한 블록밖에 떨어지지 않은 아파트로 이사와 살고 있었다. 언니와 나는 가까이 살면서 우애가 매우 깊어졌다. 그런데 언니가 또 먼 곳으로 가버리면 누가 내 친구가 되어 그 빈 자리를 채워줄 것인가?

　　나는 1980년 사회학 박사학위 논문 주제로 우정을 연구하기 시작하면서 남자와 여자의 우정에서 나타나는 차이에 큰 흥미를 느꼈다. 나는 우정이 끝나는 까닭도 연구하고 싶었다. 그러려면 우정이 어떻게 시작되고 지속되는지를 먼저 이해해야 했다. 내 학위논문은 맨해튼 이스트사이드 북부의 한 블록을 무작위로 골라 그 지역에서 혼자 사는 독신 여성 27명의 교우관계 패턴을 속속들이 파헤친 것이었다. 아홉 달 동안 이들을 상대로 심도 있는 인터뷰를 진행한 결과 여자들의 우정에 관한 몇 가지 통념이 사실과 다르다는 게 드러났다. 즉, 남자를 사이에 두고 곧잘 경쟁한다든가, 대부분 일대일 관계라든가, 주로 비밀을 나누기 위해 친분을 유지한다든가 하는 통념이 그것이다.

내가 실시한 인터뷰를 보면 아주 친한 관계에서 둘만이 친구인 경우는 절반에도 미치지 못했다(41퍼센트). 나머지는 세 사람이 친구(22퍼센트)이거나 넷 이상이 친구인 경우(37퍼센트)였다. 대다수는 자신들의 우정이 공통의 활동과 정서적인 공감에 바탕을 두고 있다고 말했다(85퍼센트). 비밀을 나누기 위해 친구를 사귄다는 사람은 7퍼센트에 그쳤다. 통념과 달리 내가 인터뷰한 사례 중 남자 때문에 우정이 깨진 경우는 단 2건에 불과했다. 조사대상 여성들은 평균, 아주 친한 친구 1~2명, 꽤 친한 친구 4명, 웬만큼 친한 친구 9명이 있었다.

나는 그 뒤로도 수년에 걸쳐 250명 이상을 직접 만나거나 전화로 인터뷰했다. 이번에는 대상을 넓혀 기혼자, 이혼자, 배우자와 사별한 남녀에 아이, 십대, 평사원, 간부들까지 포함시켰다. 이 과정에서 전문적으로 선정된 책 693권을 주석과 함께 소개한 도서목록서 《우정(Friendship)》을 저술하고 〈모던 브라이드(Modern Bride)〉, 〈맥콜스(McCall' s)〉, 〈아메리칸 베이비(American Baby)〉와 같은 잡지에 글을 실었다. 또 미국 각 지역을 비롯하여 캐나다, 일본, 스위스, 인도, 영국 출신의 기혼, 이혼, 사별, 독신 남녀 학생 500명 이상을 조사했다. 1990년부터 1992년까지는 인력자원관리전문가협회에서 무작위로 선정한 회원 257명을 상대로 일과 우정에 대해 조사했다. 또 1994년부터는 아동기나 청소년기에 성적으로 학대받은 경험이 있는 성인 24명 이상을 상대로 그러한 어린 시절의 경험이 우정의 패턴에 어떤 영향을 미쳤는지 깊이 연구하고 있다.

당신이 이 책에서 배울 수 있는 것

내성적이거나 외향적인 성격은 타고나는 것이 아니다. 우정을 주관하는 '유전자' 따위는 없다. 우정은 터득할 수 있는 기술이다. 여러분은 이 책에서 다음의 내용을 배워 교우관계를 향상할 수 있을 것이다.

:: 친구의 생각에 적극적으로 공감함으로써 친구와 더욱 가까워지는 법

:: 남자가 여자보다 일터에서 친구가 두 배나 많은 이유와 여자들이 이런 현상을 바꾸고 싶어 하는 이유

:: 자기공개의 기술 — 무엇을 언제 누구에게 보여줄 것인가?

:: 다른 사람에게 나에게 있었으면 하고 바랐던 바로 그런 친구가 되는 법

:: 나와 가치관이 같은 친구를 고르는 법. 가치관이 같다는 것은 어떤 일을 같이 하거나 가까이 있는 것보다 더 오래 우정을 유지할 수 있는 힘이 된다.

나는 우정을 공부하면서 얻은 지식으로 분명 많은 이득을 보았

다. 내 삶은 그 어느 때보다 충만하고 보람차다. 내가 이 책에서 밝
힌 우정의 원칙을 날마다 실천하고 있기 때문이다.

2. 친구란 무엇인가

모두들 친구라는 말을 쓴다. 그런데 친구란 무슨 뜻인가? 사람들은 일주일에 한 번 만나 테니스를 치는 웬만큼 친한 친구도, 친형제처럼 여겨지는 아주 친한 친구도 그냥 친구라고 한다.

친구에게 기대하는 것들

친구를 정의하는 방법 중에는 친구한테 기대하는 특질을 살펴보는 방법이 있다. 친구의 특질에는 신의, 자기공개, 신뢰, 솔직함, 동질성 같은 것이 있다.

신의는 서로에게 충성하고 헌신하는 것이다. 신의는 일자리를 잃거나, 건강이 나빠지거나, 결혼생활에 문제가 생기거나, 가족 중

한사람이 죽거나 하여 삶에 위기가 닥칠 때 특히 필요한 덕목이다. 진정한 친구라면 이럴 때 기꺼이 도움을 준다. 번지르르 말만 늘어 놓는 일은 결코 없다.

자기공개는 몇몇 사람만 알고 있는 내밀한 감정과 경험을 상대 방과 기꺼이 나누는 것이다. 친구에게 자기를 공개하는 게 내키지 않는다면 적어도 친구가 당신에게 마음 놓고 자기를 열어 보일 수 있게는 해야 한다.

신뢰는 상대방이 결코 배반하지 않을 것이라는 확고한 믿음이 다. 친구가 나에게 말한 비밀은 절대 다른 사람에게 말하지 않는다. 또 함께 했던 어려움과 기쁨은 아무리 사소한 것이라도 하찮게 여기 지 않는다. 심리학자이자 스트레스로 인한 신경쇠약 전문가인 허버 트 프로이덴베르거에 따르면 "신뢰란 내가 친구에게 비밀을 얘기할 때 친구가 그 얘기를 다른 사람에게 말하지 않으리라고 믿는 것"이 며 "친구 생일잔치에 잊지 않고 참석하는 것"이다.

솔직함은 서로 경험, 느낌, 생각을 진실하게 표현하는 것이다.

동질성은 서로 사고방식이 비슷하고 상대방의 견해나 가치관 에 편안함을 느끼며 혹 두 사람 사이에 차이가 있다 해도 편히 넘길 수 있는 것이다.

친구를 정의하는 또 다른 방법으로 내가 어려울 때 힘이 되어 주는 사람인지 보는 게 있다. 그러나 요새 사람들은 대부분 일이나, 배우자, 자녀가 우선이다. 또 독신자들은 누구에게도 무엇에도 기 대서는 안 되며 독립적으로 행동하고 모든 일을 스스로 해결해야 한 다고 배운다. 게다가 곤경에 빠졌을 때 도움을 주어야만 친구라는 개념은 다소 기회주의적이다. 그러므로 현대인에게는 친구에게 무엇을 기대할 것인가에 대한 현실적인 기준을 세우는 것이 그 어느 때보다 필요하게 됐다.

우정에 대한 한 가지 진실은 친구 구실은 선택사항이라는 것이다. 다시 말해서 직업인, 배우자, 부모 같은 다른 필수구실이 우선이다. 만일 이런 필수구실을 수행하는 데 우정이 방해가 된다면 우정을 잠시 제쳐두거나 포기할 수밖에 없다.

친구의 세 가지 유형

친구를 정의하는 또 다른 방법으로 친밀도를 기준으로 하는 것이 있는데 이는 내가 이 책에서 쓴 방법이기도 하다. 친구는 친밀도에 따라 가장 친한 친구, 꽤 친한 친구, 웬만큼 친한 친구 셋으로 나눌 수 있다. 물론 이런 분류에 개인차이가 있을 수 있다. 성격이 유난히 차갑고 폐쇄적인 사람이라면 다정다감하고 외향적인 사람이 웬만큼 친한 친구라고 생각하는 사람을 꽤 친한 친구로 분류할 수 있다는 얘기다. 그러나 대체로 이 세 가지 유형의 차이는 데이트, 약혼, 결혼의 차이에 비유할 수 있다. 친밀도를 기준으로 그래프를 그린다면 웬만큼 친한 친구는 맨 아래에 있고 가장 친한 친구는 맨 위에 있다.

그러나 이 세 우정의 공통점은 처음 관계가 형성되었던 상황이 끝난다 해도 우정이 지속된다는 것이다. 예를 들어 직장을 옮기거나 이사를 했는데 직장동료나 이웃이 계속 친구로 남는 경우이다. 그저 얼굴이나 알고 지내던 사람은 상황이 바뀌면 멀어지지만 이 세 가지 우정 형태에서는 관계를 유지하는 것이 예전보다 불편하더라 도 우정은 지속된다.

우정은 직장인이나 배우자 같은 공식적인 역할에서 일탈을 맛 보게 해준다. 그러나 친구도 의무와 규칙, 나름의 권리가 있는 엄연 한 구실이다. 일반적으로 친구에게 너무 자주 또는 지나치게 의존하 는 것은 현명하지 않다. 만일 친구가 지나치게 정서적 지지를 요구 한다면 덜 피곤한 다른 친구나 인간관계를 찾아야 할 것이다. 물론 예외도 있다. 예컨대 가족이 멀리 있거나 가족에게서 정서적인 도움 을 받을 수 없는 에이즈 환자에게 헌신적인 친구가 있는 경우이다. 중요한 것은 위기가 닥쳤을 때 친구에게 실제로 기대느냐 기대지 않 느냐가 아니라 그러려고만 하면 친구에게 기댈 수 있는가이다.

가장 친한 친구

작년에 같이 뉴욕으로 이사 온 뒤 우리는 떨어질 수 없는 사이가 됐어요. 우리는 적어도 하루에 한 번은 통화를 하는데 심지어 세 번까지 할 때도 있 어요.

-33살의 여비서

가장 친한 친구는 친구란 어떠해야 한다는 옛 전통에 충실하며 옛날 책이나 사회학 서적에 등장하는 막역지우의 특징을 지니고 있다. 그러므로 나는 이를 우정에 대한 전통적 접근이라 하려 한다. 전통적 접근을 보면 옛날에는 가장 친한 친구가 매우 중요한 위치를 차지했음을 알 수 있다. 그때는 보통 재산이나 출산능력을 따져서 결혼했지 요새처럼 사랑과 선택으로 하지 않았던 때이다.

전통적 접근에서는 우정에 크나큰 환상을 품고 있다. 즉 친구라면 어떤 일이 있어도 내 곁에 있어야 하고 나를 최우선으로 생각해야 한다고 믿는다. 친구는 다른 모든 사람들에 우선해야 한다. 관계는 오랜 세월과 갈등에도 변치 않아야 하고 이사나 결혼, 출산 같은 큰 변화에도 변함없어야 한다.

가장 친한 친구, 꽤 친한 친구, 웬만큼 친한 친구라는 세 범주를 놓고 볼 때 각각의 범주에 속하는 친구가 늘어나면 관계 각각의 가치는 떨어진다. 또한 서로에 대한 의존도도 줄어든다. 이론상으로 가장 친한 친구는 하나일 수밖에 없지만 실생활에서 사람들은 흔히 "내 가장 친한 친구 둘" 또는 "내가 항상 만나는 가장 친한 친구와 지금은 가까이 살지 않지만 여전히 가장 친한 친구"라는 표현을 쓴다.

가장 친한 친구가 둘 이상이라면 그 중 한 사람을 '가장 친한' 친구라고 부를 수 없으며, '가장 친한 친구'라는 독점적 지위 역시 흔들리게 된다고 프랑스의 철학자 몽테뉴는 지적했다. 그는 이렇게 말했다. "두 친구가 동시에 도움을 청하면 누구에게 달려갈 것인가? 둘이 상반되는 요구를 하면 어떻게 할 것인가? 한 친구가 비밀로 해달라면서 한 말이 다른 친구가 알아야 할 내용이라면 어떻게 처신할 것인가? 그러나 한 사람하고만 깊은 우정을 나눈다면 이런 문제는 모두 해결된다."

그러나 한 친구와 지극한 우정을 나눈다는 것은 현대인의 삶과 맞지 않는다. 특히 가장 중요한 인간관계가 배우자이고 성년의 대부분을 결혼생활에 바치는 현대인으로서는 더욱 그러하다. 배우자와 자녀에게 헌신하고 일도 열심히 해야 하는 오늘날의 남녀에게는 우정에 대한 현대적 접근이 더 보편적이며 실효성이 있다. 현대적 접근에서 우정은 좀더 표면적인 대신 다양하다. 즉 가장 친한 친구는 적고 꽤 친한 친구는 몇 명 되며 웬만큼 친한 친구는 많다.

그러나 아내, 엄마, 직장인 노릇을 하면서도 평생 각별한 우정을 나누는 사람들도 있다. 앤 플레세트 머피는 〈페어런츠〉라는 잡지의 편집장으로 두 아이의 어머니이다. 그는 첫 임신축하 파티 때 찍었던, 자신이 가장 좋아하는 사진 중 하나에 대한 글을 잡지에 실었다. 가장 친한 친구 네 명과 함께 찍은 사진이었다. 앤은 이렇게 설명한다. "내 오른쪽에 있는 사람은 제인이다. 산부인과 의사였던 우리 아버지가 나보다 네 달 일찍 세상에 내보낸 친구이다." 니콜은 유아원 놀이터에서 사귀었다. 니콜과 앤은 학창시절 내내 같이 지냈고 대학에 다닐 때는 같은 방을 썼다. 두 사람은 지금도 거의 매일 통화하는 사이이다. 세 번째 친구는 아일린으로 앤의 아파트 바로 위층에 살았다. 또 다른 친구 사라는 유아원부터 고등학교까지 함께 다닌 친구로 지금 앤의 집 바로 근처에 산다. 앤은 자신이 지금 사는 동네로 이사 오게 된 데는 친구들도 한 요인이 됐다고 말한다.

26살인 바바라는 미혼으로 현재 사귀는 남자가 없다. 바바라는 전통적 의미의 우정에 충실하여 가장 친한 친구가 딱 한 명 있다. 두 사람은 6학년 때 처음 만났고 고등학교 때부터 11년째 사귀고 있다.

바바라는 멜리사가 있어 덜 외롭다. 두 사람은 텍사스에서 4년 전에 함께 뉴욕으로 왔다. 지금은 바바라만 뉴욕에 살고 멜리사는 워싱턴에 산다. 그러나 한 달에 한 번은 만나고 전화통화는 자주 한다.

바바라는 이렇게 말한다. "저는 친구들과 무척 친하게 지내요. 그렇게 된 데는 제가 무남독녀라는 사실이 많은 영향을 미쳤어요. 고등학교에 다닐 때는 멜리사와 하도 친해서 마치 친자매 같았죠. 제가 형제자매가 없기 때문에 다른 사람들을 식구처럼 생각하는 것 같아요. 앞으로도 우리 우정은 우리 삶에서 언제나 우선순위를 차지할 거예요. 물론 사이가 늘 좋을 수만은 없겠지요. 하지만 우리는 지금껏 잘 해왔고 앞으로도 그럴 거예요."

대부분의 사람들은 행복한 결혼생활을 하고 있거나 좋은 짝이 있다 해도 자기와 마음이 꼭 맞는 가장 친한 친구를 적어도 한 명쯤 가지고 싶어 한다. 그러나 논리상 가장 친한 친구는 하나일 수밖에 없으므로 꽤 친한 친구를 사귀는 것이 더 나은 선택인지도 모른다. 꽤 친한 관계는 유지하기가 더 쉽다. 또한 기혼남녀나 짝이 있는 사람에게는 꽤 친한 친구가 가장 친한 친구보다 덜 부담스럽다.

꽤 친한 친구

꽤 친한 친구는 충직하고 소중하고 다정하고 믿을 수 있고 친근하다. 우리가 애인이나 가족에게서 채우지 못하는 정서적 또는 지적인 욕구를 채워주는 친구는 꽤 친한 친구, 그 중에서도 같은 직장에서 일하지 않는 꽤 친한 친구들이다.

꽤 친한 친구는 우정의 필수요소, 즉 서로에 대한 호감, 신의, 자기공개, 신뢰, 동질성을 모두 갖추고 있다. 그러면서 가장 친한 친구처럼 배타적이지 않아 다른 주요 관계를 위협하지 않는다. 56살의 한 기혼남성은 꽤 친한 친구가 둘 있는데 가장 친한 친구는 아내라고 생각한다. 34살로 의사인 한 기혼남성은 내 설문에 두 가지 색을 써서 응답했다. 파란색은 가장 친한 친구를 아내로 보고 대답한 것이고(이것이 진짜 답임), 빨간색은 아내를 제외했을 경우 가장 친한 친구에 대해 대답한 것이었다.

맨해튼에 살며 사회복지사로 일하는 다이는 교외에 사는 남자친구와, 꽤 친한 친구 다섯이 있다. 이들의 나이는 25살에서 30살로 다이와 많아야 다섯 살 차이다. 이렇게 나이가 비슷한 것은 꽤 친한 친구들에게 나타나는 일반적인 현상이다. 다이는 이렇게 말한다. "나는 친구를 중요하게 생각해요. 시간을 만들어서라도 친구를 만나죠. 막상 그렇게 시간이 많이 들지도 않아요. 저에게 우정을 나누고 소통하는 것은 정말 중요한 일이랍니다."

한편, 최근에 결혼한 38살의 활달한 여성은 말한다. "진짜 좋은 친구란 말하지 않아도 내게 무슨 일이 있는지 아는 친구지요. 친구는 나와 가치를 공유해야 한다는 점에서 그냥 아는 사람과 구분되지요."

이 여성의 친구들에게는 어떤 공통점이 있을까? 그는 자신 있게 이렇게 말했다. "내 친구들은 솔직해요. 자기 생각을 그대로 말하죠. 그래서 기분이 나쁠 때도 있어요. 그러면 곰곰이 생각해보지요. 하지만 나는 솔직한 의견을 믿어요. 유머감각, 즉 웃을 수 있는 능력도요." 가장 친한 친구는 상대방의 시간과 감정에 대해 비현실적인 요구를 하기도 한다. 그러나 꽤 친한 친구와는 그런 염려 없이 공평하게 주고받으면서 친밀감을 나눌 수 있다.

대학원 진학을 위해 캘리포니아에서 뉴욕으로 이사 온 한 여성은 이렇게 말한다. "꽤 친한 친구라고 해서 꼭 날마다 만나거나 통화를 하는 사람은 아니에요. 하지만 이들은 내가 급한 일이 있다든지, 아프다든지, 기분이 울적해서 와달라고 하면 곧장 달려오죠."

이것은 웬만큼 친한 친구에게는 대체로 기대하기 힘든 일이다.

웬만큼 친한 친구

나는 에벌린을 친구로 생각해요. 하지만 심각한 고민은 그 친구에게 말하지 않아요. 부담 주고 싶지 않거든요.

- 36살의 비행기 승무원

웬만큼 친한 친구는 바쁜 현대인에게, 또 가장 친한 친구나 꽤 친한 친구에게 '모든 것을 털어놓기'에는 잃을 것이 많다고 생각하는 이에게 '친구'라는 단어와 동의어가 되고 있다.

웬만큼 친한 친구는 친밀감과 신뢰라는 측면에서 그냥 아는 사람보다 분명히 낫다. 56살 된 한 기혼 남성의 말을 빌리자면 "그냥 아는 사람은 잠깐 만나기에는 즐겁지만 중요한 관계는 아니기" 때문이다. 또한 꽤 친한 친구나 가장 친한 친구보다 사귀고 유지하는 데 시간이 적게 든다. 사실 어른이 되어 애인이나 가족이 생기고 일에 파묻히다 보면 웬만큼 친한 친구밖에 사귈 수 없는 경우도 많다.

아래 조니 하트의 만화《기원전》중 한 편은 웬만큼 친한 친구와 꽤 또는 가장 친한 친구의 차이를 잘 나타내고 있다.

관계가 친밀해질수록 공유하는 정보도 더 사적인 성격을 띠게 된다. 더할 나위 없이 행복한 남녀관계에서도 친구, 특히 웬만큼 친한 친구가 있으면 좋은 이유가 바로 이 때문이다.

웬만큼 친한 친구는 덜 사적인 정보를 공유하는 관계이므로 특히 그룹이나 네트워크 상황에서 진가를 발휘한다. 텍사스 출신의 카피라이터 에다는 웬만큼 친한 친구 14명으로 이루어진 네트워크에 속해 있다. 그는 말한다. "우리가 모두 알고 실컷 수다를 떨 수 있는 대상이 뉴욕에 40명이나 있어요."

바람직하지 않은 친구: 좋은 날씨 친구와 궂은 날씨 친구

좋은 날씨와 궂은 날씨 가짜 우정은 진정한 우정이라고 볼 수 없다. 그러나 이 관계의 실체가 어떤 것인지 알리기 위해 소개한다. 참된 우정은 서로 주고받는 관계이지만 좋은 날씨와 궂은 날씨 관계는 일방적이다.

좋은 날씨 가짜 친구는 상대방이 항상 유쾌하기를 바란다. 친구끼리 지켜야 할 선은 한 사람이 일방적으로 정한다. 어려운 일이 있어도 좋은 날씨 가짜 친구에게는 전화할 수도 찾아갈 수도 없다. 그러나 상대방은 거리낌 없이 온갖 고민을 털어놓는다. 이런 경향은 전화 통화 도중에 처음 발견되곤 한다. 예컨대 당신은 참을성 있게, 아마도 30분에서 1시간 가까이 상대방의 고민을 들어준다. 그러나 당신이 마음 쓰고 있는 문제를 얘기하려고 하면 상대방은 갑자기 바빠서 이만 끊어야겠다고 말한다.

궂은 날씨 가짜 친구는 내가 심각한 문제로 고민하거나 절망에 빠져 있을 때는 새벽 네 시에라도 이야기를 들어준다. 그러나 내 일이 잘 풀릴 때는 이야기를 들어주지도 함께 기뻐해주지도 않는다. 궂은 날씨 가짜 친구는 '구세주'가 되고 싶은 것이다. 그는 친구의 불행을 보며 자기 삶에 만족한다. 친구가 더 이상 불행하지 않으면 위기의식을 느낀다. 이들은 친구의 상태가 좋으면 질투를 느끼기 때문에 긍정적인 우정을 가꾸지 못한다.

다음은 뉴욕에서 활동하는 심리학자 샤론 하이머에게서 들은 얘기다. 하이머의 환자 중에 여배우가 한 사람 있었는데 결혼을 하게 됐다. 그러자 여전히 남자친구도 없고 사는 것도 재미없는 친구들이 질투하기 시작했다. 여배우는 자기 친구들이 궂은 날씨 가짜 친구였음을 깨달았다. 하이머의 말을 들어보자. "불행은 동반자를 원합니다. 내 환자는 결혼해서 잘 살았는데 어느 날 눈물을 글썽이며 찾아와서는 '그 애들은 진짜 친구가 아니에요. 저를 예전과 다르게 대해요' 라고 말하더군요."

궂은 날씨 가짜 친구는 스스로를 친구라고 하지만 당신이 잘못 되기를 바란다. 그것은 친구가 할 행동은 아니다. 그런 사람들은 당신이 언제나 안 좋은 상태이기를 바란다. 의식적으로는 당신을 도와주려고 하지만 정말로 도움이 되는 경우는 드물다.

3. 우정을 보는 관점

우정이 없다면 인생은 살 가치가 없다.

— 키케로

우정을 주제로 한 문헌을 살펴보면 우정에는 다음 두 가지 의심할 수 없는 성질이 있음을 알 수 있다.

:: 우정은 법이나 형식의 지배에 구속되지 않는 자발적인 관계이다.
:: 친구는 혈연관계가 아니다.

그러나 이 두 가지 말고는 의견이 일치되는 것이 없다. 우정은 시대를 초월하여 찬양의 대상이 되어왔다. 철학자 아리스토텔레스는 "우정은 미덕이다"라고 했고, 시인 존 던은 "사람은 섬이 될 수 없다"고 했다. 사회과학자이자 역학자(疫學者)인 리자 버크만은 우정이 질병의 위험을 낮추고 수명을 늘린다고 결론지었다.

하지만 우정은 그 자체로 중요한가, 아니면 가족, 공동체, 일터 같은 전통적인 체제를 대신하거나 보완할 수 있을 때만 가치를 인정 받을 수 있는가? 사회학자들은 가족구성원의 유대관계가 약해질 때 우정의 가치가 높아진다고 말했다. 정신과 의사 해리 스택 설리번 은 동성 간의 우정은 장차 이성관계에 필요한 기술을 연습하는 데 이용될 뿐이라고 주장했다. 이 밖에도 여자들 사이에도 우정이 가 능한가, 우정의 패턴에 남녀 차이가 있는가, 있다면 이런 차이는 선 천적인가 사회화에 따른 것인가 하는 문제가 논쟁거리가 되어왔다.

우정을 여러 관점에서 살펴본 예는 많다. 그러나 나는 이 모든 것이 두 가지 관점, 즉 전통적 접근과 현대적 접근으로 설명됨을 발 견했다.

전통적 접근: 우정이란 둘만의 관계

가장 오래됐지만 지금도 유효한 관점을 나는 우정에 대한 '전통적 접근'이라 부르려 한다. 이 관점은 플라톤, 아리스토텔레스, 키케로 같은 고대 철학자들이 주창하였으며 후세에 베이컨, 몽테뉴, 에머 슨, 소로 같은 수필가들이 다듬었다. 그리고 사회과학자와 대중작 가들 덕에 20세기 들어서도 여전히 건재하고 있다.

전통적 접근에 따르면 우정은,

:: 이상적이고 낭만적이다.

:: 두 사람의 관계이다. 절친한 친구는 한 사람일 수밖에 없기 때문이다.

:: 동성끼리의 관계이다.

:: 상대방의 '본질'에 대한 존중을 바탕으로 한다.

:: 서로 공평하게 주고받는 관계이다.

:: 결혼생활이나 가족과 경쟁관계에 있다.

전통적 접근이 두 사람의 관계에 바탕을 두고 있음은 암묵의 사실이다. 이 관계는 지나치게 포괄적이고 배타적인 까닭에 세 사람 사이(삼자관계)나 그룹(네트워크)에서는 유지되기 어렵다. 너무 이상적이고 친밀하여 다른 친구나 우정의 존재를 견디지 못하는 것이다. 그 결과 이 관계는 감정적인 면에서 결혼만큼이나 배타적이고 구속적이다.

결혼과 우정이 서로 경쟁관계에 있다는 생각은 1세기 전 독일의 학자 게오르크 짐멜이 저술한 책에서도 찾아볼 수 있다. 사회학의 발전에 지대한 영향을 미친 사상가 짐멜은 자신의 저서에서 결혼과 우정을 비교했다. 현대에 와서는 사회학자 피터 버거와 한스프리트 켈르너가 결혼이 우정에 우선한다는 이론을 세우고 결혼과 우정의 경쟁관계를 재해석함으로써 결혼과 우정에 대해 좀더 현 세대에 걸맞은 해석을 시도하고 있다. 즉 결혼은 너무 친밀하고 포괄적이어서 파트너 사이에 친구가 낄 자리는 없다는 것이다.

어쨌든 세기를 초월하여 인정되는 사실은 절친한 친구는 친구의 진정한 자아, 또 다른 자아를 알아보며 친구가 제3의 자아를 형성할 수 있도록 돕는다는 것이다. 아리스토텔레스는 진실한 친구는 '또 하나의 자아'라고 했다. 몽테뉴는 절친한 친구를 '두 번째 자아’ 로 보았다. 베이컨에게는 절친한 친구가 ‘또 다른 자신’ 이었다. 또 상징적 상호작용주의자 제럴드 서틀스에게는 ‘참된 나’ 였다.

20세기가 되기 전에는 오직 성인 남자만이 절친한 친구를 사귈 수 있다고 생각했다. 예를 들어 고대 그리스에서는 여자들은 무지하고 못 배운 족속이라 의미 있는 우정을 나누지 못한다고 생각했다. 어쩌면 에밀 뒤르켐 역시 여러 집단의 자살률에 대한 연구를 하면서 2000년 동안 이어져온 낡은 견해에 사로잡혀 있었는지 모른다. 뒤르켐은 미혼 남성이나 기혼 여성에 견주어 미혼 여성의 자살률이 낮은 데에 우정이 어떤 역할을 했는지 생각조차 해보지 않았다.

20세기에 들어서야 여성들도 우정을 나눌 수 있다는 인식이 싹트기 시작했다. 짐멜은 여자들이 한때는 “인격발달이 낮은 단계에 머물러 있어 누군가와 우정을 나누는 게 불가능했으나 요새 일부 여자들은 놀랄 만큼 친구 사귀는 능력이 향상되어 친구 사귀기를 좋아한다”고 했다.

남자들은 여자들에게 우정을 나누는 능력이 없다고 보았지만 여자들도 옛날부터 ‘절친한 친구들’ 을 사귀었던 것으로 보인다. 예를 들어보자. 낸시 코트는 1780년에서 1835년 사이 뉴잉글랜드에 살았던 여성들이 쓴 일기를 근거로 당시 여성들을 묘사하며 여자들의 우정이 결혼생활에 결여된 감정표현을 채워주었다고 주장한다. 코트는 “여자친구나 같이 사는 여자가족이 있는 유부녀들이 삶에 대한 만족도가 가장 높았다” 고 말한다.

따라서 전통적 접근을 여성의 관점에서 해석할 필요가 생겼다. 그러나 성별만 바뀌었을 뿐 여성의 우정에도 이 접근의 오래된 특징이 고스란히 나타난다. 앤 톨스토이 왈라치가 쓴《여자와 일(Women's Work)》이라는 인기소설이 있다. 이 소설은 잘 된 작품이지만 여주인공을 묘사하는 방식이 고정관념에 얽매여 있다. 주인공은 다 자란 아이가 둘 있는 이혼녀로 광고회사의 간부인데 광고계에서 최고가 되려는 야심을 품고 있다. 주인공에게는 절친한 친구가 있다. 그런데 흥미롭게도 그 친구가 주름살 수술을 하다 심장마비로 죽고 나서야 주인공에게도 사랑하는 남자가 생긴다. 이 작가는 마치 '남자'와 '절친한 친구'는 양립할 수 없는 것처럼 그리고 있다.

현대적 접근: 우정이란 지극히 현실적인 관계

현대적 접근에 따르면 우정은,

:: 시각이 현실적이다.

:: 남자뿐만 아니라 여자에게도 가능하다.

:: 동성 간이든 이성 간이든 상관없다.

:: 우정을 나누는 상대가 둘, 셋, 넷, 그 이상이라도 상관없다.

:: (상대방의 어느 한 특성만을 바탕으로 친구가 될 수 있다는 점에서) 세분화되어 있다.

:: 반드시 똑같이 주고받아야 하는 것은 아니다.

:: 다른 친밀한 관계를 위협하지 않는다.

내가 현대적 접근이라고 부르는 이 개념은 사회학자 짐멜이 처음 제시한 것으로 전통적 접근과 정반대되는 개념이다. 짐멜은 전통적 접근에서 볼 수 있는 절친한 친구는 오늘날에는 불가능하다고 믿었다. 그는 "이처럼 완벽하게 친밀한 관계는 사람들 사이에 차이점이 늘어남에 따라 점점 어려워질 것이다. 현대인들은 고전적 의미의 우정을 유지하기에는 감출 것이 너무 많다"고 했다. 그래서 오늘날 심리치료에 의지하는 사람들이 늘어난 것인지도 모르겠다.

다음은 박사과정을 밟고 있는 40대 초반의 미혼 여성이 한 말인데 짐멜이 말한 현대적 또는 세분화된 우정의 특징이 잘 나타나 있다.

나는 오페라를 좋아해요. 스포츠도 좋아하고요. 좋아하는 게 무척 많지요. 그런데 나와 취미가 모두 같은 친구는 보지 못했어요. 그래서 어떤 친구하고는 운동을 하고 또 어떤 친구하고는 오페라를 보러 가죠. 같이 자전거를 타러 가는 친구가 따로 있고 학교에서 겪는 문제를 의논하는 친구도 따로 있어요.

현대적 접근에서는 우정이 훨씬 세분화되어 있고 또 반드시 둘이서만 나누어야 하는 것도 아니다. 그러므로 더 안정적인 대신 친밀도는 떨어지는, 세 사람 사이의 우정도 가능하다.

우정에 대한 사회과학 문헌에 나타난 내용은 모두 '비슷한 사람끼리 친해진다'는 하나의 이론 아래 그 지향에 따라 '발달적 관점'과 '사회학의 관점'으로 나누어 볼 수 있다.

비슷한 사람끼리 친해진다

우정에서 '비슷한 사람끼리 친해진다(유유상종)'는 인식은 오래됐다. 이 자명한 이치는 오늘날 사회과학자들의 실험, 관찰, 조사, 연구, 자료 분석 등을 통해 증명되고 있다. 사회심리학자 시어도어 뉴컴이 1950년대에 미시건 대학 편입생을 대상으로 실시한 실험은 아리스토텔레스가 《니코마코스 윤리학》에서 주장한 '비슷한 사람끼리 친해진다'는 생각이 사실임을 확인해주었다.

웬다 디킨스와 다니엘 펄만은 삶의 주기에 따른 우정을 연구하면서 우정에 관한 문헌에 나타나는 주요개념 여섯 개를 정리했다. 이들 개념은 모두 '비슷한 사람끼리 친해진다'는 내용을 반복하고 있다. 즉 우정은 다음 관계에서 싹트는 경향이 있다.

- :: 서로 좋아하는 사이
- :: 가치관이 비슷한 사이
- :: 성격이 비슷한 사이
- :: 사는 곳(또는 일하는 곳)이 가까운 사이
- :: 동갑
- :: 동성

유유상종 이론은 조지 호만스와 피터 블라우가 설파한 교환이론과도 통한다. 교환이론이란 우정이 주로 다음 관계에서 싹튼다는 이론이다.

:: 교환이 똑같이 이루어진다고 느끼는 관계

발달적 관점

발달적 관점에 따르면 우정은,

:: 지적, 정서적 발달과 사회성 발달에 맞춰 유아기부터 성인기까지 변화하며 성숙한다.
:: 다른 주요 구실을 촉진하고 보완하거나 다른 주요 구실과 갈등을 빚기 때문에 중요하다.
:: 남자와 여자에게 나타나는 양상이 서로 다르다.

이 견해는 전통적 접근과 현대적 접근, 유유상종 이론을 하나로 묶고 거기다 삶의 주기와 성별의 차이라는 두 가지 요소까지 고려한 것이다. 발달적 관점을 체계적으로 적용한 것이 로버트 셀만, 다니엘 자크트, 브라이언 비글로, 존 라가이파 같은 심리학자들이 주장한 우정의 단계이다.

셀만의 모델을 적용하면, 처음 만난 어른 둘은 0단계에서 시작한다. 그리고 관계가 발전하고 깊어지면서 4단계까지 진행한다. 셀만의 단계는 친밀도가 다른 여러 우정의 특징을 표현하는 데도 쓸모 있다. 예를 들어 그냥 아는 사람은 순조로운 상황에서만 협력하는 관계라 할 수 있고, 가장 친한 친구는 친밀하면서 서로 나누는 관계, 꽤 친한 친구는 자율적, 상호의존적 관계라고 할 수 있다.

그러나 발달적 관점 이면에는 이성 간의 친밀함이 인생의 최대

| 단계별로 나타나는 우정의 형태 |

셀만 — 자크트 모델

0단계	3~7살	일시적인 놀이 상대
1단계	4~9살	일방적으로 도움을 받으려함
2단계	6~12살	상호협력(단, 순조로운 상황에서만)
3단계	9~15살	친밀하면서 서로 나누는 관계
4단계	12살 이상	자율적, 상호의존적 우정

비글로 — 라가이파 모델

1단계		상황에 따라 변함
2단계	8~14살	계약관계
3단계		내면심리적

목표라는 의식이 여전히 자리 잡고 있다. 우정, 특히 아동기, 청년기, 결혼 전 독신기간의 우정은 다만 그 목표를 향한 준비과정으로 생각될 따름이다.

사회학의 관점

사회학의 관점이 유용한 까닭은 우리가 다른 어느 것에서도 결코 얻을 수 없는 독특한 무엇을 우정에서 얻을 수 있다고 보기 때문이다. 이는 또한 이 책의 시각이기도 하다. 서틀스를 비롯한 여러 사회학자들도 주장했듯이, 사회학의 관점에서 보면 우정에는 다음과 같은 특징이 있다.

:: 우정은 일이나 결혼, 부모 노릇 같은 다른 구실에서는 얻을 수 없는 친
밀감과 자기표현의 기회를 주는 독특한 관계방식이다.

:: 변화, 예컨대 조직에서 승진하거나 뒤쳐지는 일 따위는 오랜 우정에 아
무 영향을 미치지 못한다. 친구는 더 끈끈한 무엇으로 이어져 있기 때문
이다.

:: 우정의 가치는 평생에 걸쳐 강조된다.

가장 또는 꽤 친한 친구는 우리가 공식적인 구실에서 잠시 벗
어날 수 있게 해준다. 우리는 이들에게서 자기가치를 인정받는다.
그러므로 이런 관계가 끝나면 충격을 받기도 한다. 친밀감이 컸던
만큼 관계의 종말이 가져오는 상처가 크기 때문이다.

그냥 아는 사이는 내가 누군가를 만나 상호작용을 함으로써 형성된다. 나는 상대방과 낯선 사이가 아니지만 그렇다고 친구도 아니다. 그런데 내가 아는 수없이 많은 사람 중에서 왜 극히 적은 수만이 가장 친한 친구, 꽤 친한 친구 혹은 웬만큼 친한 친구가 되는 걸까? 이 장에서는 그에 대한 답을 찾으려 한다.

그냥 아는 사이는 특정 상황을 전제로 하며 실리적인 관계인 경향이 있다. 우정으로 발전하지 않는 이상 상황이 끝나면 관계도 끝난다. 베트남에서 함께 해군으로 복무했던 프레드와 배리는 20년이 지난 지금도 '꽤 친한 친구'로 지내고 있다. 둘은 같은 나라라 해도 반대편 끝에 살고 있지만 둘 다 편지 쓰기를 좋아하고 우정을 지키려는 열의가 대단해 지금까지 관계를 이어올 수 있었다.

허브라는 35살 된 남성에게는 친한 친구 10명으로 이루어진 네트워크가 있다. 모두 고등학교 동창들이다. 나탈리가 최근에 사귄 친구는 나탈리의 아이가 학교에 들어가기 전 사귄 친구들의 부모들이다. 아이들은 이제 다른 학교에 다니고 새 친구를 사귀었지만 부모들은 여전히 아주 친하다.

반면 샐리는 고작 다섯 블록 떨어진 곳으로 이사한 뒤 전에 살던 동네에서 친하게 지내던 질과 멀어졌다. 만나기가 불편해서였다. 두 사람은 그저 아는 사이였을 뿐 친구는 아니었던 것이다.

우정은 어떻게 싹틀까

이처럼 안면 있는 사람은 나중에 가장 친한 친구, 꽤 친한 친구 또는 웬만큼 친한 친구가 되기도 한다. 그런데 아는 사이는 어떻게 만드는가? 또 그저 아는 사이를 우정으로 발전시키려면 어떻게 해야 하는가? 무엇보다 중요한 것은 눈에 띄는 것이다. 우리는 모습을 보임으로써 새로운 사람을 알고 새 친구도 사귄다. 모습을 보인다는 것은 일을 하거나, 종교나 지역사회단체 활동을 하거나, 사친회(師親會)에 참여하거나, 운동을 하거나, 직업인 모임에 가입하거나, 새로운 모임을 이끌거나 취미생활을 하면서 사람들을 만나고 거기서 알게 된 사람들에게 자신을 드러낸다는 뜻이다.

모습을 보이는 것은 고립에서 오는 우울증에 제일 좋은 치료약이다. 특히 새로운 동네로 이사하거나 직장을 옮겼다면 더더욱 열심히 모습을 보여야 한다. 그래야 나중에 친구가 될 수도 있는 아는 사람을 만들 수 있다.

우리는 모습을 보임으로써 친하게 지내고 싶은 사람에게 다가갈 수 있고 그저 아는 사이가 친구로 발전하는 데 필요한 두 번째 요소인 공통의 경험을 나눌 수 있다. 패트 콘로이의 베스트셀러 소설 《조수의 왕자(The Prince of Tides)》를 보면 빈민가에 사는 가난한 여자인 주인공의 어머니 라일라 윙고가 평소 늘 부러워했던 돈과 권력을 가진 남자의 부인과 친구가 된다. 어떻게 그런 일이 가능했을까? 그 부유한 여인은 병에 걸렸는데 친구들이 모두 못 본 체했다. 그러나 라일라 윙고는 그 부인이 죽는 날까지 정성껏 보살폈다. 아플 때 돌봄으로써 라일라 윙고는 그 부유한 부인에게 다가갔고 그 결과 우정이 싹텄다.

아는 사이가 친구가 되기 위한 세 번째 요소는 두 사람이 처음 관계를 맺은 상황을 뛰어넘어 상호작용을 확대하는 것이다. 메릴린치에서 재무상담사로 일하는 스탠리 하일브론의 친구 중에는 애초 고객으로 만난 사람들이 있다. 하일브론은 캘리포니아에 사는 한 친구를 예로 들며 어떻게 그저 아는 사이였던 고객이 친구가 되었는지 설명한다.

처음에는 둘이서 만났지요. 그 다음에 이 친구가 자기 아내를 소개해주더군요. 그래서 저도 제 아내를 데려갔어요. 넷이 서로 잘 통했죠. 그 다음에는 그 친구 아이들을 만났고 그 친구도 우리 아이들을 만났죠. 만날 때마다 관계가 확대되더군요. 그렇게 몇 년이 지나고 나니 우린 꽤 친한 친구가 돼있었어요. 얼마 전에는 산타페에 함께 다녀왔어요. 아주 재미

있었죠. 함께 지낸 나흘 동안 일 얘기는 전혀 하지 않았답니다.

네 번째 요소는 시간이다. 내가 실시한 조사에 따르면 두 사람이 처음 만나 안면을 튼 뒤 진실한 친구가 되기까지 평균 3년이 걸린다. 이 얘기는 그럴 듯하게 들린다. 3년이란 시간은 대부분의 아는 사이에서 편의성이 거의 사라질 만한 시간이기 때문이다. 즉 둘 중 누군가는 졸업했거나, 전학 갔거나, 승진했거나, 직장을 옮겼거나, 이사 갔거나, 결혼 또는 이혼했거나, 애를 낳았을 것이다. 이 모든 변화는 두 사람의 관계에 일종의 '시험'이다. 한 가지 흥미로운 사실이 있다. 심리학자 도로시 테노브가 《사랑과 도취(Love and Limerence)》라는 책에서 밝힌 내용에 따르면 남녀관계가 진정한 사랑인지 일시적인 도취인지 판가름 나는 데에도 평균 3년이 걸린다고 한다.

알고 지내던 사람이 두 사람을 하나로 묶었던 공통의 상황이 끝나기 전에 진실한 친구로 발전하는 경우도 있다. 이는 두 사람의 관계가 편리함을 전제로 한 상호작용을 넘어 실리와 관계없는 상황에서 시험을 거쳤기 때문이다. 예컨대 비즈니스 상대끼리 함께 낚시를 가거나 이웃에 사는 두 사람이 서로 사적인 정보를 알아가는 경우가 이에 해당한다.

그러나 실리와 관계없는 만남에서는 아무래도 자기를 많이 드러내보이게 되므로 사람들은 공통의 상황이 끝나기 전에 관계를 시험하는 것을 주저한다. 그냥 아는 사이인 채로 일하는 편이 친구가 되어 일하다가 실망하거나 싫어지는 편보다 낫기 때문이다.

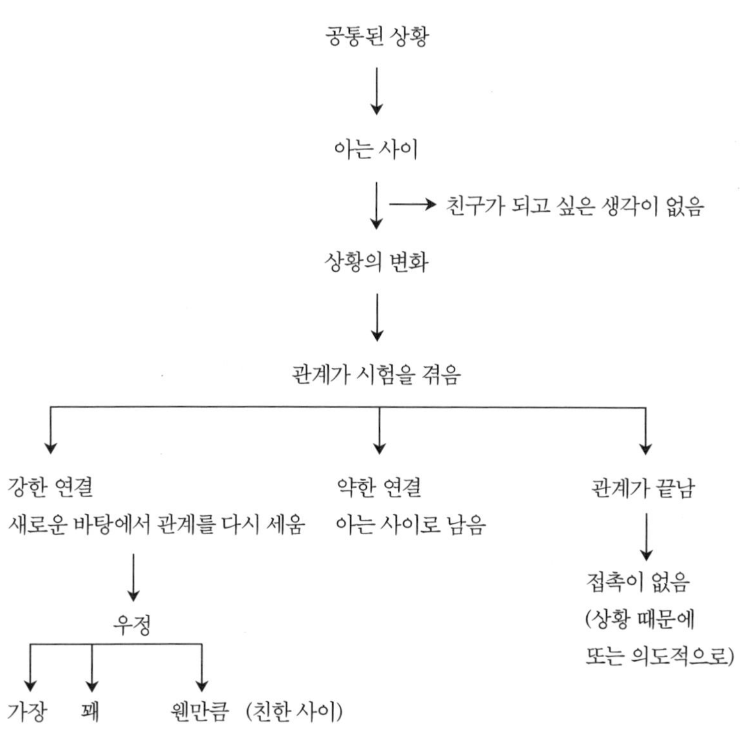

나는 35살 된 기혼 남자 작가에게 아는 사람과 친구의 차이점이 무엇이냐고 물었다. 그는 "무엇보다, 함께 한 시간"이라고 대답했다. "친구들하고는 워낙 많은 일을 겪었기 때문에 서로 구구한 설명이 필요 없어요. 그래서인지 친구라는 존재가 당연하게 생각될 때도 있죠. 하지만 단순히 아는 사람은 신경을 많이 써야 해요."

단순히 아는 사이는 피상적이다. 그러나 안전하다. 진짜 우정에 견주어 감정적으로 덜 위험하다. 대신 얻는 것도 적다. 우리는 그냥 아는 사이와 사귀는 동안 의식하든 의식하지 못하든 지금의 관계를 더 진전시켜 친구가 될 것인지를 결정하게 된다.

이어지는 내용에서는 이런 결정을 내리는 데 어떤 요소가 작용하는지를 설명하고 있다. 앞의 도표에는 공통된 상황에 놓여 있던 그저 아는 사이가 가장 친한 친구, 꽤 친한 친구, 웬만큼 친한 친구가 되는 과정이 나타나 있다.

이사, 결혼, 승진, 배우자의 죽음 같은 상황의 변화는 단순히 아는 사이에게는 모두 도전이다. 이런 구조 변화가 있었을 때 당신이나 상대방이 만나기가 좀더 편한 사람을 찾았으며 그 결과 더 이상 두 사람 사이에 접촉이 없게 됐다면 돌이켜보라. 아마 두 사람의 관계는 실리를 전제로 한 아는 사이였지 우정이 아니었을 것이다. 상황의 변화가 일어난 뒤에도 전보다 뜸하기는 하나 관계가 지속되고 두 사람이 여전히 서로 좋아한다면 이미 우정이 싹튼 것이다.

친구를 선택하는 특별한 기준

왜 사람들은 감정을 다치는 위험을 감수하면서까지 어떤 사람과 가장 또는 꽤 친한 친구가 되려고 할까? 또는 감정적으로 덜 위험하지만 얻는 것도 적은 웬만큼 친한 친구라도 되려는 걸까? 그것은 두 사람 사이에 관계가 발전하면 이득이 있으리라고 믿게 만드는 무언가가 있기 때문이다.

두 사람이 친구가 될 때는 두 사람에게 상대방을 알고 싶다는, 나아가 친구가 되고 싶다는 생각이 들게 하는 '화학반응'이 있기 마련이다.

"우리는 유치원에서 처음 만났어요. 만나자마자 서로 호감을 느꼈죠. 저는 그때 겨우 다섯 살이었지만 똑똑히 기억하고 있어요." 한때 무용수로 활동하기도 했던 잡지기고가 손드라 포사이스의 말이다. 포사이스의 우정은 학창시절 내내 계속됐다. 친구가 다른 도시로 이사한 뒤에는 한참 동안 떨어져 지내기도 했지만 우정은 이어졌다. 그러나 두 사람은 각자 다른 길을 가게 됐다. 그러다가 세월이 흘러 다시 만났고 수십 년이 지난 지금도 친하게 지내고 있다.

친구가 되고 싶다는 소망은 두 사람이 함께 가져야 한다. 그렇지 않으면 관계는 제자리에 머물 수밖에 없다. 그러나 친구가 되고 싶다는 소망을 두 사람이 함께 가져야 한다고 해서 주고받는 내용까지 똑같아야 할 필요는 없다. "내 친구들은 꼭 내가 먼저 전화를 걸어야 해요." 영화사에 취직해 뉴욕으로 이사한 데비는 그 점이 불만스럽다. 그러나 코네티컷에서 활동하는 시간관리전문가 루시 헤드릭은 그런 일로 마음 쓰지 않는다. "언젠가부터 그런 일은 크게 신경 쓰지 않게 됐어요. 친구 중에는 내가 하는 딱 그만큼만 하는 친구도 있고, 함께 있는 게 나만큼이나 자기한테도 중요한 친구도 있지요. 그래도 전화는 매번 내가 해요. 반면, 내가 그 친구를 생각하는 것보다 더 자주 나를 찾는 친구도 있지요. 나는 50대50의 관계를 고집하는 게 친구를 사귀는 데 도움이 되지 않는다고 생각해요."

아는 사이가 친구로 발전하는 가장 흔한 이유는 무엇일까? 친구가 되고 싶다는 공통의 바람을 제외한다면 상대방과 어떤 일을 같이 하거나 이야기를 나눌 수 있으리라는 기대가 가장 흔한 이유이다. 그 다음이 공통의 관심사이고 그 다음이 정서적 지지를 얻을 수 있으리라는 믿음이다.

앞서 살펴본 것처럼 친구는 서로 비슷한 경향이 있다. 따라서 나와 가장 비슷한 사람이 내 친구가 될 가능성이 가장 크다.

우리는 어떤 사람에게서 어릴 때 맺은 부모-자식 또는 형제관계를 무의식중에 떠올려 친구가 되기도 한다. 이런 경우 어린시절 정성어린 보살핌 속에 긍정적인 관계패턴을 경험했다면 상관없지만 부정적이거나 파괴적인 패턴을 겪었다면 문제가 된다.

그러나 다행인 것은 우정이 지난날 가족과 맺은 관계의 반복이 될 수 있지만 어린 시절 경험한 상호작용을 치료하고 나아가 개선할 수 있는 기회도 될 수 있다는 것이다. 그러나 자기가 왜 이런 친구를 고르는지 이해하지 못하면 근본 모델을 바꾸기보다 되풀이하기가 쉽다. 자기가 친구를 선택하는 이유 이면에 숨은 근본적인 동기를 이해해야 다른 선택을 할 수 있다. 예를 들어 육남매의 맏이인 에스더는 늘 자기에게 도움을 받으려는 친구들만 사귄다. 에스더는 다섯 명의 동생을 돌보아야 했던 어린시절의 패턴을 자기도 모르게 되풀이하고 있는 것이다. 마흔을 넘겼지만 아직 독신인 에스더는 결혼하고 싶은 생각도 아이를 가지고 싶은 생각도 없다. 에스더는 음주, 결혼, 직장 문제 따위로 고민하는 친구들 그리고 형제와 형제의 배우자, 조카들에게 이미 보호자 노릇을 하고 있다. 그런데 흥미롭게도 에스더는 어떤 친구가 문제에서 벗어난 것 같으면 그 친구를 멀리한다. 그러나 정작 자기는 그런 사실을 모른다.

그런데 어린 시절 부정적인 관계를 경험한 사람이 하필 그 감정을 되풀이하게 만드는 친구를 고르는 까닭은 무엇인가?

그것은 패턴을 지속하는 것이 패턴에 정면으로 맞서 바꾸는 것보다 덜 괴롭기 때문이다. 예컨대 에스더는 자기 가족보다 훨씬 심각한 문제를 지닌 가족이나 애인을 둔 친구를 사귐으로써 만족스럽지 못한 자신의 관계를 되돌아보는 일을 피하고 있다.

정서적 지지를 주된 바탕으로 하는 우정은 어떤 일을 함께 하고, 이야기를 나누고, 관심사를 공유하는 우정보다 강력한 대신 안정적이지 못하다. 나는 주로 정서적 지지를 주고받는 두 친구를 인터뷰한 일이 있는데 두 사람은 치고받고 싸우기도 한다고 했다. 정서적 지지는 뭔가를 같이 할 사람이 필요해서 시작한 우정의 일부가 될 수는 있다. 그러나 관계를 시작하는 동기가 될 수는 없다.

이렇게 정서적 지지가 바탕이 되는 우정은 우정에 대한 전통적 접근, 그리고 지난날 친구에게 품었던 이상과 가장 비슷하다. 단순히 아는 사이가 정서적 지지를 바탕으로 가장 친한 친구가 된 예로 리사와 베티의 이야기를 옮겨보겠다. 당시 리사는 결혼한 지 석 달 만에 별거에 들어간 상태였고 두 사람은 외국인 사업가가 주 고객인 맨해튼의 어느 클럽에서 웨이트리스로 일하고 있었다.

손님들과 나이트클럽에서 나와 놀다 보니 새벽 두 시 반인가 세 시 반이 됐어요. 그런데 베티가 브루클린에 산다는 게 생각났죠. 베티는 키 1미터 52센티에 44킬로그램밖에 나가지 않는 가냘픈 친구예요. 그래서 내가 "지금 이 시각에 기차를 타고 브루클린에 가겠다고요? 절대로 안돼요. 우리 집에서 자고 가요." 이렇게 말하며 붙잡았죠.

나는 베티를 잘 알지 못했어요. 그러나 내가 밤늦게 길을 가다 습격당한 경험이 있기 때문에 베티를 그냥 보낼 수 없었죠. 그러면 마음이 편치 않을 것 같았어요. 그래서 베티에게 소파에서 자라고 말했어요.

우리는 여섯 시까지 자지 않았어요. 나 혼자서 살아온 얘기를 쉴 새 없이 떠들어댔죠. 그러다가 여섯 시 십 분쯤 됐을까, 제가 베티에게 이렇게 말했죠. "여태 나만 얘기하고 그쪽은 한마디도 안한 거 알아요? 나는 댁이 누군지 어떤 사람인지 몰라요. 하지만 내 속사정을 남김없이 말했으니 그쪽도 자기 얘기를 좀 해보지 그래요?"

그러자 베티가 아주 천천히 입을 열었어요. 자기는 결혼했고 남편은 어떤 사람이고, 이렇게 얘기를 시작하더니 봇물이 터진 것처럼 말을 쏟아놓더군요. 그렇게 해서 우리는 친구가 됐어요.

베티는 우리(리사와 또 다른 친구 티나를 가리킴)를 믿어요. 우리는 서로 관심을 가지고 지켜보며 도움을 주고받아요. 왜냐면 우리 관계가 무척 소중하다는 걸 아니까요. 남자는 언젠가는 떠나죠. 그러나 여자친구는 오래오래 곁에 있어요.

당신의 우정은 이루어질 수 있을까

한두 번 전화 통화나 점심을 같이 한 것으로 누군가와 친구가 되고 싶은지 결정하는 것은 무모한 일이다. 염두에 둔 사람을 떠올리며 스스로에게 아래 질문을 해보라. 단순히 아는 사이에서 친구라는 소중한 관계로 진전할 것인지 결정하는 데 도움이 될 것이다. 같이 모임에 참여하거나 봉사활동을 하고 일주일에 한 번씩 테니스나 카드게임을 하는 등 접촉을 계속하다보면 공통의 경험이 쌓이게 되고 서로를 더 잘 알게 된다. 이런 접촉을 통해 어떤 사람과 친구가 될 것인지 결정하는 데 도움을 받을 수 있다.

다음은 우정에 대한 연구를 바탕으로 만든 질문이다. 당신이 알고 지내는 어떤 사람과 앞으로 도움을 주고받으며 깊은 우정을 나눌 수 있을 것인가 판단해보라.

01 그 사람에게서 친구가 되고 싶다는 말을 듣거나 그런 신호를 감지한 적이 있는가?

02 새로 친구를 사귈 시간과 정력이 있는가?

03 바로 지금 당신에게 우정이 아주 가치 있고 중요한가?

04 그 사람과 함께 있으면 즐거운가?

05 두 사람 사이에 비슷한 관심사가 있는가?

06 그 사람과 전화로 얘기할 때 편한가?

07 그 사람에게서 가치관 차이를 느끼는가? 그렇다 해도 문제될 정도는 아닌가?

08 두 사람의 종교, 민족 또는 인종 배경이 다른가? 그렇다 해도 두 사람 다 이를 받아들일 수 있는가?

09 두 사람의 사회경제적 지위가 다른가? 그렇다 해도 둘 다 그것을 대수롭지 않게 생각하는가?

10 서로 얼마나 자주 전화하고 만날 것인가에 대한 동의가 이루어졌는가?

11 두 사람의 집이나 일터가 가까운가?

12 친구의 전화를 받지 못했을 경우 될 수 있으면 24시간 안에 전화하는
가?

13 그 사람과 선약이 있는데 애인이나 배우자가 갑자기 같은 시간에 만나
자고 했다. 선약을 지킬 것인가?

14 그 사람이 직감적으로 좋은가?

15 그 사람이 13번과 14번의 질문에 '예'라고 대답할 것 같은가?

만일 위 질문에 모두 '예'라고 대답했다면 당신은 이미 그 사람을 좋아하고 있으며 그 사람과 사이좋게 지낼 수 있다. 따라서 그가 당신의 친구가 될 가능성이 높다. 몇몇 질문에 '아니요'로 대답했다면 그것이 무슨 뜻인지 생각해보라. 이런 상황, 느낌, 가치관의 갈등은 그냥 보아 넘길 수 있는 문제인가, 아니면 혼자서 또는 상대방과 해결할 수 있는 문제인가? 이 모든 질문에 어떻게 답할지 생각해봤다면 상대방은 같은 질문에 어떻게 대답할지도 생각해보라.

확실한 친구가 되는 10가지 방법

단순히 아는 사이를 우정으로 발전시키는 확실한 방법이 있다. 우정이 지속될 것인지는 시간이 지나봐야 알 수 있는 문제이기는 하나 어쨌든 10가지 방법을 소개한다.

01 가족, 일, 취미, 관심사 등 상대방의 생활에 관심을 보여라.

02 상대방이 초대하면 응하라. 너무 바쁘다고 말하면 다시는 초대받지 못
   할 것이고 관계는 더 이상 진전되지 않을 것이다. "그러고 싶지만…"
   같은 표현은 피하는 게 좋다.

03 상대방에 대해 뒷공론하지 마라.

04 상대방의 생일이나 중요한 기념일, 특별한 행사를 기억하라.

05 상대방에게서 걸려온 전화를 못 받았을 경우 바로 전화하라.

06 규칙적으로 연락하라. 그리고 만나라.

07 두 사람이 처음 만난 상황을 뛰어넘어 관계를 발전시킬 수 있는 기회를
   되도록 많이 만들어라.

08 두 사람의 관계를 어떤 속도로 진행하는 게 좋을지 상대방을 관찰하라.

09 공통의 가치관과 관심사를 강조하라.

10 우정을 당연하게 생각하지 말라. 우정에 지나치게 기대지도 말라.

내 조사에 따르면 아는 사이가 친구가 되는 데 중요한 요소가
또 하나 있다. 바로 '재미'이다. 당신이 염두에 두고 있는 상대방에
게는 당신이 아니라도 정서적 지지, 정보, 조언 또는 도움을 구할 수
있는 다른 인간관계가 있다. 따라서 상대방이 친구에게 가장 기대
하는 덕목은 '재밌게 함께 노는' 능력이다. 살다보면 우리는 과중
한 학업, 일, 가족에 대한 의무 등 너무 많은 책임에 시달린다. 따라
서 함께 웃고 즐거운 시간을 보낼 수 있는 것은 친구가 갖추어야 할
중요한 덕목이다. 코미디언이자 배우인 조지 번스가 백 살을 일기
로 사망했을 때 전 세계 사람들이 슬퍼했다. 번스는 우리 사회에서

매우 중요한 존재였다. 왜냐면 그에게는 사람을 웃기는 힘이 있었기 때문이다. 내 남편 프레드는 에이피통신에서 연예부기자로 일할 때 조지 번스를 인터뷰한 일이 있다. 남편 말에 따르면 조지 번스는 인터뷰 내내 유쾌했다고 한다. 우리의 친구들이 전문 코미디언일 필요는 없다. 그러나 늘 슬프고 우울하고 부정적이고 상대방을 가라앉게 만드는 친구보다 우리 삶에 웃음과 기쁨을 보탤 수 있는 친구를 우리는 당연히 더 자주 찾게 된다.

아는 사이가 우정으로 발전하지 못할 때

대부분의 사람들은 짝을 찾으려면 자기에게 맞는 상대를 골라내는 '연애' 라는 과정을 거쳐야 한다는 걸 알고 있다. 마찬가지로 친구를 사귈 때도 이처럼 골라내는 과정이 필요하며 그 과정이 바로 누군가와 알고 지내는 것이다. 그런데 이런 과정을 중요하지 않게 여기는 사람들도 있다. 예를 들어보겠다.

39살의 독신으로 비서인 사라는 일주일 전 어느 모임에서 만난 여자가 자기와 친해지려 하자 당황했다고 한다. 사라의 이야기는 두 사람 모두 친구가 되려고 할 때만 친구관계로 발전할 수 있음을 보여준다. 그런 공통의 바람이 없다면 자주 마주치고 처음 만남에 이어 또 만난다고 해도 부질없는 것이다. 다음은 사라의 말이다. "지난 주 저녁식사 모임에 갔어요. 여자들끼리 만나는 모임이었죠. 그런데 그때 만났던 한 여자가 전화를 해서 술이나 한 잔 하자고 하더군요. 저는 그다지 내키지 않았어요. 그래서 이번 주는 바쁘고 다음 주에도 어찌 될지 모르겠다고 했어요. 그런데 그 여자가 눈치를 못 채고 '그럼 월요일에 다시 전화할게요' 하는 거예요. 아무래도 그 여자와 만나게 될 것 같아요. 왜 그 여자가 내게 전화했는지 모르겠어요. 상당히 놀랐어요."

당신이 알고 지내던 어떤 사람과 친구가 되려 했으나 거절당했다고 하자. 그것은 상대방이 당신만큼 좋은 느낌을 받지 못해서일 수도, 아니면 단지 시간문제일 수도 있다. 1970년대 아직 내가 미혼이었던 때의 일이다. 나는 범죄학자인 기혼 여성 한 명을 칵테일파티에 초대했다. 그이는 내게 전화를 걸어 초대를 거절하며 일도 바쁘고 개인적인 일도 많아 새로 친구를 사귈 여력이 없다고 짜증스럽게 말했다.

당신은 아는 사람 중에서 새 친구를 사귈 준비가 되어 있는 사람을 만날 때까지 이런 시도를 계속할 수 있다. 그러나 어느 정도 시간이 흐른 뒤 예전에 당신을 거절했던 사람에게 다시 다가가보는 것도 괜찮다. 그 사람의 감정이나 주변상황이 변했을 수 있기 때문이다. 고생스럽던 일도 그럭저럭 할 만하고 아이들은 컸고 다른 친구들은 이사 갔을지 모른다. 또는 배우자가 수요일 밤마다 카드놀이나 스쿼시 경기를 하는 바람에 예전보다 시간을 내기가 쉬워졌을 수도 있다.

5. 우정의 패턴

이 장에서는 몇 사람이 동시에 친한가를 기준으로 우정의 패턴을 논할 생각이다. 또한 민족, 인종, 성별과 같은 다른 요소도 살펴보겠다.

둘이면 충분하다

독점적이고 친밀하고 사적인 관계를 원하는가? 그렇다면 가장 흔한 우정패턴인 단짝관계가 당신에게 적합하다.

단짝관계가 인기 있는 이유는 무엇일까? 단짝관계를 계속 유지할 수 있느냐 없느냐는 전적으로 두 사람에게 달려 있다. 구성원이 단 둘뿐이므로 더 사적이고 친밀하며, 감정을 표현하고 약점을 드러내 보이는 데에도 적합하다. 그러나 둘 중 한 사람이 멀어지면 관계는 끝난다.

이 가장 작은 그룹은 독점적이고 친밀도가 높아 가장 친한 사이의 거의 전부, 꽤 친한 사이의 대다수가 이와 같은 일대일 관계이다.

조나단 크루잔에게는 30년 넘게 사귄 아주 친한 친구가 있다. 크루잔은 몇 년간 은행에서 인사담당 부행장으로 일했는데 그때 상사가 바로 그 친구였다. 크루잔은 "그것은 멘토 관계였다"고 말한다. 가장 친한 친구가 상사라는 사실이 대부분의 사람들에게는 문제가 되지만 크루잔과 그의 친구는 몇 가지 이유 덕분에 그 문제를 잘 해결할 수 있었다. 첫째, 두 사람은 일 이전에 친구로 만난 사람이었다. 둘째, 두 사람은 서로 터놓고 이야기했다. 그것은 두 사람이 일터 안팎에서 친구관계를 유지하는 데 도움이 됐다. 크루잔은 말한다. "우린 함께 일하기 전에 우리의 우정에 대해 오랜 시간 진지하게 얘길 나눴어요. 친구는 워낙 강직한 사람이라 우리가 친구라는 이유로 일을 그르치는 법이 없었어요. 나도 친구가 상사라는 사실이 거슬리지 않았고요. 친구는 의사결정에 능하고 나는 뒤에서 돕는 일이 적성에 맞거든요. 자존심 싸움 같은 건 전혀 없었어요."

단짝관계의 또 다른 예로 낸과 리즈 이야기를 옮겨보겠다. 낸과 리즈는 맨해튼에 살며 둘 다 독신이고 30대 후반이다. 그들은 1979년 어느 노래자랑대회에서 만났다. 두 사람은 이제 일주일에 두세 번 만날 만큼 친하다. 낸은 리즈를 사귀면서 또 다른 단짝 친구 제인과 갈등을 겪어야 했다. 제인은 낸의 12년 된 친구였는데 리즈가 영매를 만나는 것을 못마땅하게 생각했다. 낸은 제인과 그 문제로 다투고 싶지 않아 결국 리즈와는 둘이서만 만나기로 했다.

셋이면 더욱 좋다

세 사람이 친구인 관계는 단짝관계보다 유지하기 쉽다. 공통의 구성원이 있는 이 관계에서는 한 사람이 빠지는 일이 생겨도 관계를 이어갈 수 있다. 내가 처음으로 우정에 관심을 가지게 만든 친구관계는 고등학교 때부터 친하게 지낸 30대 초반의 남자 셋이었다. 셋 중 둘은 같은 도시에 살았기 때문에 주마다 만났다. 나머지 한사람은 다른 주에 살았는데 다른 둘과 계속 전화로 연락했다. 일년에 몇 차례는 셋이 모두 모였다.

　세 사람이 친구가 되는 것은 개성이 강하고 경쟁적인 단짝관계를 유지하기에는 감정이나 시간에 여유가 없는 사람에게 한 가지 해결책이 된다. 예컨대 낸, 리즈, 제인 세 사람이 동시에 친구가 됐다면 독점적인 지위를 누리며 둘만의 비밀을 나눌 수는 없었겠지만 우정을 유지하기는 더 쉬웠을 것이다.

　반면 셋으로 이루어진 관계는 단짝관계보다 불안정하다. 셋 중 한 사람은 소외감을 느끼기가 쉽기 때문이다. 사실 세 사람이 동시에 진정한 우정을 나누는 경우는 극히 드물다. 대개는 단짝 더하기 한 사람이 있을 뿐이다. 셋이 모인 관계에서는 더 친한 두 사람이 있기 마련이라 애정과 관심이 불공평하게 분배될 수밖에 없다. 게다가 여기에 한 사람만 가세해도 가능한 관계가 여섯 개로 늘어난다.

세 사람의 우정은 더 이상 개인의 문제가 아니므로 우정을 유지해야 한다는 부담이 있다. 친밀한 관계를 끝낸다는 것은, 그 관계가 우정이라 해도 오명을 남길 수 있기 때문이다.

예를 들어 케빈과 존은 3년간 친하게 지내다 헤어졌지만 관계가 끝났음을 누구에게도 말할 필요가 없었다. 아무도 관계된 사람이 없었기 때문이다. 그러나 거기에 한 사람이 더 있다면 셋 중 한 사람이라도 멀어질 경우 그 사실을 숨기기란 거의 불가능하다. 그러므로 셋이서 나누는 친분은 셋이 동시에 친할 때만 꽤 친한 또는 가장 친한 사이가 될 수 있다.

한편 기존의 단짝관계에 한 사람이 합세하면 문제가 생기기도 한다. 이어지는 로즈, 페기, 에리카의 이야기는 셋으로 이루어진 관계가 끝내 실패한 예이다. 로즈는 18살 때 페기를 만났고 에리카와는 25살에 친구가 됐다. 로즈는 10년간 두 사람과 각각 단짝관계를 유지했다. 그러나 페기가 에리카하고도 친구가 되려고 하자 1년 만에 페기와 헤어지고 말았다. 로즈는 페기에게서 늘 느껴왔던 단점이 에리카가 개입되자 더욱 견딜 수 없어졌다고 한다.

페기는 여러 면에서 정말 좋은 친구였어요. 하지만 질투가 심하고 자신감이 부족했어요. 그리고 워낙에 남 험담하기를 좋아했어요.

에리카는 페기를 만났고 페기와 친구가 됐어요. 그것이 페기와 내가 헤어지게 된 원인 중 하나예요. 두 사람이 가까워진 게 나는 정말 싫었어요. 페기는 에리카를 무척 따랐어요. 나보다 더 세련되고 돈도 많은 친구였으니까요. 페기는 에리카가 어떤 옷을 입은 걸 보면 꼭 똑같은 옷을 사는 바람에 에리카를 열 받게 만들었어요.

페기는 뻔질나게 에리카에게 전화해서 만나자고 했고 그러면 에리카는 로즈는 어떻게 하냐고 물었대요. 페기는 "알잖아. 로즈는 일하는 중이라 안 돼" 그랬다더군요. 내게는 물어보지도 않았으면서 말예요.

그러더니 결국 페기는 에리카하고만 여행을 갔어요. 에리카와 나를 떼어놓으려고 작정을 한 거지요.

이 이야기에서 보듯 세 사람의 관계에서는 무엇보다 입이 무거워야 한다. 그러므로 허락이 있을 경우에만 다른 친구 이야기를 하도록 한다.

그러나 질투, 맞수의식, 뒷공론이 없다면, 또는 있다 해도 이를 잘 다룰 수 있다면 셋이서도 충분히 만족스런 우정을 나눌 수 있다. 특히 독신남녀라면 셋이 나누는 우정에서 부부가 첫아이를 얻고 느끼는 것과 비슷한 유대감과 동질감을 경험할 수 있다. 세 친구는 같은 추억을 가지고 있으므로 정겨운 대화를 나눌 수 있다. 셋 모두 한 지역에 살고 있다면 한 친구가 바쁘더라도 어울릴 수 있는 사람이 하나 더 있다는 것도 좋은 점이다.

넷 이상이 친구로 뭉쳤다

서로 잘 알고 좋아하는 친구들이 넷 이상 모인 그룹이나 네트워크가 있다. 이는 우정하면 으레 일대일 관계를 떠올리는 우리에게 특히 흥미로운 패턴이다. 예외가 있기는 하나 친구그룹은 대체로 웬만큼 친한 친구들로 이루어진다. 그러나 네트워크 또는 그룹이라는 큰 틀 안에는 두 사람 이상으로 이루어진 꽤 친하거나 아주 친한 관계가 있을 수 있다.

우정그룹은 처음에는 같은 학교를 다니거나, 같은 동네에 살거나, 같은 직장에서 일하는 인연으로 시작된다. 그렇게 시작한 그룹이 계속 유지되는 까닭은 우정이 싹텄기 때문이다. 우리 올케 카렌은 고등학교 시절부터 친하게 지낸 여자 친구들 여덟 명과 일주일을 보내기 위해 매사추세츠에서 고향인 아이오와까지 간다. 일명 '크레이지 에이트(The Crazy Eight)'로 통하는 이들은 30년지기 친구로 일년에 적어도 일주일은 함께 보내려 노력한다.

우정네트워크는 '크레이지 에이트' 처럼 닫힌 '패거리'가 아니면 열린 '눈덩이' 이다. 패거리는 꽤 또는 가장 친한 친구들로 이루어진 경우가 많고 눈덩이는 웬만큼 친한 친구들인 경우가 대부분이다.

패거리는 배타적인 네트워크여서 가입이 폐쇄돼 있다. 구성원의 파트너나 다른 친구들을 네트워크에 잘 끼워주지 않는다. 참고로 내가 조사를 하면서 알게 된 패거리들의 예를 들어보겠다. 로스쿨 시절 같은 방을 쓴 남자 넷, 아일랜드 출신 예술가들, 같은 대학을 나온 친구 여덟, 5년간 이어져 온 파이어 섬 출신 남자와 여자 아홉이 모인 네트워크, 한때 맨해튼에서 모여 살았던 아이엄마 일곱.

뒤에 나오는 일과 우정에 대한 장에서는 일터의 패거리가 '권력집단' 으로 변질함으로써 생산성을 떨어뜨리기도 한다는 이야기가 나온다. 그러나 패거리는 일과 관계없는 상황에서, 특히 학교를 졸업한 뒤의 어른에게 가족의 일원이 된 것 같은 끈끈함을 전해준다.

우정네트워크에 속한 사람들은 이런 우정그룹을 만들고 유지하는 데 시간과 정력을 투자한다. 그런데 이처럼 일터 안팎에서 많은 시간을 투자하기 때문에 패거리가 생산성을 떨어뜨린다는 말이 나오는 것이다.

눈덩이는 열려 있고 유동적인 우정그룹이다. 다른 직장동료나 친구, 친구의 친구, 애인이나 배우자들이 원래 그룹에 가세한다. 눈덩이가 구르면서 커지듯 점점 구성원이 불어나는 것이다. 뉴욕의 광고회사에서 카피라이터로 일하는 에다는 텍사스에 연고를 둔 눈덩이 우정그룹의 일원이다. 처음 이 그룹은 칼과 존으로 시작했는데 여기에 패트가 가세했고 그 다음에 에다가 들어왔다. 이 그룹은 곧장 14명으로 불어났고 얼마 지나지 않아 남녀 40명으로 늘어났다. 이 우정네트워크가 어떻게 커갔는지 에다의 설명을 들어보자.

처음 텍사스에서 뉴욕에 왔을 때 아는 사람이라곤 존과 칼 두 사람밖에 없었어요. 그 둘이 뉴욕에 와서 사귄 친구라며 패트를 소개해주었지요. 그런데 패트는 예전에 나와 한반이었던 친구더라고요. 나는 패트를 알아봤고 우린 금세 친해졌죠. 패트를 통해 질과 조지를 만났어요. 그리고 또 자기들끼리는 아는 사이인 텍사스 사람을 몇 명 더 만났어요. 그런데 재미있는 건 내가 전혀 알지 못했던 사람은 없었다는 거예요. 개인적으로 잘 몰랐다 뿐이지 몇 다리 건너니 다들 아는 사람이었죠. "이쪽은 로저야. 누구랑 친구냐면… 왜, 있잖아. 멜라니 차를 받은 친구." 이런 식이었죠. 로빈 역시 나랑 같은 반인 적이 있었는데 알고 보니 내 친한 친구 한 명의 언니와 아주 친한 사이더군요. 질은 칼 사촌의 사촌이었고요. 웬디는 샘과 결혼할 사람이고요. 참, 샘의 부모님이 얼마 전에 휴스턴으로 이사하셨거든요. 그런데 이사한 곳이 바로 존의 부모님이 사시는 동네지 뭐예요.

민족, 인종, 성과 관련한 우정패턴

인류학자 로버트 브레인은 서아프리카 뱅와족의 우정을 관찰하고 무척 놀랐다. 브레인은 이와 관련하여 《친구와 애인(Friends and Lovers)》이라는 책의 '당신도 한 사람쯤 정말 친한 친구가 있어야 한다' 라는 부분에 이렇게 썼다. "정말 친한 친구가 있다는 것은 아내나 형제가 있는 것만큼 중요하다. 아니 어쩌면 더 중요할 수도 있다. 뱅와족 사람들은 아주 친한 친구들을 '쌍둥이' 라고 생각한다. 또 서아프리카의 어떤 지역에서는 친구와 만나면 우정을 돈독히 하는 뜻에서 서로 배설물을 던지거나 상대방 부모의 생식기에 대해 떠들썩하게 이야기한다. 이런 행동은 우리가 볼 때는 괴이하고 음란하지만 이들에게는 친구사랑의 증거이다."

인류학자 에드워드 홀은 그의 유명한 저서 《침묵의 언어(The Silent Language)》와 《삶의 춤: 시간의 또 다른 차원(The Dance of Life: The Other Dimension of Time)》에서 낯선 사람을 만났을 때 사적인 공간을 얼마만큼 허용할 것인가와 두 사람이 친해지기까지의 시간은 문화에 따라 다르다고 지적했다.

이는 우정의 패턴에도 똑같이 적용된다. 우정은 문화와 관계 깊다. 맨해튼에서 우정의 표시로 받아들여지는 행동이 위스콘신의 시골마을에서는 처음 들어보는 낯선 것일 수 있다. 또 아시아계 미국인이 정의하는 친구와 아시아인이 정의하는 친구는 다를 수 있다. 그러므로 다양한 그룹의 문화 차이로 나타나는 우정의 차이를 발견하는 것은 우리의 몫이다. 문화에 따른 우정의 차이를 이해하면 친구 또는 친구가 될 가능성이 있는 사람과 거리를 좁힐 수 있다. 예를 들어보겠다.

칼은 맞은편 집으로 이사 온 세네갈 출신의 폴과 금세 친구가 됐다. 칼과 폴은 둘 다 오디오 기기에 취미가 있었다. 칼의 아내와 폴의 여자친구도 서로 친해졌다. 두 사람이 친구가 된 지 여섯 달쯤 지난 어느 날 밤 폴이 몹시 들떠서 칼에게 전화를 걸었다. 새로 산 비디오플레이어를 텔레비전에 연결하는 데 칼이 도와줬으면 했던 것이다. 칼은 피곤했고 이미 옷도 갈아입은 뒤였다. 그래서 날이 밝는 대로 도와주겠다고 약속했다. 그러나 폴은 마음이 상했고 그 뒤로 두 사람의 사이는 예전 같지 않았다. 세네갈에서는 친구가 도움을 청하면 하던 일도 팽개치고 당장 달려가야 한다. 급한 일이 아니더라도. 그러나 맨해튼에 사는 칼에게 그런 관습은 익숙하지 않은 것이었다.

나는 《비즈니스 예절(Business Protocol)》이라는 책을 쓰면서 국제 비즈니스 예절을 조사했다. 이때 문화가 우정의 패턴에 미치는 영향을 살펴본 적이 있다. 이 책의 '국제예절' 이라는 장을 보면

14개국의 비즈니스 예절에 대한 간단한 조사결과가 실려 있다. 일과 관련한 인간관계나 비즈니스 수행방식이 나라마다 고유한 문화의 영향을 받듯이 개인의 우정 패턴 또한 문화 고유의 관점에 따라 바뀐다. 예컨대 내가 조사한 바에 따르면 일본사람은 미국사람들보다 훨씬 지위를 중요하게 생각한다. 《일본의 비즈니스 에티켓(Japanese Business Etiquette)》의 저자 다이애나 롤랜드도 "일본사람은 위계를 매우 중요하게 생각한다"라고 했다. 일본에서는 자기와 지위가 다른 사람과 비즈니스를 하는 것은 결례다. 미국보다 일본에서 명함이 더 중요하게 생각되는 까닭이 여기에 있다. 명함을 보면 상대방의 직책을 바로 알 수 있으므로 직급이 다른 사람과 비즈니스 관계를 맺는 실수를 피할 수 있다.

한편 일과 무관한 관계에서도 동질성이 강조됨을 도쿄에 사는 프리랜서 작가의 응답내용에서 알 수 있었다. 그는 "사람들은 자기와 같은 지위에 있는 친구를 원한다"라고 설문에 썼다.

도쿄에 살고 있는 한 연구원은 "일을 통해서 친구를 사귄다"고 응답했다. 이는 매우 재미있는 사실이다. 아시아 연구가 보예 라파예트 데망트가 자신의 저서《일본의 비즈니스 에티켓과 윤리(Japanese Etiquette & Ethics in Business)》에서 일본에서는 근무시간에 동료와 어울리는 것을 탐탁하지 않게 생각하지만 퇴근 후에는 직장동료와 어울릴 것을 기대한다고 꼬집은 것과 일치하기 때문이다. 일본에서는 근무가 끝난 뒤 동료와 어울리지 않으면 무례한 사람으로 오해받기도 한다.

영국인의 우정패턴을 깊이 연구한 영국의 사회학자 그레이엄

앨런은 우정패턴이 사회계층에 따라 다르게 나타난다고 결론지었다. 앨런이 〈영국 사회학 저널〉에 발표한 '우정패턴에 나타나는 계층 간 차이'라는 제목의 연구노트를 보면 에식스 교외에 사는 중산층과 노동자층 부부를 관찰한 내용이 실려 있다. 앨런이 관찰한 바에 따르면 중산층 부부는 주어진 활동범위를 벗어나 다양한 상황에서 교류하며 교우관계를 넓혀나가는 경향이 있었다. 또 친구는 주로 집에서 만났다.

반면 앨런이 인터뷰한 노동자층 부부들은 교우관계가 특정 상황에 한정되어 있는 경우가 많았다. 게다가 이들은 집을 '가족만의 영역'으로 고집하는 경향이 있었다. 따라서 집에서 사교활동을 하는 경우는 드물었다. 앨런은 노동자계층이 교류하는 상대가 거의 '동료'임을 발견했다. 앨런은 동료가 친구라기보다는 그냥 알고 지내는 사이에 가깝다고 생각한다. 상호작용이 의도보다 우연에 의존하기 때문이다.

나는 뉴욕시립대학 명예교수 베티 성 박사를 인터뷰했다. 박사는 '아시아계 미국인학'을 가르쳤던 분이다. 박사는 "이 나라에 살고 있는 아시아인들은 고향에서 태어난 사람들이 대부분이라 같은 민족 그룹 안에서 친구를 사귀는 것을 편하게 생각한다"고 말했다. 박사는 한 학생이 과제물 작성을 위해 퀸스의 플러싱에 거주하는 중국 상인 100명을 조사한 내용을 들려주었다. 그 학생은 조사대상자에게 일과 관계없이 사귄 친구 중 중국인이 아닌 사람이 있는지 물었는데, 그렇다고 대답한 사람은 한 사람도 없었다.

성 교수는 우정에 대한 아시아인과 미국인의 태도가 어떻게 다른지 자신이 관찰한 바를 설명했다. 박사는 일부 미국인이 우정이라고 생각하는 관계가 "정확하게 말하자면 단지 아는 사이에 불과하며 중국인이 생각하는 우정은 오래 지속되는 끈끈한 유대"라고 말했다. 예를 들어 성 교수의 남편은 중국에서 대학을 나왔는데 졸업한 지 50년이 지난 지금도 같은 과 친구들과 관계를 유지하고 있다. 한편 미국에서 태어났고 대학도 미국에서 다닌 성 교수는 캠퍼스를 떠나자마자 같은 과 친구들과 연락이 끊겼다.

미국과 달리 프랑스나 일본 같은 나라에서는 친구를 처음 사귈 때 정식으로 소개받는 방식을 선호한다. 친구를 사귈 때 계층이나 지위를 고려하는 일이 보편적이기 때문이다. 이들 나라 사람들은 대체로 학교에서 친구를 사귀며, 그것이 우연한 기회를 통해 친구를 사귀는 것보다 안전하다고 여긴다. 같은 학교에 다닌다는 것은 사회지위와 가정환경이 비슷함을 뜻하기 때문이다.

캐나다인의 우정패턴을 깊이 연구해온 배리 거딘은 《우정(Amitie/Friendship)》이라는 저서에서 우정에서 가장 중요하게 생각되는 요소는 다름 아닌 '민족적 배경'이라고 주장했다. 몬트리올 전화번호부에서 무작위로 뽑은 2371명을 조사한 거딘은 "몬트리올 사람들이 친구에 대해 생각하고 행동하는 방식은 친구가 어떤 민족 출신이냐에 지대한 영향을 받는다"라는 점에 주목했다. 연구 결과 몬트리올 사람 대다수는 가장 가까운 친구를 자신과 같은 민족에서 고르는 것으로 나타났다.

베네수엘라 출신인 내 친구 하나가 그러는 것처럼, 점심시간을 조금 길게 잡는 것이 친구를 사귀는 데 도움이 되기도 한다. 지금은

열 살이 된 우리 아들이 맨해튼에서 유아원에 다니던 네 살 때의 일
이다. 나는 나보다 나이가 몇 살 어린 엘리아를 사귀게 됐다. 우리는
영화와 연극 감상이라는 공통의 취미가 있었다. 그리고 서로 친하
고 싶다는 느낌이 통했다. 엘리아는 베네수엘라에서 나고 자랐으나
대학원에 다니기 위해 맨해튼에 왔고 그 뒤로 쭉 맨해튼에 살고 있
었다. 우리는 가치관과 관심사가 같아 아주 빠르게 가까워졌다. 여
기에는 두세 시간에 걸쳐 점심을 먹는 라틴아메리카의 풍습도 한몫
했다. 그해 몇 시간이 걸리는 점심을 거의 매주 함께 하면서 우리는
서로를 알아갔다. 그러나 우리의 우정이 하룻밤 사이에 자라난 것
은 아니다. 엘리아가 아들의 보모 대신 나와 점심식사를 하기까지
는 몇 달이 걸렸다. 어쨌든 나는 엘리아와 좋은 친구가 될 수 있으리
라는 내 직감을 믿었다. 그래서 엘리아가 내 삶으로 들어오기를 참
을성 있게 기다렸다.

레티 코틴 포그레빈은 그의 저서 《친구들(Among Friends)》에
서 흑인, 라틴인, 아시아인, 유대인의 우정문화를 자세히 설명했다.
포그레빈은 유대인의 우정패턴을 설명하면서 사회학자 스티븐 코
헨을 인용했다. 코헨은 유대인들이 유대인들과 일하지 않거나 유대
인 지역에 살지 않더라도 친구만큼은 같은 유대인을 사귀고 싶어 한
다는 사실을 발견한 사람이다. 포그레빈은 가족과 친지들을 챙기다
보면 친구와 보낼 시간이 없다는 어느 유대인 주부의 예를 들며 유
대인의 가치관이 가족을 중시하는 아시아인의 가치관과 매우 비슷
하다고 말한다. 내가 유대인을 직접 사귀고 관찰한 바에 따르면 유
대교 신자가 아닌 사람과 결혼하거나, 아이를 종교학교나 예시바

(유대교의 대학 — 옮긴이) 대신 공립학교에 보낸 유대인은 유대인이 아닌 사람과도 폭넓게 사귀는 경향이 있었다.

내 동료 중에 스위스 바젤에 사는 사람이 하나 있는데 이 친구가 보낸 이메일에 스위스, 독일, 미국인의 우정패턴을 비교한 내용이 있다. "미국인은 유럽인보다 친구를 빨리, 쉽게 사귄다는 것이 일반적인 생각이죠. 대신 친구와 떨어져 있으면 잊기도 빨리 잊는다고 하고요. 그런데 막상 내 미국인 친구 중에 이런 통념과 일치하는 친구는 별로 없어요. 오히려 유럽인 친구 중에 그런 사람이 많지요!"

이 친구는 세계가 지구촌화 하는 경향이 국제적인 우정패턴과 우정에까지 영향을 미치고 있다고 말했다. "우정은 이와 비슷하거나 비교 가능한 다른 행동양식과 마찬가지로 우리가 더 이상 실질적인 차이를 만들 수 없는 전 지구적 차원으로 나가고 있습니다. 전 지구적으로 생각하고 행동하도록 배운 사람들에게 있어서 말이죠."

나는 내가 맨해튼에서 17년을 살면서 나눈 우정과 최근 6년간 코네티컷 주에 있는 인구 11만의 페어필드 카운티에 살면서 나눈 우정에 뚜렷한 차이가 있음을 발견했다. 독신이었던 맨해튼 시절에는 주로 직업과 관련한 활동이나 일을 하다 친구를 사귀었다. 간혹 이웃에 사는 사람과 친해지기도 했다. 그러나 결혼하고 아이 엄마가 된 뒤에는 육아 경험이 새 친구를 사귀는 바탕이 됐다. 나는 친구들에게 개방적인 내 성향이 실은 맨해튼의 거대함, 다양성, 익명성, 비형식성에서 영향을 받았다는 사실을 깨달았다. 맨해튼에서는 다른 일을 하는 짬짬이 친구와 만날 수 있었으므로 "만나서 차나 한잔

하자"라고 말하기가 훨씬 쉬웠다. 또한 친구에게 비밀을 털어놓을 때도 안심할 수 있었다. 두 사람의 관계는 당사자에 한정될 뿐 지역사회와는 관련이 없기 때문이다. 게다가 같은 직장에서 일하거나 같은 아파트에 살지 않는 한 우정네트워크를 비롯한 일이나 인간관계가 서로 겹치는 일도 없었다.

작은 지역사회에서는 좀더 널찍한 집에서 살 수 있고, 지역주민이 수백만이 아닌 수천 명인 데서 오는 한적함을 느낄 수 있고, 한 지역의 구성원이라는 소속감을 느낄 수 있다는 이점이 있다. 그러나 큰 도시 사람들이 비밀을 털어놓을 때 편안함을 느끼는 이유인 익명성은 포기해야 한다. 또한 작은 도시에서 살려면 부정적인 의견이나 갈등은 속에 담아두는 자제심이 필요하다. 왜냐면 크게 다투고 갈라선 친구와 슈퍼마켓이나 학교행사장에서 다시 맞닥뜨릴 수 있기 때문이다. 교외나 시골의 지역사회에서는 주민들의 교류가 많고 네트워크끼리 연결되어 있는 일도 흔하므로 사람들이 자연히 '입조심'을 하게 된다. 그런데 그런 모습은 자칫 위선으로 오해되기도 한다. 한두 번 친구를 사귀려다 실패하고, 사귀었더라도 곧 멀어지고 나면 친구 사귀는 데 신중하게 된다. 이처럼 경험에서 우러난 신중함 때문에 동질성이 강한 사회에서는 우정이 싹트고 시험을 거쳐 굳건해지기까지 더 오랜 시간이 걸린다. 내가 대도시에 사는 남녀를 인터뷰하며 확인한 바에 따르면 이들은 친구와 갈라설 때 극단적으로 맞서는 경우가 많다. 그러나 작고 결속력이 강한 사회에서는 친구와 관계를 끝내고 싶을 경우 사이가 저절로 멀어지게 두는 것이 현명하다.

나는 조사를 하면서 우정이 인종의 벽을 넘는 경우가 거의 드물다는 점을 발견했다. 이는 학교나 직장의 구성원이 단일 인종인 경우가 대부분이기 때문인 것으로 짐작된다. 그러나 학교와 일터야말로 서로 다른 인종이 접촉할 가능성이 가장 높은 상황이다. 오늘날 이보다 큰 사회는 같은 인종이 모여 사는 거주공동체들인 경우가 대부분이기 때문이다. 그러므로 서로 다른 인종의 학생이나 직장인이 만나 친구가 되지 못했다 해서 인종의 벽을 넘는 우정이 불가능하다고 섣불리 결론지어서는 안 된다. 서로 친구가 되지 못한 것은 지위나 계층의 차이 때문이지 인종이 달라서가 아니다. 나는 여러 인종이 섞여 있는 학교나 일터에 다니는 사람이 자기와 지위가 같은 다른 인종의 사람과 깊은 우정을 나누는 것을 많이 보았다.

그러나 갓 결혼한 부부는 신혼집을 고를 때 자기들이 주류가 될 수 있는 지역을 고른다. 또 어느 유대인 여성의 말처럼 자녀를 학교에 보낼 때는 아이가 속한 그룹이 적어도 반은 되는 학교에 보낸다. 이렇게 함으로써 종교나 인종의 차이를 뛰어넘어 친구를 사귈 수 있는 기회는 안타깝게도 영원히 차단된다. 자기가 속한 종교, 민족, 인종 그룹이 학교에서 일정 비율을 차지하지 않더라도 개의치 않는 사람도 있을 것이다. 그러나 그런 사람들도 적어도 자신이 '환영' 받기를 원한다. 그렇다면 어느 정도를 환영이라고 할 수 있는가? 뉴잉글랜드의 교외에 사는 한 남자는 요즘 이사를 해야 할까 말까를 두고 고민 중이다. 이들 부부가 입양한 딸이 지금 다니는 초등학교에서 전교에 한 명밖에 없는 아시아계미국인이기 때문이다.

우정에도 남녀 차이가 있다

남자는 오랫동안 연락하지 않았던 친구에게 전화하면서 그리 미안해하지 않는다. 그러나 여자들은 거듭 미안하다고 말한다. 여자의 우정은 대체로 남자의 우정보다 살갑고 끈끈하다. 그 까닭은 여자들이 어머니를 닮기 때문이다. 어머니는 딸이 모델로 삼는 인물이다. 아버지가 자식에게 보이는 관심은 어머니의 관심에 대면 꾸준하지 못하다. 아버지들은 전통적으로 자식들과 보내는 시간이 적었다. 또한 감정을 자제하도록, '남자답게' 행동하도록 배웠다. 오늘날 대부분의 어른들은 아버지보다는 어머니와 가깝게 지내는 이런 '오래된 시스템'에서 컸고 사회화했다. 그 결과 사회학자 베스 헤스를 비롯한 여러 사회과학자들이 말한 것처럼 어른이 된 뒤 두 가지 뚜렷한 우정패턴으로 갈리게 된다. 즉 거리감이 있고 덜 친밀하지만 꾸준한 남자들의 우정과, 보다 감성적이면서 친밀하고 때로는 폭발적인 여자의 우정으로 말이다.

지난 10년간, 남자와 여자의 의사소통방식이 다르다는 견해가 데보라 태넌 박사와 존 그레이 박사를 통해 널리 전파됐다. 남자와 여자의 우정이 다른 까닭에는 이런 소통 패턴의 차이도 있다. 태넌이 쓴 《남자를 토라지게 하는 말 여자를 화나게 하는 말(You Just Don't Understand)》이라는 책의 '우정에 대한 남녀 생각의 차이'라는 부분을 보면 이에 대한 이야기가 나온다.

건강전문 자유기고가 마크 퓨러스트는 남자친구보다 여자친구와 이야기할 때 감정적으로 더 자유롭다고 한다. 그래서 입양문제도 여자친구와 의논했다. "좀 심각한 문제는 여자 친구들에게 이야기하는 것이 편해요. 남자들하고 하는 이야기는 그냥 탈의실 대화 수준이죠. 남자들과는 마음을 열고 깊은 대화를 나누는 것이 힘들어요. 물론 아주 불가능한 것은 아니지만 그렇게 되기까지 오랜 시간이 걸리지요. 같은 문제를 이야기해도 여자친구에게 이야기할 때 더 마음을 터놓게 됩니다. 로이스에게는 아이를 입양하고 싶다는 말을 하기가 쉬웠어요. 로이스에게도 비슷한 경험이 있었거든요. 로이스와 입양문제를 의논할 당시 릭에게도 이야기하려 했지만 못했어요. 몇 달이 흐른 뒤에야 할 수 있었죠."

여성들의 일과 육아 패턴이 바뀌면서 우정의 패턴에도 변화가 예고되고 있다. 이미 일어나고 있는 변화에 대해서는 Part 4 에서 소개하겠다. 특히 이런 우정패턴의 변화는 자기 분야에서 영향력을 행사할 수 있는 위치에 오른 중년 여성들에게서 두드러진다. 이들의 우정패턴은 남자들의 우정패턴을 점점 닮아가고 있다. 연락이 뜸한 일은 이해할 수 있는 일이 되고 있다. 일례로 배우이자 회사에서 중책을 맡고 있는 폴리 버겐의 말을 들어보자. 그는 눈코 뜰 새 없이 바쁘지만 변함없는 우정을 유지하고 있다.

나는 일 때문에 여행을 많이 해요. 내가 좀 일벌레거든요. 다행히 내 친구들은 내가 몇 달 만에 전화해도 이해해줘요. 친구들하고는 오랜만에 전화해도 바로 전날 얘기한 것 같죠. 하지만 친구가 날 필요로 하면 만사 제치고 달려가요.

남자와 여자는 친구가 될 수 있을까

세상에는 돌아가신 우리 아버지처럼 구식인 사람도 있다. 아버지는 "남자와 여자는 친구가 될 수 없다"고 입버릇처럼 말씀하셨다. 스웨덴의 극작가 아우구스트 스트린드베리도 1886년에 쓴 글에서 비슷한 견해를 밝힌 바 있다. 그는 "우정은 관심사와 견해가 비슷한 사람 사이에서만 가능하다. 그런데 남자와 여자는 사회관습 탓에 날 때부터 관심사와 견해가 다르다"고 했다. 한편 델라웨어에 살며 컴퓨터프로그래머로 일하는 40살의 남성은 설문에 이렇게 답했다. "내 친구 중에 여자는 하나도 없다. 소설가 토머스 윌리엄스가 이런 말을 했다고 들었다. 남자와 여자가 만나면 화학작용이 일어나므로 남자와 여자는 결코 친구가 될 수 없다고 말이다." 내가 아는 어떤 여자의 경우 그 앞에서 남자와 여자가 친구가 될 수 있다고 말했다가는 혼쭐난다. 이 여자는 일 때문에 집에 늦게 오는 일이 잦았고 그때마다 친구에게 자기 남편과 외식을 하거나 영화를 보러 가라고 말했다. 몇 달 뒤 이 여자의 친구와 남편은 함께 도망쳤다.

그러나 이제 일반적으로, 적어도 이론상으로는 남녀 간의 플라토닉 우정이 예전보다 가능하고 받아들일 수 있는 일이 됐다. 대체로 이성 간의 우정은 동성 간의 우정에 부수적으로 존재한다. 심리학자 린다 새퍼딘은 전문직업협회를 통해 접촉한 남녀 156명을 상대로 설문을 실시했다. 새퍼딘이 조사한 바에 따르면 남자들은 이성친구가 동성친구보다 자상하고 친근하고 덜 경쟁적이라는 이유로 이성 간의 우정에 호의적이었다. 반면 여자들은 이성 간의 우정에 낮은 점수를 주었다. 또한 새퍼딘은 이성 간의 우정에서 '성적 뉘앙스'가 가장 큰 걸림돌이 됨을 발견했다.

그러나 남녀 간의 우정은 점점 흔해지고 있으며 사람들의 입방아에 오르는 일도 적어지고 있다. 다음은 수잔 마골리스가 '내 가장 친한 친구 중 몇은 남자다'라는 제목으로 잡지에 실은 글의 일부이다.

남녀 간의 우정은 중요하다. 그것은 이성친구가 사랑하는 사람이 나타날 때까지 외로움을 달래줄 상대가 되기 때문이 아니다. 요즘 같이 흉흉한 시절에 우정이 섹스보다 더 안전해서도 아니다. 일하는 여성들이 너무 피곤하고 마음의 여유도 없어 새로운 사랑을 찾지 않기 때문도 아니다. 이성 간의 우정이 중요한 이유는 아직 사회가 이를 자연스럽게 보지는 않지만 이런 관계가 나름의 구실을 하기 때문이다.

성별과 관련한 문제는 12장에서 더 자세히 이야기하겠다.

애들을 키우다보면 친구들은 뒷전으로 밀리는 경우가 많아요. 우리 부부도 애들 축구경기, 야구경기, 음악회 쫓아다니느라 늘 바빴지요. 하지만 애들이 대학에 간 뒤로는 친구들과 어울릴 수 있는 시간이 많아졌어요. 우리는 17년 전에 가입했던 동네 볼링회에도 다시 나가기 시작했어요. 우리 부부뿐만 아니라 많은 사람들이 다시 이 모임에 나오기 시작했죠. 그래서 아주 재미있어요. 지금은 친구가 정말 중요해요. 친구가 없다면 너무 따분할 거예요.

— 짐 무가베로, 고등학교 수학 교사

내 가족은 모두 세상을 떠났어요. 이제 친구들이 나의 가족이랍니다.

— 프리실라 오어, 시인

프렌드시프트, 우정이 삶과 함께
어떻게 변하는가에 대해

6. 어린 시절부터 결혼 전까지의 시기

가장 친한 친구, 꽤 친한 친구, 아니면 웬만큼 친한 친구라도 빨리 사귀면 사귈수록 좋다. 우정은 어른이 된 뒤의 삶을 풍요롭게 하는 밑거름이다. 친구를 사귀는 데 반드시 필요한 기본행동, 예를 들어 나누기, 돌보기, 관심을 표현하기, 정직, 공격적인 행동 삼가기와 같은 것들을 처음 배우는 곳은 놀이터지만 학교, 캠프, 대학, 일터에서도 계속 익히게 된다.

유년 시절의 우정

갓난아기가 태어난 지 두세 달이 되면 다른 아기의 행동에 관심을 보인다는 연구결과가 있다. 다섯 달이 되면 다른 아기의 울음소리에 반응한다고 한다.

애초 사회심리학자였으나 지금은 변호사가 된 지크 루빈은 자신의 어린 아이가 놀이그룹에서 또래들과 어울리는 모습을 관찰하고 관련문헌을 연구한 결과 아기들이 처음에는 누구든 놀이친구로 받아들인다는 사실을 발견했다. 아주 어린 아기들은 물건을 찾듯이 친구를 찾아낸다. 같은 장난감을 가지고 놀려다 몸이 닿는 것이다.

그러나 만 한 살이 되면 우정이 일정한 구실을 하게 된다. 이 단계의 아이는 몸으로나 마음으로나 엄마에게서 떨어져 다른 아기들과 관계를 맺을 수 있다. 14개월이 되면 어떤 놀이친구를 좋아하고 싫어하는지가 분명해진다. 또 두 살이 되면 이미 동성 간의 우정보다 이성 간의 우정이 덜 경쟁적이며 더 감성적인 양상을 보인다는 연구결과도 있다. 아장아장 걷기 시작한 여자아이는 또래의 남자아이를 껴안고 뽀뽀한다. 남자아이들끼리 이런 행동을 하는 경우는 많지 않다.

두세 살이 되면 엄마와 아이의 유대감이 동무관계에 투영된다. 루빈이 《아이들의 우정(Children's Friendships)》에서 밝힌 것처럼 "엄마와 확고한 관계가 형성되어 있는 세 살배기 아이들은 또래와도 잘 어울린다."

나는 또 학교에 들어가기 전 아이들의 친구 사귀는 능력이 성격에 따라 큰 차이가 있음을 발견했다. 공격적인 아이, 장난감을 다른 아이와 나누려 하지 않는 아이는 놀이친구로 인기가 없다. 예를 들어보자. 팜스프링스에 사는 한 여성은 자신의 두 아들이 놀이시간에 매우 다르게 행동한다고 말한다. 작은아이는 아주 느긋해서 자기방식을 고집하지 않는다. 그저 재밌으면 그만이다. 그 아이와 같이 노는 아이들도 무척 즐거워한다. 반면, 큰아이는 고집이 세고 차례를 기다리거나 나누는 것을 좋아하지 않는다. 둘 중 어떤 아이가 인기 있고 친구가 많으며 어떤 아이가 외톨이이고 친구가 적을지는 뻔하다.

학창시절 초기에 친구가 있다는 것은 아이에게 과연 얼마나 중요한 것일까? 친구가 있는 아이가 학교생활을 더 즐겁게 하며 그 결과 성적도 더 좋다는 연구결과가 있다. 반대로 초등학교 시절 친구가 없는 아이들은 청소년 우울증에 걸릴 위험이 크다고 한다. 지난 20년간 윌러드 하텁, 로버트 셀만, 제임스 유니스, 스티븐 애셔, 피터 랜쇼, 토머스 베른트, 게리 앨런 파인, 존 라가이파, 브라이언 비글로, 셰리 오든, 존 고트먼 같은 사회학자, 심리학자, 의사소통기술 전문가들이 아이들의 우정에 대해 방대한 연구를 실시했다. 이제 어린이나 청소년에게 친구가 있다는 것은 이들이 사회성을 훌륭하게 터득했다는 증거로 확고히 자리 잡았다.

미네소타 레전트대학의 하텁 교수는 〈아동 발달(Child Development)〉이라는 학술지에 발표한 '아동의 친구: 우정과 우정이 아동의 발달에서 차지하는 중요성'이라는 제목의 논문에서 이제는 우리의 아이와 청소년에게 '친구가 있느냐'에만 관심을 가질 게 아니라 이들이 '어떤 친구를 사귀느냐'에도 관심을 가져야 한다고 말했다. 하텁은 미네소타 출신의 14살 소년이 1995년 2월 가장 친한 친구와 함께 살인을 저지른 극단적인 예를 들며 문제아동이나 청소년은 자신들처럼 반사회적 성격을 지닌 아이와 어울리거나 친구가 됨으로써 더 나쁜 길로 빠진다며 다음과 같은 결론을 내리고 있다. "사회성이 발달한 사람들끼리 돕고 격려하는 관계는 아이의 발달에 좋은 영향을 미친다. 반면 강압과 갈등으로 얼룩진 관계는 발달에 좋지 않은 영향을 미친다. 반사회적인 아이들에게는 더욱 그러하다." 즉 앞으로는 '친구가 있느냐 없느냐' 라는 이분법적인 시각에서 탈피해 아이의 친구가 어떤 사람이며 아이의 학업, 행동, 도덕적, 사회적 목표에 얼마나 보탬이나 해가 되는지를 연구해야 하겠다.

다음은 초등학교 5학년생인 커트니 번즈가 졸업식에서 한 고별사인데 초등학교 시절을 잘 보내는 것이 얼마나 중요한지 잘 나타나 있다.

유치원에 입학한 첫날부터 바로 이번 달까지 저는 이곳에서 늘 친구와 함께였습니다. 친구들과 저는 많은 일을 함께 했어요. 언젠가는 친구들과 영혼을 불러내는 의식을 하다 엘비스(로큰롤의 제왕 엘비스 프레슬리 ― 옮긴이)를 만날 뻔한 적도 있었지요!

4학년 때는 시험점수가 엉망으로 나와 속상했던 적이 있었죠. 하지만 친구에게 전화하니 친구가 제 얘기를 귀담아 들어주었고 덕분에 기분이 나아져서 부모님께 솔직히 말씀드릴 수 있었어요. 물론 부모님은 이해해주셨어요. 그 친구는 제가 한 얘기를 아무에게도 말하지 않고 제가 마음을 가라앉힐 수 있게 도와주었어요.

선생님들도 보고 싶고 수업시간도 그리워지겠죠. 하지만 무엇보다 친구들이 그리울 거예요.

나는 5학년 학생 여섯 명에게 지금 가장 친한 친구가 어떤 사람 인지 물었다. 여섯 명 모두 지금 가장 친한 친구를 학교에서 사귀었 다고 대답했다. 그 중 세 학생의 친구들은 유치원 시절부터 사귄 친 구들이었다. 81살에 돌아가신 우리 아버지에게는 데이브 섀퍼라는 절친한 친구 분이 계셨다. 두 분은 유치원에서 처음 만나 자그마치 75년을 친구로 지냈다. 두 분은 서로 다른 고등학교에 진학했고 친 구 분은 아버지가 돌아가시기 17년 전에 멀리 다른 지역으로 이사 했지만 우정에는 변함이 없었다.

다음은 잡지기자 손드라 포사이스가 성격형성기인 유치원 시 절에 만난 그의 가장 친한 친구에 대해 말한 내용이다.

부모님은 나이 마흔에 저를 낳으셨어요. 저는 무남독녀예요. 어머니는 선생님이었는데 일 욕심이 많으셨죠. 그래서 저는 어린 시절 행복하긴 했어도 좀 외로웠어요. 제 친구도 외동딸이었죠. 그래서 우리는 친자매 처럼 지냈어요. 저는 그때 디트로이트에서 학교를 다녔어요. 우리는 놀 이친구였죠. 학교에도 함께 걸어서 다녔어요. 우리가 2학년이 되던 해 학교체제가 바뀌어서 반 학년을 월반하게 됐어요. 우리는 다른 아이들 하고 섞이지 못했어요. 다른 아이들보다 어렸으니까요. 하지만 우리 둘 다 읽기 우수반의 최연소 학생으로 귀염을 받았죠. 다들 우리를 그다지 좋아하지 않았기 때문에 우리는 전보다 더 가까워졌어요. 친구는 피아 노를 배웠고, 발레는 같이 배웠어요. 친구가 피아노를 치면 나를 발레를 하면서 우리끼리 작은 쇼를 했지요. 우리에겐 우리만의 아기자기한 세 상이 있었죠.

자녀가 더 좋은 친구가 되게 하려면

그러나 8학년이 되었을 때 손드라네가 이사를 가는 바람에 두 사람은 연락이 끊겼다. "나는 무척 슬펐어요. 그 친구와는 정말 둘도 없는 사이였으니까요"라고 손드라는 당시의 심정을 말한다. 그렇게 수십 년이 흘렀는데 친구 어머니가 잡지에서 손드라의 이름을 보고 연락을 해왔다. 손드라는 당장 친구에게 연락했다. 결혼해서 네 살배기 아이의 어머니가 된 친구는 아프리카에 살고 있었다. 두 사람은 편지를 쓰고 전화를 하고 일년에 한두 번은 꼭 만나는 등 다시 전처럼 친하게 지내고 있다.

손드라는 자기 경험을 거울삼아 이사를 하더라도 자녀들이 친구들과 멀어지지 않도록 하고 있다. 예를 들어 맨해튼에서 롱아일랜드로 이사해 몇 년간 살 때는 자녀의 맨해튼 친구들을 주말에 초대해 아이들과 함께 지내도록 했다. 다시 뉴욕으로 간 뒤에는 반대로 아이들이 롱아일랜드 친구들과 계속 사귈 수 있도록 했다. 뉴욕 생활로 되돌아오는 일은 아이들의 오랜 친구들이 뉴욕에 살고 있었으므로 훨씬 쉬웠다.

친구는 다른 동네로 이사할 수도, 학년이 바뀌면 다른 반으로 갈 수도 있다. 서로 다툴 수도 있다. 이럴 경우를 대비해 아이들은 우정을 유지하는 법을 배워야 한다. 이처럼 아이들이 모이는 게 불편해졌을 경우 모임을 마련하는 일은 보통 부모들이 맡게 된다. 그러나 아이들이 옛 친구를 원하지 않는데 부모끼리 친구로 남고 싶어서 아이에게 우정을 강요해서는 안 된다. 그럴 때는 그저 부모들끼리 편한 시간에 만나면 된다. 만일 두 사람의 관계가 진짜 우정이었다면 아이들이 더 이상 친하지 않다 해도 이어질 것이다.

나는 엄마가 직장에 다니는 아이와 집에 있는 아이를 관찰한 적이 있다. 그때 발견한 점 중 하나는 집에 있는 엄마가 아이들의 놀이약속을 더 많이 만든다는 것이다. 그러나 종일 일하는 엄마라 하더라도 베이비시터를 딸려 아이를 놀이모임에 보내거나 주말에 또래아이들을 초대해 아이에게 친구 사귈 기회를 만들어줄 수 있다.

친구를 만들고, 계속 사귀고, 필요할 경우 헤어지는 것은 결국 아이가 결정할 문제다. 그러나 부모가 모범을 보일 수는 있다. 부모는 결혼생활에서 알게 된 사람하고만 친하게 지낼 것이 아니라 본디 친구들을 아끼는 모습을 자식에게 보여야 한다. 친구에게 자주 전화하고, 연하장을 보내고, 중요한 일이 있으면 관심을 가져주고, 이사한 뒤에는 바뀐 주소를 알리고, 정기적으로 만나는 식으로 말이다. 물론 친구를 만날 때는 아이를 데려갈 수도 있고 어른끼리만 만날 수도 있다

부모는 부모대로 선생은 선생대로 아이가 좋은 친구가 될 수 있도록 적극 도와야 한다. 아이들에게 다툼을 해결하는 기술을 가르치면 아이들이 친구와 생긴 갈등을 더 잘 풀 수 있을 것이다. 또 이런 기술을 익혀두면 나중에 직장동료나 애인, 배우자와 협력하는 데도 도움이 된다.

아이에게 잔치를 열어주거나 오랫동안 만나지 못한 친구를 만날 수 있는 자리를 마련해 주는 것도 좋다. 아이는 이를 통해 오랜 우정을 새롭게 할 수 있다. 어떤 부모들은 아이 생일잔치에 수백 달러를 쓰는 부모들 때문에 생일잔치가 영 부담스러워졌다고 불평하

기도 한다. 그러나 한 살배기 아이 생일에 1500달러를 쓰는 부모가 있는가 하면, 다섯 살배기 생일잔치에 350달러를 쓰는 부모도 있고, 아홉 살짜리 아이가 친구 셋과 영화를 보고 피자를 먹는 생일잔치에 75달러를 쓰는 부모도 있다. 중요한 것은 생일잔치 비용이 아니라 아이에게 우정네트워크와 꾸준히 접촉할 수 있는 기회를 만들어 주는 것이다.

부모들이 아이의 생일잔치에 관해 자주 하는 질문이 있다. 바로 같은 반 아이를 모두 초대해야 하는가 하는 질문이다. 이에 대한 답은 반 아이들이 친한 정도, 자녀의 나이, 비용과 공간사정에 따라 달라진다. 같은 반 아이들을 모두 초대하는 일은 자녀가 유아원생이나 초등학교 1, 2학년생일 때 많다. 그런데 아들이 사립학교 4학년생인 내 친구 말에 따르면 그 학교에서는 반 전체를 생일잔치에 초대해야 한다고 한다. 반 아이들이 모두 사이가 좋고 부모가 경제적으로 여유가 있다면 반 전체를 초대하는 것도 멋진 생일축하가 될 수 있다. 이렇게 하면 초대받지 못해 자존심에 상처 입는 아이도 생기지 않는다. 그러나 아이가 같은 반이 아닌 친구들을 많이 초대하고 싶어 하거나, 반 아이들 중 사이좋지 못한 아이들이 많다면 반 아이들을 모두 초대하는 것이 역효과를 낼 수 있다. 어쨌든 학급 전체를 초대하는 경우가 아니라면 초대장을 학교에서 나눠주지 말고 초대할 친구의 집에 우편으로 보내도록 한다. 그래야 마음을 다치는 아이들이 줄어든다.

요새는 생일선물을 주고받는 본뜻을 잊고 물질에 치우치는 경우가 많다. 그러므로 자녀가 친구에게 선물할 때 그림을 그리거나 시를 써서 함께 선물하게 하면 어떨까? 이렇게 하면 생일선물을 주고받는 일을 아이에게 적절한 예절을 가르치는 기회로 만들 수 있을 것이다. 아이가 제 이름을 쓸 수 있는 나이가 되면 카드에 자기 이름을 적게 하고, 2, 3학년이 되면 받은 선물 각각에 대해 감사편지를 쓰게 한다. 이보다 어린 아이들은 선물을 고를 때 어떤 선물이 좋을지 자기 의견을 말하게 하거나 부모가 감사편지를 쓰는 모습을 옆에서 지켜보게 할 수 있다. 감사카드를 가게에서 산다면 아이가 고르게 하는 것도 좋다. 집에서 컴퓨터로 만든다면 아이가 거들게 할 수도 있다.

십대의 우정

십대시절은 장차 관계에 변화가 있을 수는 있지만 평생을 함께 할 수 있는 친구를 사귀기에 더 없이 좋은 시기이다. 일본 전문가 데이비드 플라스 박사에 따르면 일본에서는 중등학교 시절을 평생친구를 사귀에 가장 좋은 시기로 생각한다고 한다.

청소년은 청소년기에 지속되거나 형성된 우정의 도움으로 부모형제에게서 독립하고 분리한다. 메릴랜드에 사는 13살 소녀는 밤마다 몇 시간씩 친구들과 통화한다. 지금 이 소녀에게는 친구들이 무척 중요하다. 이 소녀는 3살 어린 여동생을 지금 친구보다는 경쟁자로 생각한다. 방과 후에는 친구를 집에 데려오거나 친구와 나가 논다. 부모는 둘 다 일을 하는데 어머니는 회사에서 중책을 맡고 있어 7시 이후에 집에 오는 때가 많다. 따라서 주중에 집에서는 이 소녀에게 관심을 가져주고 같이 놀아 줄 사람이 없다. 그 일을 친구들이 대신 한다.

청소년들은 어린 아이들과 달리 "날 있는 그대로 받아줘" 하는 태도로 친구를 사귀지 않는다. 이들은 이제 친구를 기쁘게 하고 우정을 지키기 위해 친구에게 기꺼이 자기를 맞춘다. 이는 어떤 행동을 하느냐에 따라 긍정적일 수도 부정적일 수도 있다. 옷을 좀더 멋지게 입는 것과 약물을 하는 것의 차이를 생각해보면 알 수 있을 것이다.

배우 베벌리 갈런드는 십대들에게는 친구와 섞이는 게 무엇보다 중요하다고 강조한다.

지금은 서른한 살이 된 딸아이가 어렸을 때였는데 하루는 내가 물었죠. "네가 베벌리 갈런드 딸이라고 하면 학교에서 애들이 뭐라고 하니?" 그러자 딸이 "엄마가 우리 엄마라고 말하지 않았어요. 배우라고도 말하지 않았고요"라고 말하더군요. 제가 말했어요. "그래? 엄마는 꿈을 이루기 위해 평생 노력했어. 나는 네가 엄마를 자랑스러워하는 줄 알았는데..." 그러자 딸은 이렇게 말하더군요. "나는 사람들이 배우 베벌리의 딸이라고 다르게 대하는 걸 원치 않아요."

갈런드의 딸은 공립학교에 다녔다. 딸은 엄마가 유명한 배우라는 사실을 자랑하고 싶지도 알리고 싶지도 않았다. 불편했기 때문이다. 그러나 사립학교에 다닌 갈런드의 아들은 달랐다. 엄마가 유

명한 사람이라고 모두에게 이야기했다. 갈런드는 그 이유를 "사립
학교에서는 집에 페라리가 없으면 엄마가 배우이기라도 해야 기가
죽지 않기 때문"이라고 설명했다.

엘리자베스 도번과 조셉 애덜슨이 쓴 《청소년의 경험
(Adolescent Experience)》이라는 책을 보면 "청소년에게 우정은 선
택이 아니라 필수다"라는 구절이 나오는데 청소년에게 우정이 얼마
나 중요한지를 잘 나타내는 말이라 하겠다.

14살에서 16살의 소녀는 정서적 지지를 기대할 수 있고 비밀을
털어놓을 수 있는 아주 친하거나 꽤 친한 친구를 원한다. 십대 초반
에서 중반의 소년에게는 스포츠, 비디오게임을 비롯한 여러 활동을
같이 하는 것이 아주 친하거나 꽤 친한 친구를 사귀는 바탕이 된다.
예를 들어 롱아일랜드 교외에 사는 열다섯 살 제시 헨켈의 가장 친
한 친구는 바로 옆집에 사는 동갑내기이다. 제시는 가장 친한 친구
에 대해 이렇게 얘기한다. "제가 필요로 할 때, 또는 같이 놀 사람이
아쉬울 때 항상 곁에 있는 친구예요. 나는 그 애에게 돈을 빌려주고
그 애도 내게 돈을 빌려줘요. 신문배달도 함께 하고요." 두 소년은
비밀이나 개인적인 일 따위도 서로에게 말한다.

도번과 애덜슨은 "단짝관계는 가족이라는 울타리에서 벗어나
자아를 형성해야 하는 청소년에게 큰 힘이 된다"는 해리 스택 설리
번의 견해에 동의한다. "청소년기는 정체성을 확립하는 시기이다.
이를 위해 청소년들은 자기와 기질이 비슷한 다른 누군가에게 자기
를 비추어보고 자기 존재를 확인하려고 한다." 여기서 '다른 누군
가'가 바로 친구이다.

친구는 무심하거나 부정적이고 제 구실을 못하며 심지어 학대를 일삼는 가족을 둔 십대에게 생명줄이 되기도 한다. 친구는 이런 십대가 집에서 받지 못한 것을 채워줌으로써 어린시절을 좀더 아름답게 만들어주고 학교생활도 더 잘 할 수 있게 도와준다. 그러므로 위기에 놓인 십대가 삶에 보탬이 되는 친구를 찾을 수 있도록 돕는 일은 중요하다. 이런 십대들은 끔찍한 결과를 부를 선택, 예컨대 약물을 하거나 갱단에 들어가거나 자살을 하는 일을 하려는 중인지도 모르기 때문이다. 갱단의 일원이 되는 것을 우정그룹의 일원이 되는 것으로 착각하는 십대들이 있는데 이는 정말 형편없는 선택이다. 제임스 해스킨스의 책《거리의 갱, 어제와 오늘(Street Gangs: Yesterday and Today)》에 정의된 내용을 빌리자면 갱은, '위법행위를 저지르기 위해 조직된 단체'이다. 특히 가난하고 혜택 받지 못한 지역의 갱일수록 새 조직원을 뽑는 데 열심이다. 이름이나 유니폼 때문에 그 존재가 눈에 잘 띄는 갱은 친구가 없는 십대에게 매우 유혹적이다. 이들 갱은 절도, 강도, 총기사용, 약물, 노인 같은 약자를 겁주는 일 등 못된 짓만 일삼는 존재이기는 하나 참된 우정그룹보다 훨씬 눈에 잘 띈다. 참된 우정그룹은 그 성격이 패거리라면 끼어들기 어렵고 단짝관계라면 잘 보이지 않는다는 게 문제다.

위기를 겪고 있으나 친구를 사귀는 것과 관련하여 부모에게 도움을 받을 수 없는 십대라면 와이엠시에이나 와이더블유시에이와 같은 단체에 안내하여 도움을 받을 수 있게 해야 한다.

어떤 십대들은 펜팔친구나 전자우편으로 만나는 사이버 친구 같이 멀리 떨어져 있는 적당히 친한 친구를 가까이 있는 꽤 친한 친구 또는 아주 친한 친구보다 더 안전한 의논상대로 생각한다고 한다. 그러나 십대들은 이런 새로운 관계를 맺을 때 낯선 사람을 대할 때와 마찬가지로 조심해야 한다. 즉 대뜸 집주소나 전화번호를 알려주어서도 만날 약속을 해서도 안 된다. 부모들도 자녀가 사이버 공간이나 펜팔을 통해 어떤 친구를 사귀고 있는지 알고 있어야 한다.

십대 시절에는 이성친구와 사귈 때 우정과 우정 이상의 감정이 뒤섞이기도 한다. 메릴랜드에 사는 13살 소녀의 말을 들어보자. "나는 그 애를 친구로서 좋아해요. 우리는 친구예요. 그 애도 내가 자기를 친구로서 좋아한다고 생각해요. 그런데 실은 제가 그 애를 친구 이상으로 생각하는 것 같아요."

이 소녀의 말에는 청소년기가 그 이전 단계와 어떻게 다른지 잘 나타나 있다. 이성에 눈을 뜨기 시작한 십대는 이성관계를 우정과 경쟁관계로 생각한다. 따라서 어느 십대가 한 다음 말처럼 갈등이 싹트기 시작한다. "여자친구하고 그냥 친구가 같은 시간에 만나자고 하면 어떻게 하죠?"

청소년기 후반에 접어들면 청소년들은 정력과 시간의 일부를 친구에서 연애로 옮기기 시작한다. 동성친구를 사귀고 우정을 이어가는 데 쓰던 기술은 이제 연애에 적용된다.

우정이 미혼남녀에게 어떻게 도움이 되는가

미혼남녀는 우정을 통해 그들 나름의 친밀감을 나눈다. 우정은 결혼과 달리 자신의 삶을 송두리째 걸 필요가 없다. 신분이나 주거에 변화가 생기지도 않는다. 그래서인지 미혼남녀의 생활을 다룬 인기 티브이 시트콤 〈프렌즈〉와 〈사인필드〉의 주요 소재도 우정이다.

나는 1970년대 후반 이래 《미국의 독신》이라는 책과 학위논문을 쓰기 위해 수많은 미혼과 기혼남녀를 인터뷰했다. 그 결과 애인이 없는 미혼남녀가 유대감과 삶에 만족을 느끼는 데 친구가 도움이 된다는 사실을 확신하게 됐다. 한 예로 35살의 어떤 연구원은 이렇게 말했다. "스무 살 때는 친한 친구가 하나도 없었어요. 진짜 외로웠죠. 하지만 지금은 넷이나 있어요. 결혼은 안 했지만, 그와 관계없이 사랑받고 있다는 느낌이 들어요."

내가 학위논문을 위해 표본으로 뽑은 20에서 40살 사이의 도시 거주 독신여성을 보면 이 여성들은 평균 가장 친한 친구 1명, 꽤 친한 친구 4명, 웬만큼 친한 친구 8명이 있었다.

"우정은 내게 무척 중요해요. 늘 곁에서 힘이 되어주는 친구는 가족이나 다름없죠." 혼자 살고 있으며 현재 사귀는 사람이 없는 32살 제인의 말이다.

대학 2학년생인 19살 청년은 가장 친한 친구가 그에게 어떤 의미인지를 이렇게 말했다. "우리는 5학년일 때 다른 친구의 소개로 알게 됐어요. 우정은 제게 무척 중요해요. 저는 언제나 이 친구를 믿어요. 좋은 친구는 언제나 상대방의 생각과 행동을 이해하죠. 상대방을 있는 그대로 받아들이고요."

다음은 밝고 활달하고 매력이 넘치는 작가 제니퍼 애쉬가 아직 미혼이던 42살에 자기의 인생에서 친구가 어떤 의미인지를 밝힌 내용이다. 애쉬는 당시 로스앤젤레스에서 코네티컷 주 그리니치로 이사와 살고 있었다.

나는 무남독녀라 형제도 없는데다 부모님하고도 오래 떨어져 살았다. 삼십대 중반이 되어서야 부모님과 다시 만났다. 그런 내가 대학, 대학원을 졸업하고 이만큼 경력을 쌓을 수 있었던 것은 친구들의 지지와 격려가 있었기 때문이다. 나는 고등학교를 졸업한 바로 다음날 집을 나왔다. 그리고 오랜 방랑을 시작했다. 때로는 몸으로 때로는 마음으로. 그때 나보다 나이가 위인 여러 여성들이 내 멘토가 되어주었고 친구는 가족이 되어주었다. 나는 그들의 사랑 덕분에 살아갈 수 있었다.

의사 제임스 린치는《상처 입은 마음: 외로움이 불러오는 의학적 결과(The Broken Heart: The Medical Consequences of Loneliness)》라는 저서에서 애정결핍은 심장질환으로 이어질 수 있으나 친구가 있으면 사회적 지지와 유대감을 느낄 수 있어 고립감이 줄어든다고 밝혔다. 린치는 또 우정이라는 친밀한 관계 덕분에 "독신으로 지내거나, 배우자를 여의거나, 이혼한다고 해서 꼭 건강이 나빠지거나 수명이 줄지 않는다"고 썼다.

40살인 엘리자베스는 결혼을 한 적도, 20대 초반 이후로는 1년 이상 애인을 사귄 적도 없다. 그는 요즘 들어 친구에 대한 생각이 바뀌었다. "제가 우정에 기대하는 바가 바뀌고 있어요. 저는 아주 친한 친구가 필요해요. 꽤 친한 친구도 몇 있으면 좋겠고요. 하지만 적당히 친한 친구는 그다지 원치 않아요. 저는 웬만큼 친한 친구와 너무 많은 시간을 보내고 있어요. 가장 친한 친구에게 써야 할 시간까지 뺏기고 있는 셈이죠."

내가 인터뷰한 사람 중 가장 친구가 없는 편이었던 엠마는 일욕심이 대단한 사람이었다. 엠마는 극동지역에 1년 예정으로 일하러 간 약혼자 말고는 가깝게 지내는 사람이 없었다. 엠마는 몇 달 안에 극동으로 가서 약혼자와 결혼할 수 있기를 바랐다. 그러면서 엠마는 친한 친구가 있다면 느끼지 않아도 될 절망과 외로움을 호소했다. "가끔 이런 생각이 들 때가 있어요. 내가 금요일에 길에서 쓰러진다고 해도 월요일 아침까지는 아무도 모를 거라는 생각이요. 회사에 안 나오면 그제야 사람들이 알겠죠."

한번도 결혼한 적이 없고 앞으로도 그럴 계획이 없는 47살의 프리랜서 편집자가 있다. 그는 친한 친구로 남자 둘, 여자 열 명이 있는데 여자친구를 더 좋아한다. "나는 남자하고 있으면 불편해요. 그 남자가 친구라도 마찬가지예요. 남자와는 거리를 유지하지요." 또 20살의 어느 남자대학생은 친한 친구 넷이 모두 남자다. 그는 말한다. "친구라면 관심사와 인생에서 추구하는 바가 같아야 하죠."

전에는 결혼하기 전 독신 기간이 청소년기 후반부터 20대까지를 가리켰다. 대부분의 미국인은 이 시기에 결혼했다. 지금도 22살에 결혼하는 사람은 있다. 그러나 초혼을 30대나 심지어 40대에 하는 일이 흔해졌다. 특히 오랜 교육과 수습기간을 요구하는 직업에 종사하는 남녀일수록 초혼이 늦다. 다음은 애쉬가 실연으로 힘들어할 때 친구에게 위로를 받은 이야기이다.

몇 년 전 사막에서 살 때 한 남자를 사귀었어요. 내 눈에는 그 남자가 유능해보였죠. 그 남자는 결혼을 하고 싶다고 '말했어요'. 그러면서 내게 저녁을 사고 꽃과 선물을 주는 등 환심을 사고 내가 정원 일을 하는 것을 거들기도 했지요. 처음에는 그 사람이 신체접촉을 않는 게 (헤어질 때 악수하는 것이 전부였으니까) 나를 진짜로 좋아해서 그러는 줄 알았어요.

그렇게 넉 달이 흘렀고 나는 그에게 태도를 확실히 할 것을 요구했어요. 그러자 그가 쌀쌀맞게 말하더군요. "우리는 사물을 보는 시각이 너무 달라. 여기서 그만 끝내는 게 좋겠어."

정말이지 화가 나고 자존심이 말이 아니었는데 조지가 나를 위로했어요. "너무 속상해하지 마. 다들 겪는 일이야……."

그리고 나한테 선물을 하나 보냈다고 했어요. 키가 훤칠하고 듬직한 게 오래오래 살 녀석이라며 그걸 볼 때마다 내가 사랑받고 있음을 깨닫게 될 거라면서.

얼마 지나지 않아 판판한 짐칸이 달린 커다란 트럭이 도착했죠. 두툼한 장갑을 낀 두 남자가 기중기와 밧줄을 동원해 3.5미터나 되는 사와로 선인장을 집 앞 화단에 내려놓았어요. 1톤이 넘는 선인장은 꼭대기에 노란 꽃이 피었는데 적어도 200년은 된 듯했어요. 단단히 심어놓고 보니 다른 화초 위로 우뚝 솟은 모습이 과연 점잖고 듬직해 보이더군요. 선인장에 달린 꼬리표에는 이렇게 쓰여 있었어요. "언제나 널 사랑해. 조지."

독신자, 특히 애인이 없는 독신자가 감정의 요구를 얼마나 잘 다스릴 수 있느냐는 도움과 격려를 얻을 수 있는 우정네트워크가 있느냐와 밀접한 관계가 있다.

미디어 판매회사(광고 시간이나 지면을 전문으로 판매하는 회사 — 옮긴이)에서 일하는 로이스는 이렇게 말했다. "제겐 다른 도시에 살고 있는 어머니와 오빠가 있어요. 하지만 어머니와 오빠에게 가족으로서 유대감을 느끼지는 못해요." 로이스는 가장 친한 친구 시빌을 몇 년 전 두 사람이 모두 아는 친구가 연 추수감사절 저녁식사에서 만났다. 로이스와 시빌은 이제 날마다 만난다. 로이스는 시빌을 "인간적인 매력이 넘치고 도움과 격려를 아끼지 않는 훌륭한 친구"라고 칭찬한다. 로이스는 독신생활이 만족스럽다. 이와 반대로 시빌은 결혼이 하고 싶다. 그러나 남녀관계에 신물이 난 로이스는 시빌을 비롯한 친구들이 바로 가족이다.

비디오 제작사에서 총괄비서로 일하는 29살 멜라니의 가장 친한 친구는 28살의 여성이다. 이 친구도 미혼인데 멜라니는 이 친구와 날마다 통화하고 일주일에 한 번은 만난다. 멜라니에게는 이 친구 말고도 꽤 친한 친구 여섯이 있다. 멜라니는 가장 친한 친구를 3년 전에 처음 만났다. 당시 두 사람은 1년 넘게 같은 회사에 다니고 있었지만 서로 부서가 달라 교류가 없었다. 멜라니의 말에 따르면 두 사람은 "어쩐 일인지 한번도 자리를 함께 할 기회가 없었는데 어느 날 얘기를 하기 시작했다"고 한다. 어떻게 두 사람 사이에 우정이 싹텄으며 두 사람이 우정에서 어떤 이점을 얻는지 들어보자.

이 친구가 "이번 주에 같이 점심 먹는 거 어때요?" 하고 물었어요. 그래서 저는 좋다고 했지요. 그렇게 해서 우리는 같이 점심을 먹고 퇴근 후에는 술을 마시러 다니는 사이가 됐어요. 우리 둘 다 하는 일이 긴장이 많이 따르는 일이라 주말이면 함께 신나게 놀아요. 왜, 그렇게 하고 싶어도 하지 못하는 사람들이 많잖아요. 다른 할 일이 있다든지 해서요. 그러니까 나는 이 친구에게 끌렸던 것 같아요. 이 친구를 더 알고 싶다는 생각이 들었으니까요. 우리는 비슷한 면이 많아요. 또 서로에게 어떤 말이든 할 수 있어요. 이 얘기를 하면 이 친구가 놀라지 않을까, 날 무시하지는 않을까 걱정하지 않아요. 이 친구에게는 어떤 얘기를 해도 결코 밖으로 새나가지 않아요.

미혼남녀는 기혼친구가 포함된 우정네트워크를 만들기도 한다. 이들은 날마다, 혹은 일주일이나 한 달에 한 번 만나 식사를 함께 한다. 또는 테니스를 치거나, 볼링을 하거나, 영화를 보는 등 모두가 좋아하는 일을 한다. 결혼을 했건 독신이건 상대방의 생활방식과 선택을 존중하는 것이 좋다. 서로 처지가 얼마나 다른지 새삼 깨닫고 싶은 사람은 아무도 없으니 말이다. 일례로, 지금 서른넷이며 한번도 결혼한 적 없는 어떤 의사는 친구들도 대부분 아직 미혼이다. 그런데 결혼한 친구들은 그를 만날 때면 어김없이 "왜 결혼을 않느냐?"고 묻는다.

이런 식의 '즉흥적인' 질문을 피하기만 한다면 미혼과 기혼이 함께 어울리는 네트워크는 모두에게 이롭다. 한 예로 27살의 미혼남자가 2년간 참여해온 아침식사 우정네트워크를 들어보겠다. 매일 아침 8시면 이 남자와 친구 여섯 명은 만나서 밥을 먹고 이야기를 나눈다. 그 중 넷은 미혼이고 둘은 결혼했다. 이 아침식사 모임은 독신친구들의 외로움만 덜어주는 것이 아니다. 결혼을 했건 안 했건, 자영업에 종사하거나 재택근무를 하는 등의 이유로 동료 없이 혼자 일하는 이들의 고립감도 줄여준다. 30살의 한 독신여성은 단 11개월 동안 친구들에게 저녁식사를 25번이나 대접했다. 이 여성은 컨설턴트로 일하기 때문에 직장동료가 없는데 이렇게 친구들과 저녁을 함으로써 고립되어 있다는 느낌을 덜 수 있었다.

맨해튼에 사는 40대 미혼 대학원생은 결혼하여 자녀 넷을 둔 친구가 보스턴에 있다. 그런데 이 친구와 '아주 가까운' 관계를 유지하는 일이 쉽지 않다고 한다.

사실 친구의 아이들은 날 '이모' 라고 부를 정도로 따라요. 친구와 나는 참 많은 일을 함께 했어요. 나는 케이프코드 근처에 가면 꼭 친구 집에 들르거나 전화를 해요. 하룻밤 묵기도 하고요. 일을 할 때는 지금보다 더 전화를 자주 했어요. 하지만 학생이 된 지금은 그러지를 못 해요. 그렇다고 친구나 친구남편이 내게 전화를 자주 할 상황도 아니고요.

사회학자이자 독신문제 전문연구가인 피터 스타인은 25살에서 45살 사이의 미혼남녀 60명을 인터뷰하고 이런 결론을 내렸다. "독신남녀가 친밀감의 욕구를 채우는 주된 상대는 이성과 동성 친구이다. 이들은 배우자가 없기 때문에 친밀감, 나눔, 관계의 지속에 대한 욕구를 충족해줄 수 있는 다른 인간관계의 중요성을 잘 알고 있다."

그러고 보니 나 역시 미혼이었던 20대와 30대에 친구가 무척 중요했다. 그래서 중서부 지방에 있는 어느 회사에서 일자리를 제의받았을 때 이렇게 거절했다. "제가 워낙 딸린 사람들이 많아서요. 지금은 옮기기가 곤란하네요." "미혼이신 줄 알았는데요." 사장이 어리둥절하며 말했다. 나는 차라리 기혼이라면 남편과 아이를 데리고 이사할 수도 있다고 설명했다. 그러나 당시 미혼이었던 내게는 수년간 사귀어온 친한 친구 몇이 바로 가족이었다. 친구들 중 나를 따라 이사할 사람은 없을 것이었다. 그런데 나는 삶에서 일관된 감정을 이어가기 위해서라도 친구들이 필요했다.

우정 네트워크에 계속해서 새 친구를 보태는 일은 매우 중요하다. 친구는 멀리 이사할 수도, 남자친구에게 푹 빠져 정신 못 차릴 수도, 새 직장을 구한다든가 하여 엄청나게 바쁠 수도 있기 때문이다. 그러나 프렌드시프트를 염두에 두면 네트워크를 계속해서 채울 수 있고 친한 친구가 적어도 한 사람은 늘 있게 된다.

그로부터 10년이 채 지나지 않아 내 삶에도 큰 변화가 생겼다. 나는 결혼을 했다. 또 몇 년 뒤에는 친구들이 사는 곳에서 거의 한 시간이나 떨어진 곳으로 이사했다. 나는 그제야 배우자가 있어도, 배우자와 둘도 없이 친하다 해도 친구들을 떠나서 살기란 어렵다는 것을 깨달았다.

7. 결혼과 우정

사람들은 누군가 곁에 있을 사람이 필요해서 친구를 사귀기도 해요. 하지만 결혼을 하면
이 문제는 자연히 해결되므로 이런 이유로 괜스레 사람들과 부대낄 필요가 없지요.
제 생각에는 사람들이 결혼에서 얻지 못하는 다른 무언가를 우정에서 찾는 것 같아요.
여러 다른 일을 함께 할 그냥 다른 사람이라고나 할까요.

― 작가, 35살의 기혼남

어느 심리학자가 메모리얼데이(미국의 전몰장병기념일, 5월 마지막 월요일 ― 옮긴이) 휴일을 맞아 몇몇 친구와 친구 가족들을 초대해 바비큐 잔치를 열었다. 손님 중에는 집주인의 30년 친구이자 동료인 50대 남자가 있었는데 재혼한 부인과 한 살배기 아이를 데리고 왔다. 집주인이 석쇠에서 햄버거를 뒤집고 있으려니 이 남자가 다가와 소곤댔다. "있잖아, 실은 오늘이 내 생일이야." 남자의 아내는 한 살배기 아이 뒤치다꺼리에 바빠 남편의 생일을 미처 기억하지 못한 듯했다. 주인은 즉시 케이크를 배달시킨 뒤 초를 끌어 모아 케이크에 꽂았다. 그리고 손님들에게 생일축하 노래를 부르게 했다. 잔치가 끝나고 친구 아내가 주인에게 다가왔다. "친구생일을 다 기억하시고, 기억력이 참 좋으시네요." 물론 주인도 친구 생일을 잊고 있었다. 다만 주인의 친구가 자기 생일을 기억해 주는 사람이 없어

"

서운하다는 말을 아내보다 친구에게 하는 것이 더 편했을 뿐이다.

우정, 가장 값진 지참금

"결혼하더니 어째 네 얼굴 보기가 교황 뵙기보다 어렵냐?" 한 남자
가 갓 결혼한 친구에게 심통이 나서 말한다. 이 남자는 두 사람의 우
정이 친구가 결혼하기 전과 조금도 다르지 않기를 바란다. 이 남자
는 프렌드시프트의 큰 원인 중 하나가 결혼임을 인정하지 않는 것이
다.

결혼을 하면 배우자와 많은 시간을 보내야 하고 새로 생긴 가
족, 즉 시가 또는 처가 식구, 조카들까지 챙겨야 한다. 그러다 보면
친구와 어울릴 시간도 그러고 싶은 마음도 줄게 된다. 또한 배우자
의 친구들을 사귀는 데도 시간을 들여야 한다. 37살에 처음 결혼한
에벌린은 약혼기간 넉 달의 대부분을 약혼자의 부모, 세 형제, 가까
운 친구들과 친해지는 데 썼다. 다행히 에벌린의 친구들은 에벌린
이 바쁜 사정을 이해해주었다.

결혼을 하면 다른 곳으로 이사할 수도 있다. 그러므로 결혼을
하더라도 친구에게 소홀하지 않겠다고 결심한다 한들 그 결심을 지
키기는 어렵다. 여러 변수가 생기기 때문이다. 결혼을 하면 우정에
쏟을 정력과 시간이 준다. 게다가 만족스런 결혼생활을 하는 부부
들을 보면 가장 친한 친구가 바로 배우자이다. 33살의 한 남성은
"아내가 가장 친한 친구"라고 말한다. 그의 아내는 28살이며 두 사

람이 결혼한 지는 3년이 됐다. 아내는 그의 비서이기도 하다. 그는 말한다. "우리 부부는 예전만큼 친구들을 많이 만나지 않아요." 이제 두 사람은 집을 꾸미거나 하며 둘이서 있는 게 더 좋다.

그렇다고 결혼이 우정에 방해가 된다는 말은 아니다. 오히려 반대다. 행복한 결혼생활을 하고 있는 38살 여성은 이런 말을 했다. "삶이 만족스럽고 부족한 게 적을수록 상대방에게 더 좋은 친구가 될 수 있어요. 사람들은 자기와 비슷한 사람과 친한 경향이 있어요. 그러니 상대방도 삶이 만족스런 사람이란 얘기죠. 결혼이 우정에 변화를 가져오기는 해요. 하지만 주로 좋은 쪽이죠."

결혼해서 살다보면 가족 외에 친밀감을 나누고 자기가치감을 확인할 수 있는 대상이 필요하다. 친구가 바로 이런 구실을 한다.

서른 살의 미혼인 데브는 플로리다에서 살다 맨해튼으로 왔다. 데브에게는 마지라고 5년 전 둘 다 미혼이었을 때 사귄 아주 친한 친구가 있다. 그런데 데브는 마지가 결혼한 뒤로 두 사람 사이가 예전 같지 않다고 생각한다. 데브는 마지의 남편도 친구로 생각한다. 그러나 마지가 결혼하면서 달라진 생활 패턴은 두 사람의 우정에 영향을 미쳤다. 데브는 말한다. "마지가 결혼한 뒤로는 두 사람에게 방해가 되지 않도록 조심해요. 둘만 있고 싶어 하는 건 아닌지 잘 살피죠."

릴은 매력 넘치는 20대 후반의 북 디자이너이다. 릴의 가장 친한 친구는 아이린인데 대학 4학년 때 지금의 남편을 만났다. 릴은 두 사람이 여덟 살이었을 때 시작된 오랜 우정이 아이린의 결혼으로 변했다고 말한다.

아이린은 결혼하고 아칸소로 이사했어요. 그때까지도 나는 우리 우정에 대해 진지하게 생각해보지 않았어요. 그저 아이린이 언제나 곁에 있으리라 믿었죠. 우리 우정은 참으로 든든하고 소중한 것이었어요. 나는 그것을 남자친구와 사이가 틀어지고 나서 깨달았죠. 집에 오면 으레 아이린 생각을 했어요. 그런데 아이린이 남편을 만난 이후로 우리 우정은 뒷전으로 밀렸어요. 아이린은 더 이상 곁에 없었고, 우리는 전처럼 가깝지 않았어요. 예전처럼 공통점도 없었고요.

하지만 릴은 이런 상실감을 아이린이나 다른 사람에게 털어놓는 것이 쉽지 않았다. 친구 하나를 잃었다고 그처럼 당황하는 자기가 이해되지 않았던 것이다. 릴의 말을 더 들어보자.

그처럼 친했던 우리 사이가 멀어진 일은 내게 큰 충격이었어요. 얼마 전 애인과 헤어졌지만 아이린이 결혼했을 때 느꼈던 만큼 상실감이 크지는 않아요. 나는 인정할 수 없었어요. 차라리 남녀관계라면 관계가 끝났다는 사실을 받아들일 수 있어요. 하지만 친구와의 관계에선 받아들이기가 쉽지 않죠. 어른이 된 뒤에는 더구나…. 더 이상 아이린이 곁에 없다는 게 견디기 힘들어요. 이건 불공평해요. 왜 아이린은 날 찾지 않는 걸까요?

친구의 애인이 당신과, 또 당신이 결혼했다면 당신의 배우자와도 잘 맞는지 안 맞는지 보면 친구의 결혼이 우정에 어떤 영향을 미칠지 예측할 수 있다. 릴은 아이린의 남편에게 아무런 호감을 느끼지 못한다고 한다. 다이언의 경우는 이와 반대다. 가장 친한 친구 스테파니가 결혼했지만 두 사람의 우정에는 큰 변화가 없었다. 다이언이 스테파니의 남편에게 호감을 느끼기 때문이다. 다이언은 "스테파니 남편이 스테파니 만큼이나 좋다"고 말한다.

한편 친구가 배우자와 갈등을 빚고 있을 때는 말을 조심해야 한다. 다음은 어느 기혼 교육자가 한 이야기다.

남편이 다른 여자와 밤새 놀다 들어온다며 걸핏하면 울면서 전화하는 친구가 있었어요. 나는 친구를 달랬죠. 하지만 친구 남편에 대해서는 이만큼도 나쁜 얘기를 하지 않았어요. 나는 처음부터 친구 남편이 마음에 들지 않았고 지금도 그래요. 하지만 친구에게는 결코 이런 생각을 말하지 않을 거예요. 그이는 내 친구고 나는 친구를 바른 길로 이끌 의무가 있어요. 결국 친구는 남편과 몇 달 떨어져 지냈어요. 하지만 화해를 했고 그 뒤로는 잘 살고 있어요. 내가 만일 친구에게 자기 남편을 어떻게 생각하는지 털어놓았다면 내 친구가 지금 자기 남편이나 나와 잘 지낼 수 있을까요? 아마 아닐걸요.

결혼은 친구와 멀어지는 간접 원인이 되기도 한다. 결혼 전에는 잘 눈에 띄지 않던 친구의 성격이 결혼 후에 두드러지는 일이 있기 때문이다. "내가 이 친구와 친했던 이유는 취미가 같았기 때문이에요. 그런데 이 친구가 결혼하더니 남편을 따라 골프와 스키에 관심을 가지더군요. 하지만 나는 골프나 스키에는 전혀 관심이 없거든요. 자기 취향을 포기하고 남편의 생활방식을 따르는 친구들을 많이 봤어요. 자기 아내를 그렇게 만드는 남자는 정말이지 꼴도 보기 싫어요."

나는 결혼한 지 4개월 된 빌이라는 남자를 인터뷰했다. 빌은 38 살이었는데 아내 조안은 겨우 27살이었다. 당사자에게는 나이 차이가 문제되지 않았지만 친구들과 모이는 자리에서는 종종 어색한 일이 벌어졌다. 3형제 중 막내인 빌은 자기보다 나이가 많은 사람과 친한 경향이 있었다. 그래서 그의 친구들은 모두 40대였다. 한편 조안의 친구들은 20대였다. 빌의 말을 들어보자.

부부 간에 나이 차이가 많이 나면 곤란할 때도 있어요. 내 친구랑 아내 친구랑 모이면 나이 차가 거의 20년이나 나거든요. 아마 아내가 힘들 거예요. 저야 그렇게 힘들지는 않지만요. 다들 모인 자리에서 가만히 귀를 기울여보면 아내 친구들은 내가 20대 후반에 했던 고민들을 이야기하더군요. 반대로 아내는 내 친구들이 하는 이야기를 들으면서 어머니 세대가 하는 얘기를 떠올릴 거예요.

데브, 릴, 빌의 이야기를 비롯한 여러 사례에서 보듯이 친구의 결혼은 결혼 전부터 있었던 우정에 어떤 식으로든 충격을 준다. 그웬 같은 사람에게는 그 충격이 약한 편이었다. 그웬은 심지어 지금 37살인 가장 친한 친구가 지난 해 결혼한 일을 두 사람의 18년 우정에서 가장 좋았던 일로 기억한다.

"우리 부부끼리만 외출하는 경우는 별로 없어요. 대부분 다른 커플들과 함께 놀아요." 결혼한 지 넉 달된 글로리아의 말에 요새 일반화한 현상이 나타나 있다. 글로리아를 보면 앞으로 있을 변화를 예측할 수 있다. 대부분의 우정은 '유유상종'이라는 원리에 충실하다. 따라서 커플은 커플끼리 어울릴 것임을 예상할 수 있다. 갓 결혼한 빌의 다음과 같은 말에서도 이를 확인할 수 있다. "이제는 결혼 전만큼 친구들과 어울리지 않아요. 그렇다고 친구들하고 멀어진 건 아니고 그냥 덜 어울리는 것뿐이에요. 우리 부부는 조안의 친구들과 더 잘 어울려요. 그런데 아무래도 미혼 친구들보다 커플들과 더 잘 어울리게 되더라고요."

글로리아는 결혼하고 이런 점을 느꼈다. "이상해요. 결혼하고 저보다 제 미혼 친구들이 더 소극적이 됐어요. 저는 달라진 게 없는데 말이죠. 친구들은 마크와 저 사이에 끼려 하지 않아요. 저는 결혼 전 6개월간 마크와 동거했는데 그때 친구들과 모임이 있으면 한 번도 빠지지 않고 나갔어요. 그러니 지금이라고 친구들하고 어울리지 못할 까닭이 없거든요. 마크는 집에 있는 걸 좋아하지만 저는 밖에서 노는 게 좋아요. 가끔은 친구들이랑 밖에서 놀고 싶어요."

글로리아는 친구들이 동거나 약혼을 결혼과 똑같이 생각한다고 착각하고 있다. 그러나 동거나 약혼은 결혼과 달리 법률상 신분의 변화를 가져오지 않는다. 그러나 글로리아와 마크는 이제 공식적이고 법적인 관계이다. 그러므로 글로리아는 미혼 친구들에게 함께 시간을 보낼 의향이 있는지 묻는 식으로 먼저 다가서야 한다. 전만큼 자주는 못 만나더라도 여전히 친구들과 만나고 싶어 한다는 뜻을 알려야 한다.

결혼이 우정에 얼마나 극적인 효과를 미치는지는 〈사이콜로지

투데이〉가 남녀 4만 명을 대상으로 실시한 우정에 관한 조사결과에 잘 나타나 있다. 이 조사는 친구와 멀어지게 되는 가장 흔한 이유 13가지를 들고 있는데 그 중 4위와 5위가 결혼과 관련 있었다. 즉 "친구가 (또는 내가) 결혼했다"와 "내 친구가 내가 싫어하는 사람과 사귀고 있다 (또는 결혼했다)"였다. 1위, 2위, 3위는 각각 "친구가 (또는 내가) 이사했다" "친구가 나를 배신했다" "내가 중요하게 생각하는 문제에 대해 친구가 아주 다른 견해를 가지고 있었다"였다.

부부는 친구를 위해 시간을 내는 것을 인생의 주요 관심사로 삼아야 한다. 부부가 동시에 친해 함께 만날 수 있는 친구를 만드는 것도 필요하다. 가장 좋은 방법은 일주일에 한두 번 부부끼리 또는 친구와 함께 외출하는 것이다. 친구와 '교류하는' 시간을 우연에 맡겨두지 말고 서로 확실하게 약속을 정하라. 주간계획표에 약속날짜를 표시해두고, 아이가 있다면 아이를 봐줄 사람을 구해둔다. 모임날짜를 고정해두는 것도 만남을 계획하는 데 도움이 된다.

결혼하면서 친구를 내팽개치는 실수를 저지르는 사람이 많은데 저널리스트 멜 세인도 그런 사람이었다. 그는 자신의 베스트셀러 《애인이 친구일 때(When Lovers Are Friends)》에 이렇게 썼다. "내가 만일 다시 결혼한다면 한 친구도 포기하지 않을 것이다. 친구들을 지참금이라 생각하고 모두 챙겨갈 것이다. 그리고 남편에게 당신은 부자 아내를 얻는 거라고 말하겠다. 내게 한결같이 도움과 지지를 주는 관계란 없음을, 다만 스스로 강해지도록 도와주는 관계가 있을 뿐임을 깨닫기까지는 많은 시간이 걸린다. 그래서 배우자가 있다 해도 진정한 친구가 꼭 필요하다는 것을 깨닫지 못하는 사람들이 많다.”

결혼한 지 1년 된 24살 여성의 말을 들어보자. “남편은 제 가장 친한 친구예요. 우리는 인생에서 추구하는 바가 같아요. 우리는 같이 웃고, 울고, 사랑을 나누어요. 제겐 같은 대학에 다닌, 아직 결혼하지 않은 여자친구들이 있어요. 남편도 미혼 친구들이 있고요. 우리는 친구들을 집으로 초대하거나 두세 달에 한 번 밖에서 만나요.”

그러나 이 부부에게는 서로에게 가장 친한 친구가 되는 것이 여전히 가장 중요한 일이다. 이 여성은 지금으로선 남편과 “어쩔 수 없이 낮 시간 동안 떨어져 있는 것까지는 몰라도 그 이상은 싫다”고 생각한다. 다행히 요새 부부들은 ‘당신과 나, 아니면 타인’ 이라는 생각을 많이 바꿨다. 따라서 적당한 때 ‘당신, 나, 그리고 친구들’ 이라는 관점으로 옮겨가는 것도 괜찮다.

부부가 옛 친구를 만나고 새 친구를 사귈 권리를 서로 인정하면 각자 경험의 폭을 넓힐 수 있다. 그 결과 아내나 남편이나 결혼생활에 더 많은 것을 기여할 수 있다. 덴버에 살다 뉴욕으로 이사 온 55살의 기혼 남자는 자신에게 우정이란 이런 의미라고 말한다. “스무 살 때 생각하던 우정과 쉰다섯이 되어 생각하는 우정은 본질에서 큰 차이가 있습니다. 심지어 우정의 정의마저도 바뀌었지요. 이제 내겐 우리에게 공통점이 있느냐 없느냐(서로 25년을 알고 지냈다는 공통점은 있군요), 의견이 일치하느냐 않느냐는 중요하지 않아요. 그보다는 서로를 챙겨주고 걱정해주느냐, 서로를 진심으로 위하느냐가 중요하지요. 함께 있으면 좋은 거야 말할 필요도 없지요. 하지만 진짜 우정이란 떨어져 있다 해도 변치 않는답니다.”

가장 좋은 것은 부부가 상대방의 친구들을 좋아하는 것이다. 그러나 당신의 배우자가 당신의 친구를 싫어하면 어쩌는가? 그럴 때는 어떻게 해야 하는가? 알렌의 말을 들어보자. "나는 내 친구를 혼자만 만나요. 그리고 남편에게는 친구 얘기를 하지 않아요. 물론 친구 부부랑 우리 부부 넷이서 잘 지내면 좋겠죠. 어쨌든 이렇게라도 해야 그 친구와 계속 친구로 지낼 수 있어요. 나는 친구 남편을 못 견디겠고 남편은 내 친구 꼴을 못 보니 말예요." 그런데 한 가지 말해두자면 알렌 부부는 다른 부부와 달리 함께 보내는 시간보다 따로 보내는 시간이 많다. 그러므로 이 부부가 각자 친구를 사귄다면 부부가 함께 할 시간이 더욱 적어진다는 문제가 있다.

친구하고만 여행을 가는 건 어떤가? 배우자가 동의한다면 배우자에게도 같은 '권리'를 인정하라. 배우자 없이 친구하고만 가는 여행은 긴장을 풀 좋은 기회가 될 수 있다. 만약 아이가 있다면 그런 여행이 배우자와 아이가 둘만의 시간을 보낼 수 있는 기회를 제공할 것이다. 아동발달전문가의 말에 따르면 아이들에게는 부모 중 한쪽과 따로 보내는 시간이 필요하다고 한다. 이때 다른 형제는 같이 있어도 되고 없어도 된다.

부부가 너무 오래 떨어져 지내는 것은 결혼생활에 좋지 않지만 조금 떨어져 지내보는 것은 적당한 자극이 될 수 있다는 연구결과도 있다. 그런데 얼마나 떨어져 지내는 게 '너무 오래'일까? 내 생각에는 하루 저녁 또는 주말 정도면 적당할 것 같다. 친구와 점심을 들거나 오후를 함께 보내거나 이따금 저녁시간을 즐기면 분명 좋은 점이 있다. 배우자가 관심을 보이지 않아 해보지 못했던 일을 친구와 할 수 있다면 더욱 그렇다. 그것은 연극 감상, 시낭송, 야구경기, 낚시일 수도, 그냥 옛이야기나 사적인 이야기를 나누는 것일 수도 있다.

새내기부모에겐 새 우정이 필요하다

처음 엄마가 된 사람에게 친구는 특히 중요하다. 친구가 있으면 배우자에게 정서적으로 지나치게 기대지 않을 수 있다. 이는 정신적인 안정과 지지를 주던 일터에서 갑자기 단절된 뒤 아직 '전업주부'라는 새로운 신분에 적응하지 못한 사람에게 특히 해당하는 이야기이다. 만일 어떤 주부가 남편 말고 접촉하는 성인이 없다면 그는 자기존중감, 행복감을 잃을 것이고 결국 결혼생활이 고통스럽게 될 것이다. 첫 아이를 낳고 이런 함정에 빠진 적이 있는 어느 여성은 이렇게 말한다. "애들이 어렸을 때였어요. 아직 다른 엄마들을 사귀지 못했을 때였죠. 나는 남편이 밤에 집에 오면 마구 퍼부어댔어요. 애먼 남편한테 화풀이를 했던 거죠."

1985년 내가 첫 아이를 가졌을 때가 생각난다. 남편과 나는 결혼하고 1년은 집에서 같이 일했다. 남편은 극본을 썼고 나는 한 대학에서 조교수로 일하며 글을 쓰고 있었다. 출산이 가까웠을 무렵 나는 맨해튼에 사는 어느 심리학자가 주최한 저녁식사모임에 참석하게 됐다. 모임에 온 사람들이 방안을 돌아다니며 서로 인사를 나눌 때였다. 한 살배기 아이를 둔 어떤 여성이 아이를 낳고 새내기엄마들을 사귀지 않았더라면 전업주부라는 전혀 새로운 역할에 이처럼 잘 적응할 수 없었을 거라고 말했다.

나는 반박했다. "저는 오랫동안 독신으로 지내다 지금의 남편이라면 평생 가장 친한 친구로 지낼 수 있을 것 같아 뒤늦게 결혼했어요. 그래서 그동안 사귀어둔 친구들이 많아요. 그리고 우리 남편은 우리 아이가 태어난 뒤 제 곁에 있을 거예요. 댁과 댁 친구 분들이 함께 한다는 모든 일을 저와 함께 할 거예요."

그런데 뜻밖에도 우리 큰 아들이 태어난 지 일주일 만에 남편이 프리랜서라는 불안정한 생활을 정리하고 취직했다. 갑자기 나는 하루 대부분을 갓난쟁이와 둘이서 보내게 됐다. 남편의 일은 아침 뉴스 프로그램의 대본을 쓰는 것이었는데 주말이나 밤에 일하는 경우가 많았다. 그 말은 곧 낮에는 자야 한다는 뜻이었다. 한편 내 친구들 중 아직 결혼하지 않은 친구들은 종일 직장에서 일했고 결혼한 친구들은 아이들이 학교에 다닐 만큼 자란데다 먼 데서 살았다. 나는 몇 달 전 그 여성이 한 말이 떠올랐다. 그리고 진작 새내기엄마들을 사귀어두지 않은 것을 뉘우쳤다.

내가 마침내 다른 엄마들과 네트워크를 만들기까지는 몇 년이 걸렸다. 되돌아보면 이런 생각이 든다. 나는 두 아들을 키우는 10년 동안 처음에는 전혀 일을 하지 않다가 나중에는 집에서 파트타임으로 일했다. 이 시기에 내게 친구가 얼마나 필요하게 될지 미리 알았더라면 임신기간 동안 새 친구를 사귀려 애썼을 것이다. 이제 나는 안다. 임신기간 동안 잘 먹고 적당히 운동하는 것 못지않게 친구를 사귀는 일이 중요함을.

일단 부모가 되면 자신처럼 자녀가 있는 사람과 더 친해지는 경향이 있다. 이제 두 사람 사이에는 전보다 공통점이 많기 때문이다. 여기에는 서로 아이를 봐주거나 아이가 쓰던 물건을 교환하는 따위 실질적인 이유도 있다. "내 친한 친구 하나는 임신했을 때 춤을 배우다 만난 사람이야. 우리는 아이를 낳은 뒤에도 계속 연락하며 지냈지. 아이들을 데리고 함께 공원에도 가고. 아이들도 저희들끼리 잘 놀아." 이것은 어린이 책 편집자이자 작가인 내 친구 게일 터크만이 한 말이다.

부모가 되면 우정에 요구하는 바가 매우 특별해진다. 그러나 정서적인 이유뿐만 아니라 실질적인 이유로도 우정을 위해 노력할 가치가 있다. 그 예로 네 살과 한 살배기 아이를 둔 엄마의 이야기를 들어보겠다. "나는 둘째 아이가 태어난 뒤에야 소아과를 바꿨어요. 저번 소아과 의사가 성격이 좀 이상하다고는 생각했지만 그래도 4년간 다녔죠. 그 소아과에 다닌 다른 환자들 중에 아는 사람이 있었더라면 내 직감을 믿고 진작 다른 의사를 찾아보았을 거예요." 또한 엄마의 예를 들어보자. 부모는 오래 전에 돌아가셨고 남편은 일이 바빠 이 여성은 혼자 있을 때가 많다. 그렇다고 다시 일을 시작하지도 않은 이 여성은 자기 아이처럼 여덟 살짜리 아이가 있는 이웃집 여성들과 친구가 됐다. 이제 이 친구들은 이 여성에게 가족이나 다름없다.

한편 부모 중 한 사람과 자녀로 구성된 '한부모 가족'이 늘어나면서 기존 친구가 계속해서 중요한 구실을 하는 일도 늘고 있다. 이는 기존 친구에게 아이가 있는지의 여부와 상관없다. 결혼을 하지 않고 아이를 키우는 어떤 25살 여성은 젖먹이를 어린이집에 맡기고 총괄비서로 일하고 있는데 친구가 임신축하파티를 열어주어 무척 감동했다. 이 여성은 자기는 결혼을 하지 않았으니 이처럼 유쾌한 기념의식을 누리지 못할 거라고 생각했다. 또 다른 미혼 친구는 이 여성에게 일이 있을 때면 기꺼이 아이를 돌봐준다. 이 여성으로서는 정말 고맙고 든든한 일이 아닐 수 없다. 41살에 처음 아이를 얻은 또 다른 한부모는 아이를 키우는 데 독신친구들이 든든한 후원자가 되어주었다. 부모가 모두 세상을 떠났고 남자 형제들은 멀리 떨어져 있거나 감정적으로 거리가 있는 상황에서 이런 도움은 특히 힘이 됐다. 임신 중에는 가장 친한 친구가 분만 코치가 되어주었다. 아이가 태어난 뒤에는 친구들이 남편, 부모, 형제를 대신해 정서적 지지와 실질적인 도움을 주었다. 한편 독신에다 사귀는 상대도 없던 친구들에게는 이번 일이 친구 노릇도 하고 아이가 없는 데 대한 보상을 받을 수 있는 기회가 됐다.

댄 펄만과 노먼 슐만의 연구에 따르면 여자들은 아이가 생기면 독신시절보다 가족과 가까워진다고 한다. 그러나 오늘날처럼 바삐 돌아가는 사회에서 가족은 멀리 떨어져 있거나 일이나 다른 관심사로 바쁜 경우가 많다. 그러나 친구는 가까이 있으면서 나와 같은 경험을 한다. 따라서 새내기엄마에게 더 도움이 되는 존재이다.

새내기엄마를 위한 지원모임

코네티컷 교외에 사는 샐리는 건강식품을 만드는 회사에서 마케팅 일을 하다 10년 전에 회사를 그만뒀다. 샐리는 첫 아이를 낳고 가까운 모자복지센터에서 부모교육 강사가 이끄는 새내기엄마 지원모임에 가입했다. 이제는 자신이 직접 일주일에 한 번씩 엄마들 모임을 이끄는 샐리는 이 모임이 자기에게는 구명보트와 같았다고 말한다. 일을 그만둔 이후 일로 맺어진 관계와도 단절된 샐리는 새로운 네트워크를 만드는 것이 절실했다. "저는 이 모임에 벌써 9년째 참여하고 있어요. 회원이 모두 열세 명인데 세 사람하고는 상당히 친해요. 그 세 사람에게는 문제가 있으면 언제든 도움을 청할 수 있어요. 부담 없는 친구들이죠. 나머지 사람들하고도 웬만큼 친해요."

이 모임에 참여함으로써 샐리가 얻은 큰 이점은 집에서 아이를 키우는 데 전념하기로 한 자신의 결정과 같은 결정을 내린 사람들을 알게 된 것이다. "그 사실은 내 선택에 힘을 실어주었어요. 나 혼자만 그런 결정을 내린 게 아니라는 걸 알았으니까요." 샐리는 일주일에 한 번 참여하는 이 모임과 이 모임에서 사귄 친구들의 도움으로 '엄마'라는 가장 어려운 노릇을 잘 수행하고 있다.

나는 최근에 한 새내기엄마를 만났다. 이 여성은 풀타임 직장에 다니고 있었는데 자기처럼 풀타임 일도 하며 아이를 키우는 새내기엄마를 위한 지원 모임이 정말 필요하다고 말했다. 그러나 사실 이에 대한 논의는 거의 없다. 37살인 이 여성은 세 살배기 아이가 있고 한 달 뒤면 둘째 아이가 태어날 예정이었다. 이 여인은 맨해튼에서 살다 6개월 전에 교외로 이사했는데 이 지역에서는 이 여인 같은 상황이면 일을 그만두는 것이 일반적이었다. 그는 이웃에 사는 전업주부들을 보면 일을 하며 엄마 노릇을 하는 자기 처지가 자꾸 신경 쓰이고 소외감이 든다고 말했다.

일을 하든 않든 모든 새내기엄마는 자기존중감과 자기만족을 위해서, 또 아이를 위해서 반드시 친구가 필요하다. 아이가 학교에 들어가기 전에는 엄마의 사회생활을 그대로 닮는다. 엄마가 외톨이로 지내면 자녀들이 또래와 자주 접촉하는 아이들과 견주어 사회성이 떨어지고 자기존중감이 낮아진다. 또한 친구와 어울리지 못함으로써 자기존재를 확인하고 즐거움을 누릴 수 있는 기회도 놓치게 된다.

주중에는 일 때문에 다른 엄마들과 교류할 수 없는 새내기엄마라면 주말을 이용하라. 자녀와 함께 취미교실 같은 데 등록하거나 지역 놀이시설에 가면 다른 새내기엄마들을 만날 수 있을 것이다. 모습을 보이고 접근할 기회를 얻고 나면 친구도 생길 것이다.

어떤 새내기엄마들은 둘째 아이를 낳고서야 모임의 필요를 느낀다. 작가 폴라 시겔이 7년 전에 그랬다. 그는 둘째 아이를 낳은 뒤 엄마들 모임을 찾기 시작했다. 그래서 맨해튼 어퍼웨스트사이드를 근거지로 삼고 있는 '리버사이드 마더스 그룹'에 가입했다. 폴라의 말을 들어보자.

첫애를 키울 때는 엄마들 모임에 가입하지 않았어요. 난 모임 같은 걸 별로 좋아하지 않는 사람이거든요. 게다가 아이를 데리고 함께 공원에 갈 사람은 얼마든지 있었어요. 그런데 둘째 아이가 태어나자 도무지 시간이 나지 않는 거예요. 큰애를 학교에 보내고 방과 후 활동도 챙겨야 하니까요. 게다가 나는 여성지 기자로 파트타임 일을 하고 있었어요. 이러다가 작은애가 사회성이 발달하지 못하겠다는 생각이 들더군요. 내가 일부러 시간을 내지 않으면 작은애는 다른 애들을 만날 수 없겠더라고요. 그래서 엄마들 모임을 찾게 되었죠.

우연히 이 모임의 일원인 헤디를 문구점(헤디는 청과 가게로 기억하고 있어요)에서 만났죠. 이 모임은 내가 가입하기 전에 이미 구성이 끝나 있었어요. 처음에는 엄마들 모임이라니 고리타분한 건 아닐까 걱정도 했죠. 그런데 겪어 보니 다양한 관심사를 가진 아주 느긋하고 개방적인, 바로 나 같은 여자들의 모임이었어요. 모임에 가입하기 싫어하는 사람들의 모임이라고나 할까요? 그래서 아주 편안했어요. 우리는 단것을 먹이는 문제랄지 아이를 훈육하는 방법 등 여러 가지 문제에서 의견이 다를 때도 많았어요. 그러나 모든 사람의 견해가 존중되었죠.

리버사이드 마더스 그룹은 엄마들이 한 사람만 빼고 모두 글 쓰는 직업을 가졌다는 점에서 매우 특이한 모임이었다. 이들은 1995년《엄마 나랑 놀아줘요! 아기가 태어나서 첫돌 전까지 엄마와 재밌게 놀 수 있는 다양한 방법(Entertain Me! Creative Ideas for Fun and Games with Your Baby in the First Year)》이라는 책까지 공동으로 썼고 뒤이어《장난감오리도 빼놓으면 안 돼요!(Don' t Forget the Rubber Ducky!)》라는 책을 출간했다. 어쨌든 폴라가 이 모임에 들어간 동기는 비슷한 처지에 있는 새내기엄마들과 교류하고 싶었기 때문이다. 육아책을 낸 것은 우연하게도 엄마들이 모두 작가였던 덕분에 얻은 부수적인 소득일 따름이다.

이 모임이 시작된 이래 회원들 삶에 많은 변화가 있었다. 세 명은 다른 주로 이사 갔다. 그리고 모두 일이 삶에서 더 많은 부분을 차지하게 됐다. 이제 이들은 주마다 모이지는 않는다. 이 모임의 원래 회원 세 사람과 아직 가까운 곳에 사는 폴라는 이렇게 말한다. "우리는 지금도 서로 좋아해요. 그래서 가끔 만나죠."

그러나 부모 노릇을 하면서 친구를 사귀는 일은 그냥 또래친구와 친하게 지내는 것보다 훨씬 복잡하다. 새내기엄마들은 자신을 아기와 한 묶음으로 생각하는 경향이 있기 때문이다. 즉 "나도 좋아하고, 내 아이도 좋아해줘" 하는 식이다. 물론 상대방의 아이에게 별 관심이 없다 해도 친구가 될 수는 있다. 그러나 이런 상황에서는 엄마들이 아이를 떼어놓고도 기꺼이 만날 생각이 없다면 우정이 깊어지기 어렵다.

새내기엄마의 고충은 진정한 우정이 싹트기까지는 시간이 걸리는데 당장 친구가 필요하다는 것이다. 그렇다고 너무 조급하게 굴면 역효과를 낳는다. 18개월 된 아이를 둔 어느 엄마는 "내가 지나치게 애를 쓰는 것 같다"고 말한다.

새내기엄마들끼리 사귈 때도 다른 친구를 사귈 때와 마찬가지로 서로 비슷한 점을 강조하는 게 중요하다. 예를 들어 평소 아이에게 책을 잘 읽어주지 않아 미안한 마음을 품고 있는 엄마라면 책과 교재로 둘러싸인 다른 아이의 방보다 공원이 친구를 만나기에 더 편할 것이다. 둘 중 한 사람은 일을 하고 한 사람은 일을 하지 않는다면 일이 먼저냐 부모 노릇이 먼저냐는 식의 논쟁은 절대 피하도록 한다. 일을 그만둔 지 한 달 된 사람이든, 10년 된 사람이든 다같이 참여할 수 있는 주제로 이야기하라. 최근에 본 영화라든지, 시사문제, 취미생활, 애완동물 이야기 정도면 훌륭하다.

아이가 생긴 뒤 관계를 유지하기가 가장 어려운 친구는 아마도 아이가 없는 친구일 것이다. 그 친구가 결혼을 했든 안 했든 관계없이 말이다. 디트로이트에 사는 세 살배기 아이의 엄마는 아이를 가지려 애썼던 12년 동안 다른 부모들과 어울리는 것이 무척 힘들었다고 했다. 그는 초등학생쯤 되는 아이들에게 피아노를 가르치는 사람이었지만 다른 불임 부부들과 마찬가지로 임신한 여성이나 아이 있는 부부와 어울리는 것이 고통스러웠다.

잃고 싶지 않은 소중한 친구가 있는데 그 친구가 어떤 이유에서든 당신 아이와 함께 있는 것을 부담스러워한다면 아이를 떼어놓고 만날 방법을 궁리해보라.

결혼생활이 끝날 때: 이혼, 사별, 그리고 친구

부모가 되는 것이 프렌드시프트의 주요한 원인인 것처럼 이혼이나 사별로 다시 독신이 되는 것도 우정에 심각한 타격을 준다.

부부들은 대체로 다른 부부에게서 공통점을 느끼며 부부들끼리 있을 때 더 편안해한다. 마찬가지로 이혼이나 배우자의 죽음으로 갑자기 독신이 된 사람은 자기와 같은 문제를 겪고 있는 사람에게 끌린다. 우정은 이혼이나 갑작스런 배우자의 죽음으로 고통을 겪는 사람에게 매우 중요하다. 이는 그들의 나이가 많든 적든 마찬가지다. 성인 남녀에게 이혼이나 배우자의 죽음은 가장 기초적인 관계의 붕괴를 뜻한다. 그러므로 정서적 지지를 얻을 수 있는 다른 관계를 찾는 게 급하다.

이혼과 우정

멜 크란츨러가 《생산적인 이혼(Creative Divorce)》에서 밝혔고 내가 《미국의 독신》에서 논의했으며 여타 수많은 대중작가나 사회과학자들이 증명했듯이 이혼은 당사자뿐만 아니라 당사자의 친구를 비롯한 다른 주요 인간관계에도 타격을 주는 커다란 변화이다. 사회학자 로버트 바이스는 《별거(Marital Separation)》라는 책에서 이렇게 지적했다. "사람들은 친구 중 누군가의 결혼생활이 끝났다는 이야기를 들으면 처음에는 걱정스러워하며 도우려 한다. 그러나 시간이 흐른 뒤에 보면 여전히 충직하게 도움을 주는 친구도 있지만 대부분은 별거중인 친구에게서 멀어지고 별거중인 친구도 친구들에게서 멀어진다."

여러분이 짐작한 것처럼, 별거나 이혼 때문에 끝나는 우정은 대부분 커플 관계를 중심으로 발전한 우정이다. 예컨대 내 우정의 상대가 전 남편과 매우 절친한 친구의 아내인 식이다. 그런데 별거를 하게 된 부부들 대다수는 커플 관계가 깨지고 난 뒤에야 자기가 그동안 '커플들하고만' 친하게 지내왔음을 깨닫는다. 바이스의 말을 빌리면 이렇다. "별거를 시작한 사람들은 미처 깨닫지 못한 사이 자기가 자기와 처지가 비슷한 기혼 커플하고만 네트워크를 형성해왔음을 발견한다. 이런 네트워크는 대부분 별거를 하는 순간 끝난다."

별거와 뒤이은 이혼으로 어떤 우정이 끝나느냐 끝나지 않느냐는 그 우정이 처음에 어떻게 시작되었으며 그 뒤로 어떻게 유지되어 왔는가, 그리고 상대방이 기혼인지 미혼인지와 밀접한 관계가 있다. 상대방과 내가 일대일 관계로, 일주일에 한 번쯤 만나 테니스를 함께 치는 등 서로 취미가 같거나, 전화를 하거나 점심을 함께 들며 사적인 이야기를 나누는 사이였는가? 역시 일대일로 친한 경우로 일터에서 처음 만나 주로 일터에서 교류하는 친구였는가? 친구 역시 독신인가? 아니면 원래 친한 두 사람에 각자의 배우자가 합세한 커플 네트워크였는가?

한편 당사자 스스로 결혼한 친구들을 멀리하고 홀로 된 자기 처지에 더 적합한 새 친구를 찾는 바람에 프렌드시프트가 일어나기도 한다. 예를 들어 내 사촌 필리스는 40대 후반인데 남편과 사별하여 혼자가 됐다. 사촌은 학교에 다니는 다섯 자녀들과 함께 롱아일랜드에 살고 있다. 혼자 애를 키우며 풀타임으로 일해야 하는 상황은 필리스의 우정에 큰 변화를 가져왔다. 특히 결혼생활 동안 형성된 우정에 많은 변화가 있었다. 필리스는 아이들이 다니던 학교나 종교학교에서 사귄 친구들을 지금도 만나기는 하나 이들과 친하게 지내지는 않는다.

한 가지 이유는 시간이다. 필리스는 지금 병원에서 아침부터 저녁까지 일하기 때문에 예전처럼 친구들과 아침이나 점심을 함께 할 수 없다. 게다가 관심사도 많이 달라졌다. 필리스는 주말에 시간이 나면 비슷한 처지의 한부모들을 만나는 게 더 좋다. 필리스는 그 까닭을 이렇게 설명한다.

나는 결혼생활을 하는 친구들하고는 어울리고 싶지 않아. 걔들은 나와 생활방식이 다르거든. 나는 결혼생활을 하면서 사귀었던 오랜 친구들을 버리고 내 처지를 이해할 수 있는 친구를 새로 사귀어야 했어. 새로 사귄 친구들은 내가 겪는 고통을 이해하고, 함께 아파해 주고 내가 자존감을 되찾도록 도와주었지. 하지만 결혼생활을 하는 친구들은 자기 살기 바빠 감상에 빠질 시간이 없어. 이런 때 정말 도움이 되는 게 지원모임이야. 거기서 친구들을 새로 사귈 수 있거든. 지원모임의 도움으로 다시 시작하는 거야. 거기서 만난 사람들과 사이좋게 지내면 친구를 만들 수 있지. 그러면 점점 활기를 되찾고 모임을 마련하기 시작해. 친구들은 그 모임에 자기 친구들을 데려오지. 그러다보면 네트워크가 만들어지는 거야.

1970년대 말, 나는 당시 37살이던 브렌다를 인터뷰한 일이 있다. 브렌다는 아이가 딸린 부유한 이혼녀로 샌프란시스코에 살았다. 그는 셋째 아이를 가졌을 때 남편에게서 "다른 여자와 살고 싶다"는 통보를 받았고 그로부터 12일 뒤에 이혼했다. 우리가 처음 만났을 때 아직 파경을 맞은 충격에서 회복 중이던 브렌다는 사귀는 남자와 이러지도 저러지도 못하고 갈등하고 있었다.

브렌다는 몇몇 친구, 특히 전남편을 통해 사귀게 된 친구들이 이혼과 함께 멀어진 것을 발견했다. 그러나 결혼 전부터 친한 친구들과, 아이들 때문에 사귀게 된 다른 엄마들은 여전히 곁에 있었다.

이혼의 아픔을 딛고 홀로 서기로 결심한 브렌다는 인터뷰 도중 내게 이렇게 물었다. "마법 같은 사랑을 기다려야 옳을까요, 그냥 편안하게 같이 늙을 수 있는 사람과 결혼하는 게 옳을까요? 내가 정말 사랑할 수 있는, 그러면서도 좋은 사람이 나타나면 좋겠어요."

브렌다는 정서적 지지와 사랑을 원했고 또 그것을 받을 자격이 있었다. 그러나 그가 그 모든 것을 줄 수 있는 남자를 만나려면 10년이 걸릴 수도 있었다. 브렌다에게는 또 한 가지 어려움이 있었다. 엄청난 부자인 브렌다는 남자와 사귈 때 그 남자가 정말 자기를 사랑하는지 돈을 사랑하는지 고민할 수밖에 없었다. 아니면 자기보다 부자여서 돈이 문제가 되지 않는 남자를 찾아야 했다. 이혼하고 독신으로 지내는 동안 브렌다에게 버틸 수 있는 힘을 준 것은 세 자녀와 우정이었다. 브렌다는 월요일마다 점심을 같이 하는 친구 넷이 있다고 했다.

브렌다는 마침내 재혼에 성공했고 잘 살고 있다. 우정네트워크가 있었기에 브렌다는 꿋꿋이 '마법'을 기다릴 수 있었고 외로움이나 절망이 아닌 '올바른' 이유로 결혼할 수 있었다.

이혼한 사람 중에는 로스앤젤레스에 살며 장성한 아들 하나를 둔 50살 프리랜서 작가처럼 "이혼한 상태에 매우 만족하며 지금 상태를 바꾸고 싶지 않다"고 말하는 사람도 있다. 이 여성에게 친구들은 없어서는 안 될 존재이다. 그런데 친구들 때문에 짜증날 때는 없을까? "남편 있는 친구 중에는 저 편할 때만 나를 찾는 친구들이 있어요. 남편이 멀리 출장 간다든지 할 때 말이에요. 그게 나를 이용하는 거라고는 미처 생각하지 못하는 것 같아요. 하지만 난 모른 체해요. 어차피 우린 친구니까요."

그 밖에 다른 이혼자들도 이혼을 하면 우정 패턴에 변화가 생기며 대개 전 배우자의 친구들이 멀어진다는 통설을 확인해주었다. 44살로 손수 화장품을 만들어 팔며 세 아이를 키우는 여성은 "이혼

후에 만나지 않는 친구들은 결혼시절 전남편이 사귄 친구들"이라고 말한다. 이 여성은 이혼 때문에 가장 친한 친구와도 멀어졌다. 결혼 생활에 불안을 느끼던 친구가 자기 남편이 떠날까 두려워 이 여성을 멀리했던 것이다. 그러나 그 친구도 결국 이혼했다.

배우자의 죽음과 우정

배우자와 사별한 사람에게 친구는 더욱 중요하다. 이들은 대체로 나이가 많고 아이들은 장성하여 따로 살며 은퇴한 뒤라 일로 사람을 만날 일도 없고 재혼할 가능성도 적기 때문이다. 친한 친구가 한 명만 있어도 배우자를 여읜 데서 오는 우울과 외로움을 이겨낼 수 있다는 연구결과가 있다. 자식과 아무리 정겹게 지내고 자주 만난다 해도 또래나 동성의 친구가 없다면 공허함을 느낄 수밖에 없다. 친구들은 나를 정서적으로 지지해주고 인정해주는 존재이기 때문이다.

비슷한 시기에 남편을 잃은 두 여자가 있었다. 한 사람은 60대 초반으로 자식이 없었는데 곧장 밖으로 나가 친구들과 어울리는 한편 살을 빼기 시작했다. 또 한 사람은 60대 후반으로 남편과 딸에게 많이 의지하던 여자였다. 그러나 딸은 너무 바빠 엄마와 시간을 많이 보낼 수 없었고 또 한 시간 정도 떨어진 곳에 살았다. 그 여자는 남편이 죽고 몇 주도 되지 않아 10년은 더 늙어보였다. 몇 달 뒤에는 가족들이 풀타임 간호사를 고용해야 했다. 건강이 나빠져서라기보다는 말동무가 필요해서였다.

두 여자가 배우자의 죽음이라는 큰 변화에 다르게 대응한 까닭은 그들의 성격이 다르기 때문이다. 그러나 우정도 중요한 구실을 했다. 영국의 저명한 기자 빌은 80살이 되었을 때 내게 쓴 편지에서 이런 말을 했다. "그냥 친구와 친한 친구의 차이가 뭔 줄 알아? 친한 친구와는 몇 킬로미터고 완전한 침묵 속에 걸을 수 있다는 거야." 아내가 서른다섯이라는 젊은 나이에 세상을 뜬 뒤 빌은 우정에 더 많은 시간을 투자했다. 자식, 손자들과 친밀한 관계를 유지하고 친구들과 우정을 나눈 덕분에 빌은 유대감을 느낄 수 있었다. 여기에는 나와 나눈 우정도 포함된다. 나는 물리적으로 빌과 멀리 떨어져 있었지만 감정으로는 무척 가깝게 느꼈다.

　미망인에게는 특히 어떤 친구든 있어야 한다. 자식과 손자와는 친밀감을 나눌 수 있다. 오래 사귄 친한 친구와는 추억을 나눌 수 있고 자기가치를 확인할 수 있다. 그러나 가뜩이나 '완전한 침묵'에 둘러싸여 있을 때가 많은 미망인은 더 많은 사람들과 접촉하는 것이 필요하다. 웃음이, 말동무가, 어떤 일을 함께 할 사람이 필요하다. 처음에는 적당한 친한 친구로 시작한다. 그래서 그 친구와 더 친해질 수 있다면 더욱 좋다. 그러나 친구를 원치 않거나 원하더라도 잘 사귀지 못하는 미망인들이 있다.

　사회학자 헬레나 로파타가 시카고 지역의 미망인 300명을 인터뷰했더니 이른바 '친구가 없는 사람'이 여섯 명 중 한 명이나 됐다. 로파타는 이들이 친구가 없는 이유로 다음 세 가지를 들었다. 첫째, 가족이라는 테두리를 벗어난 관계를 원치 않는다. 둘째, 친구를 사귀는 기술이 부족하다. 셋째, 우정을 지나치게 이상적인 관계로 생각하여 남들은 우정이라고 생각하는 관계를 하찮게 여긴다.

이와 반대로 우정에 높은 가치를 두는 우리 어머니는 아버지가 돌아가시자 샬럿이라는 무려 47년을 사귄 친한 친구 분이 있는데도 곧 미망인 친구들을 새로 사귀셨다. 당장 그분들하고만 통하는 이야기가 있었기 때문이다.

마르셀라 지멘슨은 75살로 51살과 48살 된 두 아들이 있으며 손자들도 있다. 이 여성은 5년 전 50년을 같이 산 남편과 사별했다. 그 때 마르셀라의 곁에는 사랑과 관심을 아끼지 않는 가족들이 있었다. 그러나 마르셀라는 자기처럼 배우자를 여읜, 그래서 홀로 된 자기 처지에 공감할 수 있는 새 친구가 필요하다는 것을 알고 있었다. 마르셀라는 "우정의 가치를 절대로 과소평가하지 말라"면서 다음과 같이 얘기한다.

문제가 있으면 같이 고민해주고, 슬플 때 위로해주고, 기쁜 일이 있으면 축하해주는 친구가 있는 사람이 가장 행복한 사람이라오. 친구든 같은 과부들이든 한 배를 탄 사람들의 처지가 같을 때 배가 항구에 안전하게 도착할 수 있는 법이거든.

교우관계가 만족스런 사람들을 보면 대부분 현실을 외면하지 않고 자기에게 닥친 문제를 용기 있게 낙천적으로 풀어나가는 사람들이지. 삶은 계속돼요. 친구들이 곁에 있는 한 혼자 남겨지는 일은 결코 없지.

운 좋게 아직 배우자가 살아 있는 친구들 중에는 과부나 홀아비를 마땅찮게 여기는 친구도 있어요. 그 심정 이해는 하지만, 사람들이 그러면 안 된다고 생각해.

우리 모임에는 모두 아홉 명이 있어요. 그럴싸하게 틀을 갖춘 모임은 아니야. 정기적으로 모이지도 않고. 부부가 한 쌍 있지만 나머지는 모두 과부예요. 나이는 다들 엇비슷하고 경제사정도 비슷하고 고민하는 문제도 비슷하지. 이 모임이 마음에 드는 건 서로서로 살뜰하게 챙기는데다 건강문제, 자식, 손자이야기(물론 자랑도 빼놓을 수 없지), 즐겨 찾는 식당, 좋아하는 요리, 싸고 좋은 물건, 재정문제, 투자, 보험, 영화, 콘서트, 할인쿠폰 교환까지 화제가 무척 폭넓다는 거야. 물론 다음 모임에는 언제 어디서 만나 무엇을 할지도 정하지.

우리 모임에는 사람을 아주 기분 좋게 만드는 힘이 있어요. 우리는 친구의 격려 속에 하루하루를 맞아요. 얼마나 멋진 일이야!

나는 친구에게 전화를 걸어 이렇게 인사하는 걸 좋아해요. "안녕, 좋은 아침. 살아 있다는 건 정말 멋진 일이야. 굿모닝, 굿모닝, 굿모닝." 그러면 친구가 그러지. "재밌게 지내고 있는 거야? 재미가 없으면 가진 게 많은들 아무 소용없다고." 이렇게 얘기를 주고받고 나면 하루를 상쾌하게 시작할 수 있어요.

최근에는 여행 동호회에서도 친구를 사귀었어. 우리는 한 달에 한 번 모여 (가끔 비공식적인 모임도 갖는다오) 영화도 보고, 점심도 먹고, 배도 타고, 콘서트에도 가고, 코네티컷이나 펜실베이니아, 뉴저지, 웨스트체스터 같은 데로 구경도 가요. 고급버스를 타고 가는데 가는 동안 영화도 보지.

남편이나 아내를 먼저 떠나보낸 사람에게 우정이 얼마나 중요한가는 그 사람의 성격이나 사교성과 관계있지만 그 사람이 지금 인생의 어느 시기에 있느냐는 것과도 밀접한 관계가 있다. 예컨대 어린 아이 셋을 남겨두고 아내가 젊은 나이에 암으로 죽은 32살의 남자는 새 배우자를 찾는 것이 무엇보다 급하다. 또 3년 전 강도사건으로 남편을 잃은, 네 살과 일곱 살 난 아이를 둔 31살의 여성도 그렇다.

좀더 나이가 많은 과부와 홀아비는 주로 플로리다나 애리조나 같이 따뜻한 지역에 있는 노인휴양시설에서 옛 친구를 다시 만나기도 한다. 이곳에서는 클럽하우스나 다양한 그룹 활동을 통해 새 친구도 사귈 수 있다. 그러나 이 시설에 부부들이 더 많다면 혼자인 사람은 소외감을 느낄 수 있다. 이럴 때는 홀로 된 다른 사람과 함께 여행을 하며 방을 같이 쓰는 방법을 고려해볼 수 있다. 사실 노인휴양시설은 60대나 70대의 건강한 노부부에게 더 적합한 곳이다. 배우자가 없는 70대나 80대, 90대의 건강이 좋지 않은 노인이 다른 부부들과 어울리거나 새로 친구를 사귀려면 다른 사람의 도움이 필요하다.

어떤 미망인들은 나이가 아무리 많아도 재혼하고 싶어 한다. 이들은 친구가 아무리 좋아봐야 남편이나 부인에는 못 미친다고 생각한다. 기자로 일하는 캐나다인 미망인(59살)은 내게 이런 이야기를 들려주었다. "로즈가 울음을 터뜨렸어요. 그이는 미망인인데 나이가 일흔셋쯤 됐지요. 나는 그이에게 앞으로 살게 될 아파트에는 미망인들이 많으니 편히 지낼 수 있을 거라고 했어요. 그 말이 로즈를 울렸던 거예요. '하지만 난 여자들만 있는 곳에는 익숙하지 않아' 하며 훌쩍이더군요."

정직과 성실함 없이는 친구를 사귈 수 없어요. 그게 흔들리면 우정도 흔들리죠. 우정은 일방통행이 아니에요. 원하는 게 있으면 먼저 상대방에게 베풀어야죠. 그걸 못하면 관계는 실패할 수밖에 없어요.

– 21살의 여성

사랑과 섹스에는 우리 마음을 송두리째 빼앗는 마력이 있다. 그러나 우리가 건강한 정신으로 행복하게 살 수 있게 하는 것은 우정이다.

– 아나톨 브로야드, 《친구와 애인(Friends and Lovers)》에 대한 서평

PART 3

더 좋은 친구가 되는 법

"저런, 저기 오는군. 밥맛없고, 무례하고, 눈치 없는데다 완전히 맛이 간 친구.
어쨌든 내 친구니까 친절하게 대해요."

8. 우정을 유지하고 키우는 법

"친구가 생기기를 바란다면 먼저 친구가 되라"는 격언이 있다. 그런데 어떤 친구가 되어야 할까? 평범한 지혜를 담은 데일 카네기의 베스트셀러 《친구를 사귀고 다른 사람에게 영향력을 행사하는 법(How to Win Friends and Influence People)》을 보면 친구를 사귀는 가장 좋은 방법은 상대가 나와 친구가 되고 싶게 만드는 것이라고 한다. 하지만 어떻게?

카네기는 상대방의 말에 귀를 기울이고 맞장구쳐주고 상대방의 관점을 이해하라고 충고한다. 비판은 대개 쓸모없다. 비판을 받은 친구들은 보통 방어를 하거나 자신을 더 잘 이해하는 다른 친구를 찾기 때문이다.

나는 어떤 친구인가

더 좋은 친구가 되는 방법 중 하나가 상대방의 이야기를 잘 들어주는 것이다. 당신 친구들은 당신에게 어떤 성과가 있었는지 당신이 어떻게 살고 있는지 듣고 싶어 할 것이다. 그러나 더 관심 있는 것은 자기에게 어떤 일이 있는지 당신에게 이야기하는 것이다. 친구들의 이야기에 귀를 기울일수록 친구는 더 가까이 다가올 것이다.

친구의 견해나 처지에 적극 관심과 이해를 보이는 것이 듣기 능력을 키우는 좋은 방법이다. 사실 친구가 왜 그런 생각을 하는지 이해하기 전에 내 생각부터 내세울 때가 많지 않은가.

우리는 그만 대화에 숨은 함정에 빠져 인기 없는 친구가 되기도 한다. 친구와 거리를 좁히고 싶다면 다음에 나오는 친구의 이야기에 어떻게 대답할 것인지 생각해보라. 아마 더 좋은 친구가 되는 법을 배울 수 있을 것이다.

친구 "미안해, 빨리 전화 못 해서. 요새 너무 바빠서 정신이 없었어."
이해심을 느낄 수 있는 말 "괜찮아. 그럴 수도 있지 뭐. 나도 그럴 때가 있잖아."
면박을 주는 대꾸 "내 전화가 일 때문에 온 전화였다면 사흘이나 있다가 연락했을까?"

친구들끼리 흔히 하는 이야기를 몇 개 더 적었다. 두 번째처럼 이야기하면 친구와 가까워질 것이다. 그러나 세 번째나 네 번째처럼 이야기하면 거리가 더 벌어진다.

친구의 불평 "우리 상사가 나더러 지금보다 더 일찍 출근하란다. 글쎄, 일곱 시 삼십 분까지 나오래."

친구의 마음을 이해하는 대답 "야, 그건 너무 심하다! 퇴근도 제시간에 못하고 있잖아. 그럼 새벽에 나오란 말이야? 식구들 얼굴은 언제 보라고?"

친구의 심정은 안중에도 없다는 듯 반대편에 서는 친구 "높은 자리로 올라가면 출근도 일찍 해야 하는 거야. 그건 어느 회사나 마찬가지야. 상사한테 잘 보이고 싶지 않니? 다른 간부들은 어떻게 하는지 못 봤어?"

친구 "어머니가 무척 우울해하셔. 폐에 있는 종양은 좀 줄어들었는데 간에 있는 종양은 그대로라서."

이해심이 담긴 반응 "저런, 정말 힘들겠구나. 너나 어머님이나 식구들이나 요새 사는 게 말이 아니겠다."

친구 얘기에는 대꾸도 않고 자기 고민을 말한다 "우리 아빠도 힘들어하셔. 수술을 해야 한대."

친구 "그 친구 때문에 화가 나 죽겠어. 왜 나한테 그렇게 쌀쌀맞게 굴었을까?"

이해심이 담긴 반응 그냥 "그러게"라고 말한다. 또는 아무 말 없이 안아주거나 고개를 끄덕여준다. "진짜 기분 나빴겠다"와 같이 짤막한 말을 함께 해도 좋다.

제대로 들어주지 않고 비난한다   "두 사람, 친구 맞아? 그 친구, 지난번 자기 파티에 네가 늦게 가서 그러는 거 아냐?"

친구의 감정을 무시한다   "뭐 그런 일로 속상해하니? 그냥 잊어버려."

친구   "걱정이야. 어떻게 이 많은 걸 시간 안에 해치우지?"

이해가 담긴 반응   "넌 할 수 있어. 항상 그래왔잖아."

친구 말을 못들은 척 화제를 바꾼다   "이번 여름에 회의 참석 차 런던에 가게 될 것 같아."

친구   "벌써 세 시잖아?"

기운을 북돋는 말   "다 끝낼 수 있을 거야."

속 좁게 사소한 잘못을 꼬집는다   "아니, 세 시 일 분이야."

믿음을 쌓아라

믿을 수 있다는 것은 가장 친한 친구, 꽤 친한 친구, 심지어 웬만큼 친한 친구에서도 나타나는 아주 중요한 특성이다. 그것은 친구가 언제나 내 편이 되어준다는 뜻이다. 또 내가 털어놓은 사적인 생각이나 정보, 비밀을 다른 사람에게 말하지 않는다는 뜻이다. 또한 내 약점을 드러내보였을 때 그것을 다른 사람에게 알려 배신하지 않는다는 뜻이다.

참된 우정은 좋은 부모와 자식, 남편과 아내, 형제관계만큼 중요하다. 진정한 친구는 '공적인 나' 에 감춰진 '사적인 나' 를 보여주고 인정받을 수 있는 상대이기 때문이다. 그러나 친구가 사적인 나를 비웃거나 아무 생각 없이 다른 사람에게 말해버린다면 두 사람을 묶어주었던 믿음은 깨지게 된다.

메그는 '포용' 이라는 단어로 가장 친한 친구에 대한 믿음을 표현한다. "어떤 단어가 적절할지 모르겠네요. 포용? 그러니까 우리는 서로 말 못할 게 없어요. 나는 이 친구에게 어떤 비밀도 말할 수 있어요. 절대 밖으로 새나가지 않으니까요."

그런데 친구가 믿을 만한 사람인지 어떻게 알 수 있을까? 친구가 누군가에게 '선의의 거짓말' 을 하는 것을 본 적이 있는가? 조심하라. 비록 악의 없는 거짓말이라고 하나 언젠가는 당신에게도 거짓말을 할 수 있다. 친구가 사전에 미리 알리지 않고, 혹은 석연찮은 이유를 대며 약속을 취소하거나 말을 바꾼 적이 있는가? 당신의 전화를 받지 못했을 때 곧 응답전화를 하는가? 책이나 옷, 장비 따위를 빌려주면서 잊지 말고 돌려달라고 말하면 나중에 돌려주는가? 잘 살펴보라. 세상에는 어쩐 일인지 물건을 빌리면 돌려줄 줄 모르는 사람들이 있다. 그냥 자기 물건이 되는 것이다. 당신 친구가 이런 사람이라면 되도록 물건을 빌려주지 마라. 그래야 물건을 돌려받지 못해 실망하거나 화내는 일이 안 생긴다. 남의 아이 부모에게 옷이나 장난감을 빌려줄 때 이 점에 특히 조심하라. 그 집 아이가 빌려준 물건에 지나친 애착을 보이면 물건을 되찾아오기가 쉽지 않다.

새로 사귄 친구가 믿을 만한 친구인지 알아보는 방법 중에 이런 게 있다. 중요하지 않은 비밀 하나를 친구에게 털어놓고 그 비밀이 지켜지는지 퍼져나가는지 보는 것이다. 이렇게 하면 이 친구에게 중요한 비밀을 얘기해도 되는지 판단할 수 있다. 헬렌은 친구 에니드에게 비밀을 하나 털어놓았다. 그런데 일주일도 안 되어 두 사람이 같이 아는 사람을 통해 그 이야기가 헬렌의 귀에 들어왔다. 헬렌은 몹시 화가 났다. 그러나 두 사람이 멀어진 게 단지 그 때문만은 아니었다. 헬렌이 다그치자 에니드가 이렇게 대꾸했던 것이다. "비밀을 지키고 싶으면 나한테는 얘기하지 마." 이 일로 헬렌은 에니드와 석 달간 말을 하지 않았다. 그러나 에니드를 버릴 수 없었던 헬렌은 화해했다. 대신 에니드의 충고를 좇아 중요한 비밀은 에니드에게 털어놓지 않는다.

또 어떤 여성은 비밀과 뒷공론 때문에 몇몇 친구와는 일정 수준 이상 친하게 지내지 않는다고 말한다. "내 친구 중에는 비밀을 지키지 못하는 친구가 두 사람 있어요. 또 남 말하기 좋아하는 친구도 둘 있고요. 그들에게는 비밀 얘기를 일절 하지 않아요. 나와 정말 친한 친구들은 내 비밀을 절대 남한테 얘기하지 않지요. 나도 한 친구에게 다른 친구 얘기를 절대로 안 하고요. 내가 친구들 얘기를 하는 유일한 사람은 언니예요."

친구에 대해 이러쿵저러쿵 뒷공론을 하면 언젠가는 우정에 금이 가게 되어 있다. 험담이 당사자 귀에 들어가면 틀림없다고 봐야 한다. 게다가 당신이 어떤 친구에게 다른 친구의 험담을 하면 상대방은 이런 생각을 할 것이다. '저렇게 남의 험담을 하는 것을 보니 다른 사람한테는 내 험담도 할 게 아닌가?' 라고 말이다. 이는 당신이 어떤 친구가 거짓말을 하는 것을 보고 그 친구를 믿지 못하는 것과 같은 상황이다.

정직은 믿음과 뗄 수 없는 관계이다. 그러나 '너무 정직'하게 구는 사람도 의심할 필요가 있다. 당신이라면 단지 정직하기 위해 친구에게 이혼을 하라거나, 직업을 바꾸라거나, 치아를 교정하라고 말하겠는가? 상대방은 당신과 관계를 악화하거나 당신의 감정을 다치게 하고 싶어 솔직함을 가장해 잔인하게 구는 것일 수도 있다.

시간은 좀 걸리지만 믿음을 쌓는 확실한 방법이 하나 있다. 일단 어떤 활동을 같이한 뒤 나중에 비밀을 나누는 것이다. 비밀부터 나누지 말고 말이다. 우정은 어떤 일을 함께 하면서 굳건해지고 깊어진다. 같이 수다나 떤다고 그렇게 되는 게 아니다.

자기 자신을 드러내라

자기공개, 즉 고백을 다루는 방법에 따라 친구끼리 느끼는 신뢰감은 확실히 달라진다. 자기공개는 우정이 처음 싹틀 때 하기도 하지만 보통은 두 사람에게 공통의 추억이 생기고 두 사람이 웬만큼 친한 사이에서 꽤 친한 사이, 아주 친한 사이로 발전한 뒤에 하게 된다.

왜 우리는 친구에게 자기를 공개하는가? 친구에게 받아들여지기를 바라는 마음이 한 이유일 것이다. 그러나 상대방에게 거절당하고 싶은 마음이 무의식에 있는 사람은 일부러 거절당할 만한 감정, 생각, 경험을 고백하기도 한다. 이들은 자신이 친구에게 받아들여지기를 바란다고 생각하지만 상처받을까 두려운 마음에 우정이 끝나게 만들지도 모르는 행동을 일부러 골라한다.

그러나 친구에게 받아들여지기를 진심으로 원하는 사람은 자기존중감을 높일 수 있다. 이는 자기공개 뒤에도 친구로 받아들여질 경우 자기수용능력이 한층 높아지기 때문이다.

시드니 쥬라드는 《투명한 자아(The Transparent Self)》라는 책에서 자기를 공개할 수 있고 가장 내밀한 생각과 느낌, 경험을 다른 사람과 나눌 수 있다는 것은 정신이 건강하다는 증거라고 강조했다. 쥬라드는 남에게 자기를 공개하는 것이 자기의 정신상태를 알기 위해 반드시 필요한 행동이라고 생각한다. 그런데 남자들은 지독할 정도로 속에 든 이야기를 하지 않는다. 기껏해야 아내에게 이야기할 뿐이다. 반대로 여자들은 워낙에 남자들보다 개방적이다.

지금도 생각하면 놀라운 일이 하나 있다. 언젠가 내 남편이 열차를 타고 맨해튼에 가다 웬만큼 친한 친구 한 사람을 만났다. 당시 남편 친구의 아들은 혼수상태로 죽음을 눈앞에 두고 있었다. 그런데 남편 친구는 자기 아들이 어떻다는 걸 남편에게 귀띔조차 하지 않았다. 반면 그 며칠 전 내가 그 집 아들 일을 모른 채 남편 친구의 부인에게 전화했을 때 그이가 거의 맨 처음 한 말이 아들 이야기였다. 일주일 뒤 그 집 아들이 숨을 거둬 우리 부부는 장례식에 갔다. 남편친구의 부인과 딸만이 방안을 가득 메운 조문객 앞에서 그들의 내밀한 생각, 느낌, 고인에 대한 추억을 얘기했다. 한편 랍비는 고인의 아버지가 병을 앓는 아들 때문에 힘들었던 지난 몇 달 자기를 찾아왔고 그 결과 고인의 아버지와 친구가 되었노라고 추모사에서 말했다.

　친구에게 자기공개를 할 수 없는 경우라면 일기를 쓰거나, 자신을 성찰하거나, 심리치료를 받거나, 성직자에게 고백하거나, 자기도움 지원모임에 참여하는 방법을 생각해볼 수 있다. 자기도움 지원모임에 참여하여 모르는 사람에게 익명으로 자기를 공개하는 방법도 있다. 이는 자기도움 지원모임의 근본이념이기도 하다.

　그러나 친구끼리 터놓고 얘기할 수 있다면 자기공개가 친구를 사귀는 큰 보람이 될 수 있다. 우정이 다른 피상적인 관계와 구분되는 점도 자기공개이다. 그러나 자기공개에는 위험이 따른다. 심리학자 샤론 하이머는 《고백과 심리치료(Confessions and Psychotherapy)》라는 책에서 자기공개를 하는 상대, 즉 고백 상대를 저위험, 보통위험, 고위험으로 나누었다. 고위험 고백 상대에는 친구, 부모, 애인이 포함된다. 이들이 고위험인 까닭은 "우리와 가장 친밀한 세 관계로 자기공개를 함으로써 우리가 상처를 입을 위험이 크기 때문"이다. "우리가 이들에게 외면당하거나, 놀림을 받거나, 비난을 듣거나 심지어 협박을 받을 가능성은 상당히 높다."

　보통위험의 고백상대는 바텐더, 헤어드레서, 직장동료 같은 사람들이다. 바텐더와 헤어드레서도 위험한 까닭은 당신이 아는 사람을 그들도 알고 있을 수 있기 때문이다. 그러므로 당신이 얘기한 비밀을 그들에게 말할 수도 있다.

　저위험의 고백상대는 여행하다 만난 낯선 사람, 택시운전사, 심리치료사, 랍비나 신부 들이다. 그러나 택시운전사와 낯선 사람은 일회용 고백상대일 뿐이라며 하이머는 다음과 같이 말한다. "그 이유는 당신이 자기를 공개하더라도 상대방이 해줄 수 있는 일이 없기 때문이다. 우리가 친구나 심리치료사에게 자기를 공개하는 것은 단지 치료를 위해서만은 아니다. 당장 살아가는 데 도움이 되기 때문이다."

친구에게 자기공개를 할 때는 공개할 내용과 고백 상대와 내가 어떤 사이인지를 조심스럽게 저울질해야 한다. 하이머는 극히 개인적인 비밀, 예컨대 성적 지향, 성적 취향, 돈 문제, 불륜 따위 사회에서 받아들여지기 힘든 행동들은 이른바 '기능친구(functional friend, 이 책으로 치면 웬만큼 친한 친구 — 옮긴이)'에게 공개하는 것이 안전하다고 말한다.

그러나 이 또한 전혀 위험하지 않은 것은 아니다. 특히 기능친구나 아는 사람을 다른 사적인 또는 일과 관계된 상황에서 만날 경우 당황스런 일이 벌어질 수 있다. 결국 우정에서든 다른 인간관계에서든 자기공개가 완벽하게 안전할 수는 없다. 그러므로 친밀감이라는 이점을 얻는 대신 어떤 문제가 생길 수 있는지 잘 따져봐야 한다.

우정이란 서로 간의 상호관계임을 잊지 말라

우정이 유지되는 까닭은 내가 바라는 바가 우정이라는 관계에서 충족되고, 또 우정을 지속하고 싶다는 또는 더 깊게 하고 싶다는 공통의 바람이 있기 때문이다. 6장에서 언급한 바 있는 멜라니는 제니퍼라는 친구를 직장에서 처음 만났다. 두 사람의 우정은 제니퍼가 회사를 옮긴 뒤에도 계속되고 있다.

키가 크고 금발에 독특한 매력의 소유자인 멜라니는 미혼으로 4개월 된 딸아이와 단 둘이 산다. 멜라니와 나이가 같은 제니퍼 역시 독신이며 혼자 살고 있다. 멜라니는 지난 1년 제니퍼와 정서적으로는 오히려 더 가까워졌다고 한다. 그러나 아이 때문에 두 사람이 만나서 하는 일에는 변화가 있었다. "우리는 전처럼 밖에서 만나 떠들썩하게 놀지 않아요. 대신 제니퍼가 저녁에 우리 집에 와서 놀다가요. 제가 아이가 있어 아무 때나 나가지 못하니까 제니퍼가 저한테 시간을 맞추는 거지요."

우리가 처음 친구를 사귀는 이유는 어떤 일을 같이 할 사람이 필요하기 때문이다. 그러나 그 우정이 계속되게 하는 힘은 친구의 품성이다.

아래의 대화를 보면 사람들이 친구의 어떤 품성 때문에 우정을 지속하는지 알 수 있다.

"그 친구는 내가 닮고 싶은 사람이에요."

"그 친구는 성숙해요. 아주 침착한 사람이지요. 그게 바로 제가 친구에게 바라는 점이거든요."

"그 친구는 믿을 수 있는 사람이에요."

"나는 그 친구의 유머감각이 좋아요."

"그 친구는 내게 무척 잘해요. 주위 사람들에게도 모두 잘하고요."

"그 친구는 모든 일에 해답을 갖고 있어요."

우정을 지속하는 까닭이 이처럼 단순히 친구가 있으면 하는 바람에서 친구의 특정 품성으로 변하는 것을 눈여겨볼 필요가 있다. 이런 변화가 일어나지 않으면 두 사람 사이에 갈등이 생기거나 두 사람이 물리적으로 멀어질 때 우정은 끝난다.

선물을 하거나 돈을 빌려줄 때 고려해야 할 것

선물은 받을 사람을 생각해서 신중하게 골라야 한다. 그러지 않으면 좋은 뜻으로 한 행동이 역효과를 부를 수 있다. 우리 큰 아들이 세 살 되었을 때였다. 그때는 우리 집 살림이 넉넉하지 않아 푼돈을 쓰는 것도 조심스러울 때였다. 그런데 내가 맨해튼에서 사귄 어느 돈 많고 인심 좋은 여성이 우리 아들 생일에 60달러짜리 장난감을 선물했다. 나는 당황했다. 그 여성이 선물한 쌓기장난감은 튼튼해서 오래 가지고 놀 수 있는 썩 괜찮은 물건이었지만 나는 난처했다. 두 달 뒤 그 집 딸의 생일이 되었는데 그 수준에 맞는 선물을 할 수 없었던 것이다.

비싼 물건을 선물하는 것은, 더구나 받는 사람이 불편하게 생각한다면 선물의 원래 뜻을 흐릴 수 있다. 상대방은 "나는 그 사람이 좋은 걸까, 그 사람이 주는 값비싼 선물이 좋은 걸까?" 하고 고민할 것이다. 그러나 서로 비슷한 금액의 선물을 주고받는다면 이런 문제를 막을 수 있다.

나는 《비즈니스 예절》을 쓰면서 100여 기업의 선물관행을 조사했다. 조사결과에 따르면 뇌물이라는 시비가 생기지 않도록 대부분의 회사에서 명절선물의 상한선을 25달러로 정하고 있었다. 이처럼 친구들끼리도 선물 금액이나 생일잔치 비용에 상한선을 정해두면 좋다. 선물은 금액보다 정성이라는 점을 명심한다면 서로 당황하거나 돈 때문에 부담을 느끼는 일 없이 우정을 표현할 수 있다. 이때 상한선은 두 사람의 경제사정에 따라 10~40달러 정도면 적당하다.

아무튼 생일선물을 주고받는 것은 우정에서 얻을 수 있는 즐거움의 하나이다. 어른이 된 뒤에는 주변에서 생일잔치를 챙겨주는 일도 없으므로 더욱 그렇다. 4달러짜리 찻잔, 독특한 디자인의 서진, 타이, 비누, 책갈피, 친구가 후원하는 자선단체에 기부하기 같은 어떤 것이라도 선물이 될 수 있다. 중요한 것은 선물에 담긴 마음이지 선물 자체가 아니다. 주머니 사정이 정 여의치 않다면 가게에서 사거나 손수 만든 카드를 보내거나 전화를 하기만 해도 친구는 고마워할 것이다.

그렇다면 친구에게 돈을 빌려주는 것은 어떤가? 이에 대해서는 논란이 많다. 친구에게 돈을 빌려주는 것을 반대하는 사람들이 있는데 마크 트웨인도 그런 사람이었다. 그는 《바보 윌슨(Pudd' nhead Wilson)》에 이렇게 썼다. "우정이라는 거룩한 열정은 워낙 아름답고 꾸준하고 충직하고 참을성이 큰지라 평생을 간다. 친구가 돈을 꿔달라고 하지만 않는다면 말이다."

한편 박사과정에 있는 50살의 어떤 이혼 여성은 친구에게 돈을 빌려주는 것을 전혀 꺼림칙하게 생각하지 않는다. 그는 얼마 전에도 친구에게 돈을 빌려주었다. "올해 들어서도 친구에게 돈을 빌려준 일이 있어요. 바로 얼마 전, 집을 잃게 생긴 친구에게요. 10년을 알고 지낸 친구인데 내가 지난 6개월치 대부금을 대신 내주었죠. 안

그러면 은행에 집을 뺏길 판이었거든요. 내가 먼저, 돈을 갚겠다는 다짐도 받지 않고 주었어요.”

잘못하면 친구끼리 돈을 빌리고 빌려주다 우정에 금이 갈 수 있다. 그러나 다음 두 가지 규칙을 지킨다면 그런 위험을 크게 줄일 수 있다.

첫째, 돈을 꼭 갚을 수 있다는 확신이 들 때만 친구에게 돈을 빌린다.

둘째, 친구가 본의 아니게 돈을 빨리 못 갚거나 아예 못 갚을 수 있다. 그러므로 경제적으로 또 감정적으로 감당할 수 있다고 생각될 때에만 돈을 빌려준다.

친구는 아무런 조건이나 기한 없이 돈을 빌려주고 싶지만 빌려주는 돈이 자기 돈이 아닐 수도 있다. 또 돈과 관련한 중요한 결정에는 배우자나 부모의 동의가 있어야 하는지도 모른다. 그러므로 친구와 좋은 사이를 망치고 싶지 않다면 돈을 빌릴 때는 정중하게 부탁하고 거절당하더라도 성급히 비난하지 말라. 쓸모없는 친구라고 등을 돌리기 전에 그 친구가 돈이 아닌 다른 도움을 줄 수 있는지 보라. 정서적 지지와 같은.

예를 들어 당신이 집을 팔려고 새로 칠을 할 생각이라 3000달러가 필요하다고 하자. 친구는 3000달러를 빌려줄 수는 없지만 그 이상의 값어치가 있는 다른 무엇, 즉 자기의 시간을 줄 수도 있다. 직접 페인트칠을 한다든지 싸게 페인트칠을 맡길 수 있는 곳을 알아봐주는 식으로 말이다.

질투 다루기

프로이트는 1922년 발표한 〈질투, 편집증, 동성애의 몇 가지 신경증적 메커니즘(Certain Neurotic Mechanisms in Jealousy, Paranoia and Homosexuality)〉이라는, 이제는 심리학의 고전이 된 논문에서 질투에 대해 이렇게 썼다. "질투는 슬픔처럼 정상이라고 할 수 있는 정서 중 하나다. 만일 어떤 사람에게 질투가 없는 것처럼 보인다면 우리는 질투가 심한 억압을 받았고 그 결과 무의식의 정신생활에서 더욱 큰 구실을 한다고 추론할 수 있다."

《엄마와 나(My Mother/Myself)》의 저자 낸시 프라이데이는《질투(Jealousy)》라는 책에 이렇게 썼다. "질투는 삼각관계다. 그것은 다른 사람에 대한 상실감을 동반한다. 우리는 엄마와 아이 간의 다이애드(dyad, 사회학에서 두 사람 사이의 관계, 즉 양자관계를 뜻하는 용어 — 옮긴이)보다 더 큰 세계가 있음을 이해하게 될 때 이미 충분한 상실감을 맛보고 이에 민감하게 된다. 그 뒤에 겪는 질투, 즉 형제 때문에 느끼는 상실감, 오이디푸스 콤플렉스로 말미암은 상실감들은 그 시초가 엄마와 나 둘만 있었을 때, 사랑이 전부이고 엄마의 부재는 곧 죽음을 뜻하던 때로 거슬러 올라간다."

이렇게 질투라는 감정이 정상적인 감정이라면 단지 친구가 당신을 질투한다는 이유만으로 또는 당신이 친구를 질투한다는 이유만으로 두 사람이 등을 돌릴 필요는 없다. 아주 친한 친구들끼리도 때로 질투를 느낀다. 다만 그런 일이 드물기 때문에 두 사람이 '다른 누군가'가 아닌 친구가 될 수 있는 것이다. 어느 제조업체의 인력개발팀장은 이렇게 말한다. "누구나 분노와 질투를 느낄 수 있음을 이해하라. 상대가 나를 무척 아끼고 좋아하는 사람이라고 해서 예외는 아니다. 상대가 내게 분노와 질투를 느끼는 것은 내가 어떻게 할 수 없는 문제다."

왜 친구가 질투를 하는지 생각해보라. 친구가 살아오며 겪은 어떤 일이 친구에게 질투를 일으키는 것인가? 친구가 질투를 느끼는 것은 친구 자신에게 원인이 있을 뿐 두 사람의 우정에 문제가 있어서가 아님을 이해하려 애쓰라.

쉽지만은 않은 친밀감

같은 맥락에서, 상대방이 친한 친구 사이에 당연한 친밀감을 표현하는 데 인색하더라도 너무 섭섭해 하지 말라. 이는 단지 그 친구의 성격일 수 있다. 어떤 사람은 의사를 전달하고 감정을 표현하는 방식이 다른 사람들보다 무덤덤하다. 그것은 상대가 누구라도 마찬가지다.

누군가와 가까워진다는 것은 나를 약하게 만들기도 한다. 누군가와 가까워짐으로써 상실감과 고통을 느낄 수도 있다는 말이다. 심리학자 데이비드 리스 박사가 늘 강조하는 것처럼 우리는 먼저 결합한 뒤에야 분리할 수 있다. 그런데 친구들 중에는 어렸을 때 가족과 결합하지 못한 사람도 있다. 그래서 어른이 된 뒤 친구들과 결합하고 분리하는 데 어려움을 겪는다. 하지만 당신이 친구의 그런 문제를 대신 해결해줄 수는 없다. 그들이 살면서 여러 다양한 경험을 하거나 심리치료를 받고 스스로 변할 수는 있다. 친구가 변하기를 기다리는 동안 우정을 유지하고 싶다면 친구의 감정적인 한계를 받아들여야 한다.

그러나 친구에게 자꾸 거리감을 느끼다보면 실망하게 되고 반응이 없는 우정에 시간과 노력을 쏟는 것이 힘겨울 것이다. 그럴 때는 관계를 끝낼 수도, 이 친구가 지금 또는 앞으로도 영영 누군가에게 다가서지 못할 것임을 충분히 이해하고 다시 시간과 노력을 쏟을 마음이 들 때까지 기다릴 수도 있다.

당신이 사람과 친해지는 데 어려움이 있는 친구를 사귄다고 하자. 이런 친구들은 이상하게도 누군가 가까이 갈수록 뒤로 물러난다. 이런 친구들은 사실 요구하는 게 적고 피상적인 관계에서 더 편안함을 느낀다. 문제는 두 사람이 그냥 아는 사이에서 친한 친구로 발전했는데도 당신의 친구가 거기서 더 이상 나가지 않는다는 것이다. 그렇다고 이제 와서 웬만큼 친한 사이나 단순히 아는 사이로 되돌아갈 수도 없다. 다가갈수록 뒷걸음질치는 사람과 우정을 지속하기로 마음먹었다면 뒷걸음질치는 것은 그 사람의 문제이지 당신의 문제가 아님을 기억하라. 질투의 경우와 마찬가지로 친구의 반응에 감정적인 거리를 두라. 그래야 자존심을 지킬 수 있다. 상대방에게 그럴 마음이 없거나 그럴 능력이 없는데 가까이 오라고 강요할 수는 없다. 참고 기다리면 언젠가는 보답이 올 것이다. 아니면 이 우정은 지금 수준대로 두고 당신이 필요로 하는 것은 감정적으로 더 개방적인 다른 친구들이나 다른 관계에서 얻는 것도 좋다.

변화에 대처하기

우정에 구조 변화를 가져오는 일이 있다. 직장동료끼리 친구가 된 경우에는 직장을 옮기는 일이, 이웃끼리 친구가 된 경우에는 이사를 하는 일이 그렇다. 이런 구조의 변화는 모두 우정을 시험하는 상황이다. 이사하고 일이 년이 지난 사람들 중에 "전부터 사귄 오래된 친구가 하나도 없다"고 하는 사람들이 많다. 왜 이런 일이 생겼을까? 연락하는 문제를 뒤에 남겨진 친구들에게 맡겨버렸기 때문이다. 이사를 한 사람이 옛 친구에게 연락해야 한다. 그것이 순리이다.

왜냐고? 이사를 가는 것이 뒤에 남는 것보다 더 속 편한 일이기 때문이다. 이사를 가게 되는 상황은 많다. 직장인은 더 좋은 일자리를 찾아서, 갓 결혼한 사람은 배우자와 살림을 차리기 위해, 아이들은 부모를 따라, 부모들은 아이를 키우기에 더 좋은 환경을 찾아서 등. 그러나 이사를 하는 게 아무리 당연했다 해도 남은 사람은 거부당했다는 느낌을 받는다. 결국 이들은 같은 상황에 머물러 있기 때문이다.

그렇다면 같은 상황에 머물러 있는 것이 불만스런 까닭은 뭘까? 떠나는 사람이 더 여유롭고 좋은 환경에서 살게 된다든지, 극적으로 다른 환경에서 살게 된다면 뒤에 남은 사람은 이제 떠난 사람과 공통점이 별로 없다고 생각한다. 안타까운 일이지만 이사한 사람들은 경쟁심과 지역주의 때문에 전에 살던 지역에 대해 안 좋은 말을 하기도 한다. 예컨대 뉴욕에 살다 캘리포니아로 이사한 사람은 뉴욕의 생활방식을 비판해야 한다고 생각한다. 또 이사한 사람들은 이사한 게 '옳은' 결정이었다고 주장함으로써 이사 때문에 생긴 비용과 불편, 속상함을 잊으려 한다.

변화는 질투를 일으킨다. 변화로 말미암아 버림받고 분리된 느낌을 감당해야 한다면 변화가 친밀한 관계를 위협할 수도 있다.

"승진한 뒤로는 전에 어울리던 친구들이 편치 않아요." 20대 후반의 남자가 말한다. 이 남자는 이제 자기와 지위가 같은 새 친구가 더 편하다고 말한다. 이렇게 말하는 그는 대부분의 사람들보다 솔직한 편이다. 그러나 이 남자가 옛 친구와 새 친구를 아우르는 방법을 찾지 못한다면 승진사다리를 오르는 동안 계속해서 친구를 바꿔야 할 것이다. 그 결과 그를 예전부터 아는 오랜 친구들은 하나도 남지 않게 될 것이다. 이런 식으로 하면 그는 우정을 유지하는 중요한 이유 중 하나, 즉 추억의 공유를 포기해야 한다.

올버니에 살며 홍보 컨설턴트로 일하는 36살의 기혼여성은 설문에 이렇게 썼다. "한 사람은 변하는데 다른 사람이 변하지 않으면 둘 중 한 사람, 혹은 두 사람 다 버림받은 느낌이 들고 화가 난다. 이런 감정을 겉으로 드러내어 풀지 않으면 분노가 쌓이고 그 상황이 너무 고통스럽게 된다."

옛 친구들을 변화된 생활에 될 수 있는 대로 많이 끌어들여라. 이제 좀더 만나기 편한 친구를 새로 사귀어야 한다는 건 각자가 잘 알고 있다. 그렇다고 해서 한때 나누었던 또는 자주는 아니라도 앞으로도 나눌 수 있는 우정이 덜 중요해지는 것은 아니다. 되도록 옛 친구에게 자주 전화하고 오붓하게 즐길 수 있는 아침 겸 점심이나 저녁식사에 초대한다. 물론 큰 행사가 있을 때에도 초대한다. 당신의 중요한 행사에 많은 친구들이 참석한 것을 보면 아마 뿌듯할 것이다. 그러나 이런 자리에서는 손님 한사람 한사람과 친밀한 시간을 가지기는 어렵다. 예전에 살던 동네를 찾아가 옛 친구를 만나라.

초대는 한 쪽이 모든 것을 책임지는 식이 되어서는 안 된다. 시간, 노력, 모임에 드는 비용을 서로 분담하라.

우정에 영향을 미칠 수 있는 또 하나의 변화가 체중감소와 체중증가이다. 어떤 사람이 몰라보게 살이 빠졌는데 그 사람의 친구는 여전히 몸무게가 많이 나가 날씬해진 친구에게 질투를 느낀다면 체중감소가 우정에 위협이 될 수 있다. 그러나 앞서 살펴본 것처럼 친구가 느끼는 질투에는 보통 악의가 없다. 다만 친구는 당신이 지금 가진 것이 자기도 가지고 싶어 하던 것이라 당신의 성취에 자극받았을 뿐이다. 다른 사람이 가진 것을 원한다는 게 그 사람한테 그것이 없었으면 하고 바란다는 뜻은 아니다.

당신이 체중을 줄인 친구에게 질투를 느낀다면 또는 다른 사람이 체중을 줄인 당신을 질투한다면 그런 느낌을 인정하라. 그리고 시간을 두고 지켜보라. 더구나 상대가 오랜만에 당신을 보았다면 늘 곁에서 지켜보아 당신의 '새로운' 모습에 적응이 된 친구들과 달리 변화가 가져온 새로움에 놀라고 당신이 자신들이 규정한 모습과 전혀 다르게 보이는 데서 충격을 받을 것이다. 또한 날씬한 사람은 옷 입는 취향이나 자기를 연출하는 방식이 몸무게가 나가는 사람과 다르다. 몸무게를 줄인 친구는 전보다 치장을 즐길 것이고 두 사람이 함께 거리를 걸으면 사람들의 눈길이 그 친구에게 더 쏠릴 것이다. 이는 두 사람 모두에게 변화가 아닐 수 없다.

너무 늘어난 몸무게도 우정에 영향을 줄 수 있다. 예를 들어 당신의 친구가 자기가 어떤 사람과 어울리는가에 따라 자기의 매력이 좌우된다고 생각하는 사람이라면 심각하게 살이 쪄버린 당신을 보고 자아가치에 위협을 느낄 것이다. 그래서 자기도 자기가 왜 그러는지 모르는 채 당신을 피할 것이다. 그리고 비꼬는 말을 할 것이다. 그러나 이런 행동은 그들이 과체중에 대해 품고 있는 부정적인 생각이 원인이지 당신의 몸무게가 늘어난 것과 직접 관련은 없다. 그들은 나도 저렇게 살이 찌면 어쩌나 하는 생각에 두려운 것이다. 이럴 때는 친구의 반응에 대해 터놓고 이야기해보자. 이런 식으로 대화를 풀어나갈 수 있을 것이다. "나는 지금 잘잘못을 따지자는 게 아니야. 다만 내가 살이 찐 걸 네가 못마땅하게 생각한다는 느낌이 들어. 네가 나를 대하는 태도가 달라졌고 그래서 내가 힘들다는 거 아니?"

꾸준히 접촉하라

친구들은 어떻게 연락하는가? 우정이 이어지고 커가려면 반드시 필요한 접촉을 어떻게 유지하는가? 꽤 또는 아주 친한 친구는 대체로 직접 만난다. 우정이 깊어지는 데 이만큼 확실한 방법은 없다. 그 다음으로 사람들이 많이 쓰고 또 효과적인 방법이 전화를 하는 것이다. 그보다 효과가 적지만 그래도 아예 연락하지 않는 것보다 나은 게 편지나 카드다.

　우정이 과거가 아닌 현재진행이 되게 하려면 규칙적으로 만나는 것이 가장 좋다. 할 수 있으면 일주일이나 한 달에 한 번 정도 만나는 것이 우정을 지속하는 데 좋다. 일주일에 한 번쯤 친구와 테니스를 치거나 브리지게임을 하면, 게임을 즐기는 것도 즐기는 것이지만 우정에도 도움이 된다. 하지만 이런 사실을 인정하는 데 인색한 사람들도 있다.

아이들은 반 친구들같이, 지금 자기에게 가장 가까이 있는 친구를 선호하는 경향이 있다. 아이들은 가까이 있는 친구와 계속 접촉하면서 비슷한 경험을 공유한다. 그러나 어른이라면 지금 가까이 있는 우정에만 만족할 것이 아니라 조금은 불편해진 우정까지 보듬을 줄 알아야 한다. 그래야 프렌드시프트가 있더라도 옛 친구와 새 친구를 아우르며 다채로운 우정을 누릴 수 있다.

그러나 정기적으로 만나는 것이 둘 중 한 사람의 사정 때문에 합리적이지 못하다면 기회가 되는 대로 만나고 전화라도 자주 하라.

전화친구에는 두 가지 유형이 있다. 가장 많은 유형이 정기적으로 만나면서 전화로도 이야기하는 친구이다. 이들은 전화를 해서 안부를 묻고 어떻게 지내는지 이야기를 듣고 다음 약속을 정한다. 두 번째 유형은 전화를 주요 소통수단으로 쓴다.

전화친구들도 처음에는 대부분 얼굴을 마주하는 사이로 시작한다. 그러다가 둘 중 한 사람이 직장을 옮기거나 이사를 함으로써 전화통화가 관계를 유지하는 주요수단이 된다. 예컨대 지금은 뉴저지에 사는 내 절친한 친구 조이스는 필라델피아에 살 때 늘 만나던 친구들하고 자주 통화한다. 옛 친구와 연락하는 것은 좋은 일이지만 장거리전화라면 비용이 문제된다. 조이스도 이번 달 전화요금이 100달러가 넘게 나왔다.

그러나 앞서 살펴본 것처럼 친구로 말미암아 인생을 즐기며 건강하게 오래 살 수 있으니 그깟 전화요금은 그리 대단한 것이 아니라 할 수 있다.

아주 멀리 사는 친구들의 경우, 조이스는 전화와 편지를 번갈아 이용한다. 조이스도 가까이 사는 친구가 우정을 유지하기에 더 편하다는 것을 안다. 장거리전화는 아무래도 의사소통이 자유스럽지 못하기 때문이다. "이웃에 사는 친구에게는 그냥 부담 없이 전화해서 '어떻게 지내?' 하고 물을 수 있잖아. 그래서인지 장거리통화보다는 시내통화가 좋아. 더 편하기도 하고 시간을 의식하지 않아도 되니까."

한편 전화는 직접 만나고 싶지는 않은 친구와 소통하는 방법으로도 쓰인다. 게다가 실제로 만나면 수줍음이 많은 사람이 전화로는 활달하게 거침없이 말하기도 한다. 반대로 전화로는 우물쭈물 말을 잘 못하던 사람들이 실제로 만나면 활달하게 굴며 "나는 영 전화체질이 아니라서요"라고 말하는 경우도 있다. 32살의 한 기혼 여성은 전화가 싫다며 이렇게 말한다. "나는 전화로 얘기하는 게 무척 싫어요. 그래서 전화를 하지 않아요." 그러나 그 결과 같은 직장에 다니지 않거나 가까이 살지 않는 친구와는 멀어지고 말았다.

내가 인터뷰나 조사한 사람 중에 연하장을 보낼 때말고 친구에게 편지를 쓰는 사람은 거의 없었다. 해리 스타인이 〈에스콰이어〉에 기고한 우정에 관한 글을 봐도 내 관찰이 사실임을 알 수 있다. 그는 우편으로 배달되는 편지의 종류를 분석하였는데 80퍼센트는 비즈니스와 관련된 것이었고 17퍼센트는 연하장이었다. 개인 간에 오가는 편지는 극히 적었다.

편지는 한 방향의 의사소통이고 시간이 많이 걸리지만 얼굴을 맞대거나 전화를 하는 친구 사이에서도 느낄 수 없는 유대감과 친밀감을 느낄 수 있다. 편지는 또 상대적으로 비용이 적게 들며 관계가 오래간다. 몇 년 전 오하이오의 콜럼버스에 사는 윌리엄 플러머와 샌드러 거비스가 58년 동안 계속 주고받았던 '돌림편지' 형식의 특이한 편지를 〈피플〉에 소개했다. 이 편지는 1930년 오하이오 우스터대학을 졸업한 여성 열여덟 명이 앞으로 계속 우정을 이어가자고 다짐하면서 시작됐다.

방법은 이렇다. 한 사람에게 대략 일주일에 한 번 봉투가 날아온다. 그 안에는 편지, 스크랩, 회원 각자의 사진이 들어 있다. 그러면 그 사람은 자기가 전에 넣었던 내용물을 빼고 새 내용물을 넣은 뒤 봉투를 통째 다음 순번의 친구에게 부친다. 각자 사는 게 바쁘고, 멀리 떨어져 있기도 하고, 건강이 좋지 않은 사람도 있다 보니 이들이 직접 만나는 일은 드물다. 그동안 이들은 육아, 결혼, 이혼, 배우자의 죽음, 건강악화, 이사 따위 많은 일을 겪었다. 또 당초 돌림편지를 시작했던 18명 중 6명이 세상을 떴다. 그러나 돌림편지 덕분에 인생의 온갖 일을 겪으면서도 우정을 지킬 수 있었다.

편지로 시작한 우정도 전개되는 양상은 직접 만나 시작한 우정과 같다. 그래서 처음에는 형식적인 관계, 즉 아는 사이로 시작했다가 웬만큼 친한 사이로 발전한다. 그리고 시간이 흘러 자기공개가 이루어지고 믿음이 쌓이고 함께한 일들이 늘어나면 관계가 더 가까워지고 깊어진다.

편지쓰기가 점점 사라져간다는 것은 안타까운 일이다. 팩스가 널리 쓰이면서 서면연락이 늘기는 했지만 오가는 내용은 대부분 비즈니스와 관계된 내용이다. 그러나 전자우편, 흔히 쓰는 말로 이메일이 이런 경향을 바꾸고 있다. 리포터 클레어 콜린스는 '바이트와 광섬유로 쌓은 우정(Friendships Built on Bytes and Fibers)' 이라는 글에서 온라인 게시판이나 팩스로 첫 만남을 가진 뒤 싹트는 우정을 논의했다. 콜린스에 따르면 온라인에서 이루어진 첫 만남이 우정으로 발전하기 위해서는 그냥 아는 사이에서 친구가 되는 과정과 마찬가지로 컴퓨터나 팩스를 이용한 소통이 전화나 직접 대면으로 바뀌어야 한다. 하는 이야기도 처음에는 순전히 공식적인 내용이겠지만 차츰 개인적인 이야기로 옮겨가야 한다.

콜린스가 설명한 과정은 맨해튼에서 텔레비전 프로듀서로 일하는 46살의 기혼 남성 밥 플런켓이 겪은 일과 비슷하다. 밥은 처음 가상공간에서 시작한 만남을 의미 있는 우정으로 발전시켰다. 다음은 밥이 넉 달 전 어느 온라인 게시판에서 새 친구를 만난 이야기이다. 때는 금요일, 칠흑처럼 어둡고 살을 에는 듯이 추운 2월의 어느 밤이었다. 식구들은 모두 외출 중이었고 밥은 심심했다. 그래서 여기저기 인터넷 동호회를 들락거리다가 '베이비붐 세대' 라는 평범한 제목의 카테고리에 들어갔다. 그곳에서 밥은 잔뜩 걱정에 짓눌린 사람이 올린 글을 하나 읽었다. 그런데 거기 달린 댓글 하나가 밥이 보기에 유난히 진실하고 관심과 이해가 담겨있었다. 그저 막연히 용기를 내라는 공허한 글이 아닌 진짜 기운을 북돋우는 글이었다. 밥은 그 댓글을 올린 사람에게 25분을 들여 짧은 편지를 썼다.

그리고 말미에 이렇게 썼다. "저와 더 이야기를 나눌 생각이 있으시면 답장주세요." 그러고서 어떤 일이 있었을까?

그 사람은 알고 보니 텍사스에 사는 45살의 대학교수로 역사분야에서 활발한 강의를 하고 있었고 또 16세기 종교를 연구하는 학자였어요. 나역시 지난 25년간 종교를 공부해온 터라 그 사실이 상당히 흥미로웠죠. 덕분에 우리는 종종 종교에 관한 얘기를 해요. 우리는 비록 가상공간에서지만 서로 통했어요. 이 친구가 처음 게시판에 올린 글에 종교 얘기는 한마디도 없었죠. 하지만 그 친구 글에는 어딘지 모르게 나를 끌어당기는 부분이 있었죠. 그 사람은 결혼을 했고 네 살 난 아들이 있어요. 우리가 편지를 교환한 지도 꽤 되었네요. 하지만 난 텍사스에 가지 않을 것이고 그 사람도 뉴욕에 오지 않을 거예요. 이 친구는 나와 삼천 킬로미터도 더 떨어진 곳에 살지만 내 일상에 대해 누구보다 잘 알아요. 어떤 면에서는 서로 멀리 있다는 게 도움이 돼요. 이 친구의 도움으로 어떤 일에 새로운 시각을 얻기도 하거든요.

밥은 빠르고 편리한 이메일 덕분에 글로 소식을 전하는 것이 쉬워졌다고 한다.

이메일은 아주 빠르기 때문에 편지를 자주 쓰게 돼요. 상대가 내 편지를 즉시 받을 수 있잖아요. 예전에는 편지를 써놓고도 우표를 산답시고 주머니 속에 한참 넣고 다녔죠. 그러다가 마침내 부치면 사흘 뒤에나 갔잖아요? 그런 다음 일주일 정도 지나면 답장이 왔나 하고 편지함을 들여다

봤고요. 하지만 이메일을 이용하면 상대방이 보낸 편지를 10분 뒤에는 읽을 수 있어요. 편지가 실시간으로 오가게 된 거죠. 이건 정말 대단해요. 왜, 그럴 때가 있잖아요. 아무도 나와 이야기하려 하지 않고, 놀아주려 하지도 않을 때. 그럴 때 이메일을 보내면 텍사스에서 이 친구가 답장을 보내오고 기분이 확 바뀌죠.

그 밖에 우정을 유지하고 발전시키는 데 도움이 되는 방법 몇 가지를 더 소개한다.

:: 일, 가족, 취미, 운동과 함께 친구들, 특히, 아주 친한 친구나 꽤 친한 친구들과 만나는 일을 주요관심사로 삼는다.

:: 경제사정 때문에 친구와 모이지 못하는 일이 없도록 한다. 주머니 사정이 여의치 않으면 친구들에게 각자 음식을 준비해오게 해서 집에서 논다. 아니면 모임비용을 혼자 떠맡지 않아도 되도록 집이 아닌 다른 곳에서 만난다. 예를 들면 비싸지 않은 커피숍에서 만나거나 날씨가 좋은 날 공원으로 소풍을 간다.

:: 친구와 접촉을 유지하는 여러 방법 중 당신에게 가장 적합한 방법을 찾는다. 금융컨설턴트인 스탠리 하일브론은 일대일 방식이 자기네 부부에게 가장 알맞다는 것을 발견했다. 이들 부부는 큰 모임보다는 다른 부부 한 쌍과 같이 하는 오붓한 저녁식사를 더 좋아한다.

:: 아주 친한 친구나 꽤 친한 친구, 또는 앞으로 상당히 친해질 가능성이 있는 웬만큼 친한 친구가 중요한 행사에 초대하면 꼭 참석하도록 한다. 배우자가 사정이 있어 같이 갈 수 없다면 혼자라도 참석한다. 코네티컷

에 사는 발레리 산 안토니오라는 여성의 예를 들어보겠다. 발레리의 남편 회사 야유회가 일요일에 텍사스에서 열릴 예정이었다. 그런데 같은 날 발레리의 아주 친한 친구가 결혼식을 올린다. 발레리의 남편은 어린 두 아들을 데리고 야유회에 참가하기 위해 텍사스로 날아갔다. 아이들을 돌봐줄 사람이 필요해서 어머니도 모시고 갔다. 발레리는 가지 않고 남아 결혼식에 참석했다. "친구 어머니가 저를 무척 반기셨어요. 친구도 내가 가니 엄청 좋아했죠. 가길 잘 했다는 생각이 들었어요." 발레리는 형제자매가 일곱이나 되지만 친구들에게 많은 시간과 정력을 투자한다.

:: 연말연시나 명절 같은 때를 친구에게 마음을 알릴 기회로 활용한다. 전화를 하는 것도 좋고 카드나 편지, 선물을 보내는 것도 좋다. 그러나 이런 때에만 친구들을 기억해서는 안 된다. 그러면 친구들이 정말 당신이 자기를 친구로 생각하는지 의심할 것이다.

:: 도무지 시간이 나지 않지만 그래도 친구와 접촉해야겠다면 해야 할 일과 친구 만나는 일을 한 번에 할 수 있는 방법을 찾아본다. 예컨대 저녁이나 주말에 짬이 나지 않는다면 주중에 같이 점심을 먹는다. 배우자와 영화를 보기로 했다면 다른 부부를 한 쌍 초대해서 같이 영화를 보고 영화를 보기 전이나 보고 난 뒤 커피를 마시며 이야기를 나눈다. 또는 명절선물을 사러 갈 때 친구와 함께 간다. 덕분에 우정도 다지고 어쩔 수 없이 해야 하는 일을 즐겁게 해치울 수 있다. 같이 운동을 다니는 것도 좋다. 친구와 휴가를 함께 가거나 친구가 다른 지역에 산다면 그 근처의 괜찮은 곳에서 휴가를 보내면서 만나는 것도 좋다. 이 방법은 내가 여름휴가 때 뉴저지에 사는 친구 조이스를 만나면서 쓰는 방법이기도 하다. 우리는 내가 사는 코네티컷에서는 세 시간 거리이고 조이스가 사

는 뉴저지에서는 한 시간 거리인 펜실베이니아 주의 세서미 플레이스(《세서미 스트리트》라는 TV 어린이 프로그램의 여러 캐릭터를 중심으로 꾸민 테마공원 ― 옮긴이)에서 만난다. 우리는 만나서 함께 여행만 하는 것이 아니다. 우리 자식들한테 부모들이 대학교 때부터 가꾸어온 오랜 우정을 직접 보고 느낄 수 있는 기회를 만들어준다.

:: 생일과 기념일을 한군데 적어 관리한다. 그리고 달력이나 주간계획표에 표시해둔다. 이렇게 하면 친구의 특별한 날을 기억하기 쉽다.

:: 아주 친한 친구, 꽤 친한 친구, 웬만큼 친한 친구 중 언제 마지막으로 만나거나 얘기했는지 잘 생각나지 않는 친구가 있다면 친구와 접촉한 내역을 기록하라. 이때 연하장을 보낸 내역은 뺀다. 어떤 친구와 몇 달, 심지어 몇 년 동안 한번도 만나지 않았다면 접촉패턴을 점검할 필요가 있다. 친구와 통화하거나 만나는 주기를 정해두도록 한다. 특히 친구가 다른 도시에 살고 있다면 이런 방법이 꼭 필요하다. 만나기로 한 계획은 꼭 실천한다.

:: 친구와 접촉을 유지할 수 있는 모든 수단을 동원하라. 내 경우, 이웃 도시에 사는 친구와 한두 달에 한 번은 만난다. 그러나 전화통화도 하고 이따금 팩스도 보낸다. 최근에는 이메일도 쓰기 시작했다. 각각의 방법에는 장점과 한계가 있고 비용과 요구사항이 다 다르다. 그러므로 다양한 소통방법을 동원할수록 관계가 더 활발해질 것이다.

가까운 친구 중 어느 한 사람을 생각하면서 다음 질문 여덟 개를 스스로에게 해보라. 당신이 그 친구와 어느 정도 깊은 우정을 나누고 있는지 판단이 설 것이다. '아니요' 라고 대답한 질문이 하나

이상이라면 관계의 발전을 위해 두 사람이 무언가 해야 한다는 뜻이
다.

01 당신과 당신 친구는 전화가 되었든, 팩스, 편지, 이메일이 되었든 서로
   연락하는가? 또 만나고 싶은 만큼 만나는가?

02 당신과 당신 친구는 같이 있으면 즐거운가?

03 친구와 전화로 이야기하거나 만날 때 유대감을 느끼는가? 또 친구에게
   존중받는다는 느낌이 드는가?

04 두 사람의 우정은 기본적으로 일방통행이 아닌, 서로 주고받는 관계인
   가?

05 중요하게 생각하는 문제에 대해 두 사람의 가치관이 같은가? 혹 다르
   다 해도 대수롭지 않게 넘길 수 있는가?

06 당신은 이 친구를 좋아하는가?

07 두 사람의 우정은 오랜 세월 이어져왔으며 졸업, 이사, 결혼, 이직, 출
   산 같은 구조의 변화를 견뎌냈는가?

08 이 친구와는 갈등이 거의 없는 편인가? 갈등이 생긴다 해도 오래 못가
   풀리는가?

9. 멀어지는 사이를 되돌리는 법

불퉁스런 한마디 말, 생각 없이 내뱉은 모욕적인 언사, 취소된 점심 약속, 무시당한 전화 메시지, 사소한 오해. 나는 10년 또는 20년에 걸쳐 쌓아온 소중한 우정이 단 한번의 실수로 끝나는 것을 보고 들었다. 물론 해롭고 파괴적이어서 끝나야만 하는 우정이라면 이야기는 다르다. 이 경우 오히려 이런 관계를 적극적으로 끝내야 할 수도 있다. 이에 대해서는 다음 장에서 논의할 것이다. 이 장에서 여러분은 긍정적인 우정에 문제가 생겼을 때 이 우정이 끝나지 않도록 살리는 법을 배우게 될 것이다. 또한 친구와 뜻하지 않게 갈라서는 일이 없도록 선을 넘거나 방아쇠를 당기는 일을 피하는 법을 살펴볼 것이다.

어쨌든 서먹해졌더라도 아직 접촉은 있는 관계를 회복하는 것이 험악하게 끝나버린 우정을 되살리는 편보다 쉽다.

불편하더라도 관계를 유지하자

웬만큼 친한 사이는 두 사람 사이가 살뜰하고 공통점이 많아 서로 노력한다면 모를까 관계를 유지하는 것이 힘들어지면 대부분 멀어진다. 그러나 불편함을 이유로 웬만큼 친한 친구와 멀어지지 않는다면 웬만큼 친한 친구 수는 해가 갈수록 늘어날 것이고 10년 뒤에는 꽤 많아질 것이다. 한때 같은 직장에서 일했거나, 같은 학교를 다녔거나, 같이 야영을 갔거나, 동호회에서 만난 친구와 우정을 유지하는 것은 그리 어렵지 않다. 전화를 걸어 약속을 정하라. 일주일에 한 번이든 몇 달에 한 번이든 소식을 주고받으면 소통의 길을 열어둘 수 있고 우정은 커간다. 이는 우정이 사그라지거나 끝나는 것을 막을 수 있는 효과적인 방법이다.

웬만큼 친한 관계가 끝나는 것을 막는 또 한 가지 방법은 단짝 관계를 삼자관계나 네트워크로 바꾸는 것이다. 이렇게 하면 일단 수에서 유리하므로 더 쉽게 우정을 유지할 수 있다.

우리가 인생의 어느 지점에 있으며 친구는 어떤 일을 겪고 있는가에 따라 우정의 중요도는 달라진다. 이는 프렌드시프트가 작용하기 때문이다. 바꿔 말해 우정은 계속 존재하지만 움직인다.

대부분의 사람들은 아주 친한 친구는 한두 명, 꽤 친한 친구는 여섯 명 정도 있다. 그런데 아주 친하거나 꽤 친한 관계는 유지하는데 더 많은 노력이 필요하다. 이런 관계를 삼자관계나 네트워크로 바꾸면 역효과가 날 수 있다. 우정은 지속되겠지만 친밀감이 점점 약해지다가 결국 웬만큼 친한 사이로 변하고 말 것이다. 꽤 친하거나 아주 친한 관계에서는 전화나 일대일로 만나는 것이 관계를 유지하고 발전시키는 데 적합하다.

아주 친한 사이이든 웬만큼 친한 사이이든 오랜 시간 계속됐고 많은 변화를 이겨낸 진정한 우정이라면 계속 내 삶의 일부로 남아야 한다. 비록 예전만큼 자주 접촉하지는 못한다 하더라도 말이다. 그러지 못한다면 그 관계에 무언가 문제가 있다는 뜻이다. 비즈니스 잡지의 책임편집위원인 브렌다는 이를 이렇게 표현했다. "어떤 친구는 시간이 흐르면서 차츰 멀어집니다. 얼굴 보는 일이 점점 뜸해지지요. 우연히 그 친구와 마주치면 속으로 이런 생각을 해요. '음, 이 친구하고 더 자주 만나야 하는데.' 하지만 실상은, 그 친구를 안 만난다는 거죠. 그게 두 사람 관계의 진실이에요."

비슷한 가치를 강조하자

어떤 친구와 우정이 끝나는 것을 막고 싶다면 비슷한 가치를 강조하라. 소득, 외모, 관심사, 사는 곳의 차이보다 가치관의 차이에서 오는 갈등으로 인해 우정이 깨지는 경우가 많다. 그러므로 우정을 유지하려면 두 사람의 비슷한 점을 강조하는 것이 좋다. 예를 들어 프리랜서로 지내던 친구가 직장을 구하기로 했다고 하자. 그렇잖아도 프리랜서 생활에 미련이 남았을 친구에게 프리랜서 생활의 좋은 점을 늘어놓는 것은 좋은 방법이 아니다. 대신 당신이 과거에 경험해 본 풀타임 직업에 대해 이야기하거나 직업을 바꿈으로써 어떤 좋은 점이 있을지 친구에게 이야기하게 하라.

가치갈등으로 우정이 끝날 뻔 했으나 다시 친구로 남은 예를 하나 들어보겠다. 데보라와 크리스토퍼는 남자와 여자지만 아주 친한 친구였다. 그런데 데보라가 남자친구와 헤어지더니 크리스토퍼를 이성으로 대하기 시작했다.

크리스토퍼는 데보라와 계속 친구로 지내고 싶었다. 그래서 데보라를 멀리하거나 데보라의 자존심에 상처를 주지 않고 그 상황을 혼자 감내했다. 덕분에 데보라는 체면을 지킬 수 있었고 두 사람은 계속 친구로 남았다. 크리스토퍼가 어떻게 했기에 그럴 수 있었을까? 그는 데보라에게 이렇게 말했다. "문제는 네가 아니고 나야. 너는 오랫동안 내 친구였어. 그래서 나는 네가 친구가 아닌 다른 누구로 생각되지 않아. 나도 너와 사귀면 좋겠어. 너는 매력 있고 섹시하고 남자가 여자에게 바라는 모든 것을 갖추고 있으니까. 내가 굴러온 복을 차는 거지. 어쨌든 나는 너와 계속 친구로 지내고 싶어. 우리 우정이 내겐 무척 소중하니까." 이렇게 해서 어떤 관계를 지속할 것인가에 대한 가치갈등은 무마됐고 두 사람의 우정은 더욱 깊어졌다.

그러나 제3자가 개입하면, 즉 갓 결혼한 경우 배우자가 이성친구나 헤어진 애인과 더 이상 친구로 지내지 말라고 선을 그으면 이런 식의 해결은 불가능하게 된다. 이 경우 우정이 존속하려면 부부가 함께 가치갈등을 해결해야 한다.

너무 비현실적인 기대는 가지지 말자

버지니아에 살며 남편과 별거중인 여성은 꼬집는다. "우정이 끝나는 이유는 우리가 상대에 거는 기대에 융통성을 발휘하지 않기 때문이에요." 자, 당신 친구가 당신에게 걸었던 기대가 무너졌다고 말한다. 어떻게 할 것인가? 그럴 때는 그냥 "미안하다"고 말하라. 방어하지 말자. "미안해." 단순한 말이지만 친구의 화를 누그러뜨리는 데 이만큼 효과 있는 말은 없다. 왜냐면 그것은 겸허하게 자기 잘못을 인정하는 말이기 때문이다. 미안하다는 말에는 단단히 틀어진 친구도 마음을 푼다.

진실한 우정이 싹트기까지 3년이 걸린다고 하는 까닭은 관계 초기에 갈등을 이겨내야 우정이 지속되기 때문이다. 그렇더라도 우정에 현실적인 기대를 가지자. 나는 아주 친한 친구, 꽤 친한 친구와 이들의 친구였던 사람들을 인터뷰하면서 많은 이들이 친구에게 비현실적인 기대를 하는 것을 보고 놀랐다. 그들의 기대는 원더우먼이나 슈퍼맨이 아닌 다음에야 만족시키기 어려운 내용이었다. 이들은 지금 자기 곁에 어떤 친구들이 남아 있는지 볼 필요가 있다. 아마 기대할 수 있는 바가 적거나 아예 없으며 예전에 외면했던 친구보다도 못한 친구들일 것이다.

실패한 우정을 보면 친구에 대한 기대와 그 기대에 대한 상대의 반응이 하나로 작용했음을 알 수 있다. 친구에게 너무 무리하고 비현실적인 기대를 한다면 오늘날 같은 경쟁 사회에서 정서적으로나 시간적으로 부담이 될 것이다. 그러므로 덜 감정적인 우정이 더 유지하기 쉽다. 서로 요구하는 것이 적으므로 각자 일과 배우자, 부모 노릇에 충실할 수 있기 때문이다. 이런 우정은 친밀도가 떨어지는 대신 오래 가고 갈등이 없다. 예를 들어 어느 시험비행 조종사는 가장 친한 친구에게 어느 정도 부탁을 부담 없이 할 수 있냐는 질문에 "친구들에게 부탁을 하지 않는다. 될 수 있으면 안 하려고 애쓴다"고 응답했다.

나는 연구를 계속하면서 사람들이 두 가지 상황에서는 친구보다 가족에게 의지한다는 것을 발견했다. 두 상황이란 정신적으로나 육체적으로 심각하게 아플 때와 돈이 필요할 때이다. 어느 미혼 여성이 남자친구와 헤어지고 정신적으로 많이 힘들었다. 그는 친구가 아니라 엄마에게 가서 마음을 추스를 생각이라고 했다. 그의 생각은 내가 인터뷰한 여성 대부분의 정서이기도 했다.

우정의 한계를 깨달으면 친구에게 비현실적인 기대를 하지 않게 되고 따라서 끝날 수도 있었던 우정을 살릴 수 있다. 그리하여 배우자나 다른 식구가 줄 수 없는, 오직 친구만이 줄 수 있는 이점을 더 잘 누릴 수 있다.

선을 넘거나 방아쇠를 당기지 말자

나는 아주 친하거나 꽤 친한 사이가 끝날 때는 대개 '방아쇠' 구실을 한 사건이 있었거나 어느 한 사람이 '선을 넘었기' 때문임을 발견했다. 다음은 선을 넘거나 방아쇠를 당김으로써 우정이 끝난 몇 가지 보기이다.

:: "휴일에 친구를 만나러 먼 길을 갔죠. 그것도 험한 날씨에 세 시간이나 걸려서요. 그런데 친구가 공부를 해야 하기 때문에 같이 저녁을 먹을 수 없다는 거예요."

:: "우리는 네 살 때 처음 만난 이후로 11년 가까이 가장 친한 친구였어요. 그런데 그 애가 어느 날부턴가 완전히 다른 사람으로 변해서 절 무시하기 시작했어요."

:: "자, 2000달러야. 나머지 500달러는 돈 생기면 갚을게."

:: "그 친구, 궁지에 몰린 사람을 도와주지는 못할망정 다른 사람들과 작당해서 더 난처한 상황으로 몰아넣으려 했어요."

:: "그 친구, 변해도 아주 형편없이 변했어요."

:: "그 애는 정말 상냥하고 친절했어요. 하지만 알고 보니 이중인격자였죠."

:: 당신이 필요로 하는 정서적 지지를 주는 법이 없다.

:: 결혼한 친구에게 그 친구의 배우자가 아주 맘에 안 든다고 말한다.

:: 당신의 친구가 두 사람만 알고 있는 당신의 이야기를 다른 사람에게 한다.

헤드헌터로 일하는 아그네스는 친한 친구가 자기가 한때 열렬히 좋아했던 남자와 동거중이라는 사실을 알고 그 친구와 절교했다. 그 친구가 선을 넘었기 때문이다.

그 애와 나는 원래 죽고 못 사는 사이였어요. 하지만 내가 고등학교 시절 좋아한 한 남자가 문제가 되었죠. 그 애는 그 남자와 같은 대학에 갔고 대학시절 내내 그 남자와 함께 살았어요. 하지만 나한테는 비밀로 했어요. 결국 나는 그 사실을 알게 됐고 몹시 화가 났어요. 그런데 그 애는 그게 사실이 아니라는 거예요. 둘이 같이 살고 있으면서 말예요. 내가 전화해서 "너 그 사람이랑 사귀니?" 하고 물었죠. 그랬더니 "아니, 그런 거 아냐"라더군요. 나는 속으로 생각했죠. "웃기고 있군. 네가 그 남자랑 살고 있는 거 다 아는데."

에스더도 이와 비슷한 경험이 있다. 친구 준이 자기 친구들을 자기 몰래 만나고 있었던 것이다. 한편 기혼이며 디트로이트에 사는 수학자 밥은 고등학교 시절 4년간 사귄 친한 친구가 있었다. 그러나 그 친구가 선을 넘는 행동(가게에서 물건을 훔쳤다)을 함으로써 두 사람의 우정은 끝이 났다. "문제에 휘말리는 것보다 그 친구와 끝내는 게 나았죠. 그래서 슬그머니 거리를 두었어요. 나는 그 친구가 도벽이 있다는 건 아무래도 좋았어요. 다만 내 동의 없이 나를 그런 위험한 상황에 놓이게 했다는 게 불쾌했어요. 그게 물건을 훔치는 행동보다 더 기분 나빴죠. 그 친구는 우리가 한 아파트를 쓰고 있는데 그 아파트에서 마약 거래를 했더라도 지금처럼 행동했을 거예요. 나만 바보 되는 거죠."

그러나 선을 넘었느냐 넘지 않았느냐는 매우 주관적인 문제이다. 짐을 더 이상 감당할 수 없을 만큼 많이 실은 낙타는 마지막으로 얹은 지푸라기에 등이 부러진다는 말이 있다. 그런데 내게는 낙타의 등을 끝내 부러뜨리고 만 지푸라기와도 같은 상황이 다른 사람에게는 사소한 문제일 수도 있다. 대학교 2학년인 19살의 남학생은 이렇게 말했다. "그 친구는 자기가 제일 잘 났고, 자기가 항상 옳고 다른 사람은 틀렸다고 생각해요. 그래서 그 친구와 관두었죠." 그러나 이 젊은이가 못 견뎌하는 이런 성격을 가진 사람과 기꺼이 우정을 지속하는 사람도 있다.

친구하고 생긴 갈등은 이렇게 풀자

> 용서가 없으면 우정도 없다.
> ─ 필립 로페이트의 《삶의 기쁨에 반대하며》에서

갈등은 우정에 영향을 미치는 변화가 생겼는데 아무도 이 변화를 직접 다루지 않을 때 생긴다. 변화를 직접 다루지 않으면 서로에 대한 원망이 커지고 그렇게 되면 우정을 유지하는 비용이 우정에서 얻는 이득보다 커질 수 있다. 애틀랜타에서 판매원으로 일하는 마서 론데는 전업주부로 지내다 다시 일을 시작한 게 우정에 영향을 미쳤다고 말한다. "밤에 녹초가 되어 집에 오면 전화를 걸어 수다 떨 기운도 그러고 싶은 마음도 없죠. 하지만 관계를 유지하는 데는 그런 게 필요하거든요. 게다가 일만으로도 사교생활이 충분히 가능하다보니 우정이 변하더군요."

우정이 깨지는 것을 막으려면 살아가면서 생기는 변화가 우정에 미치는 영향에 잘 대처해야 한다. 사람들은 친구에게 애정과 지지를 기대한다. 그런데 인생의 변화는 친구에게 많은 시간을 할애하지 못하게 한다. 하지만 변화는 나만 겪는 것이 아니다.

우정은 갈등이 적거나 갈등을 효과적으로 다룰 줄 아는 사람들 사이에서 지속된다. 잘만 다루면 갈등은 긍정적인 결과를 낳기도 한다. 사회학자 루이스 코저는 《사회갈등의 기능(The Functions of Social Conflict)》이라는 책에서 갈등은 두 사람이 차분히 이야기하여 문제를 해결할 수 있는 기회를 주고 "자유로운 행동표현을 허락함으로써 막히고 억눌렸던 나쁜 감정을 털어버리게 한다"고 했다.

갈등은 짧게 보면 스트레스를 일으키지만 길게 보면 스트레스를 줄여준다. 그러나 어떤 일이 있어도 갈등만은 피하려는 사람들이 많다. 그 결과 우정을 잃을 수 있는데도 말이다. 친구와 문제가 있을 때 해결하는 방법의 하나는 정면대결이다. 친구의 눈을 똑바로 보고 이렇게 말하는 것이다. "우린 지금 문제가 있어. 같이 해결해보자. 이유가 무엇이든 우정을 잃고 싶지 않아. 너도 우리 우정도 내게는 매우 중요해." 의사소통 전문가가 추천하는 방법을 쓰라. 이는 내가 집단상담 리더를 할 때 쓰는 방법이기도 하고 부모들이 자녀들을 다룰 때 쓰는 방법이기도 하다. 즉 상대방의 관점이나 처지를 인정하는 것이다. 말하자면 '서로 의견이 다를 수도 있음에 동의' 하는 것이다. 친구에게 당신이 두 사람의 우정을 소중하게 생각하고 있음을 알려라. 문제를 해결하는 데 도움이 될 것이다.

터놓고 얘기하라. 문제를 터놓고 얘기하지 않으면 우정이 끝날 수도 있다. 19살 남자 대학생의 얘기를 들어보자. "제 생각을 솔직하게 말하지 않아서 친구들과 멀어진 적이 많아요. 못마땅한 일이 있어도 말을 안 했거든요. 하지만 이제는 알아요. 그런 일이 있으면 상대방이 기분 상하지 않도록 조심해야겠지만 어쨌든 말해야 한다는 것을요."

갈등을 다루는 또 한 가지 방법은 냉각기를 가지는 것이다.

때로는 심각한 상황에서 한 걸음 물러나는 것이 필요하다. 홧김에 돌이킬 수 없는 말이나 행동을 할 수 있기 때문이다. 이것만으로도 우정이 깨지는 것을 막을 수 있다. 냉각기는 아이들을 규제할 때 쓰는 '일시격리' 기법을 어른에게 적용한 것이다. 냉각기는 한 발 물러서서 차분히 생각하며 마음을 가라앉히는 시간으로 필요에 따라 몇 분이 될 수도, 몇 시간, 며칠, 몇 주가 될 수도 있다. 갈등의 발단은 시각을 달리해서 보면 아주 사소한 경우가 대부분이다. 그런데 이 시각이라는 게 때로 시간이 흘러야만 생긴다. 그리고 이 시간은 한 시간이 될 수도 일주일, 한 달이 될 수도 있다.

물론 그런 뒤에는 친구와 다시 접촉해야 한다. 그리고 당신을 화나게 했던 일을 다시 거론할 필요가 있는지 결정해야 한다. 예를 들어 당신의 친구가 당신이 기대하는 만큼 빨리 응답전화를 주지 않는다고 하자. 그럴 때는 당장 응답이 필요한 전화와 좀더 여유롭게 응답해도 되는 안부전화를 구분하기로 친구와 정할 수 있다. 처음의 갈등을 잘 해결하지 못하면 그것이 또 다른 문제로 번져 영영 관계를 돌이킬 수 없게 만들기도 한다. 두 사람의 차이를 해결하는 것이 우정을 위해 꼭 필요하다면 문제를 조용히 함께 해결한다. 그래야 친구가 심판이나 비난을 받고 있다는 생각이 안 들 것이다. 그러나 그간의 문제가 어리석고 중요하지 않게 생각된다면 그대로 잊혀지게 두라. 모든 문제를 계속 논의해야 하는 것은 아니니까. 다만 애초의 갈등으로 말미암아 두 사람의 가치관 차이가 드러났다면 이런 차이를 분명히 하고 해명하거나 해결해야 한다.

"우리는 불만이 있으면 터놓고 얘기해요. 우정을 지키기 어려운 지경이 될 때까지 끌지 않지요." 뉴저지에 있는 어느 권원조사(title search, 어떤 부동산의 현 소유권과 소유권의 조건을 판단하기 위해 공공기록과 문서들을 점검하는 일 — 옮긴이)회사 부사장의 말이다.

이미 사그라진 혹은 사그라져가는 우정은 이렇게 되살리자

아주 친한 친구 또는 꽤 친한 친구라도 일단 사이가 벌어지면 몇십 년째 피상적인 관계에 머물고 있는 웬만큼 친한 친구보다 우정을 유지하기가 어렵다. 그것은 우정이 깊어질수록 사랑과 비슷해져 더 강렬하고 감정적이 되기 때문이다. 우리는 아주 친한 친구나 꽤 친한 친구에게 의지하는 경향이 있다. 그래서 이들이 일, 인간관계, 기타 여러 이유로 관심과 애정을 거두면 큰 상처를 입는다. 그러나 우정은 경쟁관계를 용납하지 않는 사랑과 달리 친밀도가 다양한 여러 관계를 동시에 맺는 것이 가능하다.

사그라지고 있거나 사그라져버린, 아주 또는 꽤 친한 우정을 되살리기 위해 맨 먼저 할 일은 지금 이 우정이 당신의 관심을 원하고 있다는 점을 깨닫는 것이다. 그런데 오랜 우정일수록 그 존재를 당연하게 여기다 뒤늦게 후회하는 경우가 많다. 당신은 우정에 문제가 없는 줄로만 안다. 그래서 친구와 전화하고 만나는 데 시간과 노력을 투자하지 않는다. 바쁘기도 하고 두 사람의 우정을 철석같이 믿기 때문이다. 그러다가 마침내 전화를 걸었는데 친구의 태도가 예전 같지 않다. 당신의 자리는 좀더 적극적이고 연락이 쉬운 다른 친구 차지가 되어 있다. 문제는 당신에게 무슨 감정이 있어서가 아니다.

두 번째로 할 일은 문제가 있음을 알았으니 친구와 툭 터놓고 얘기할 것인지 잠시 사태를 지켜볼 것인지 결정하는 것이다. 길게 보라. 어느 소프트웨어 회사의 인력개발팀장은 이렇게 말했다. "친구가 마음을 아프게 할 때 똑같이 되돌려주고픈 마음이 들더라도 참으세요. 그런 마음을 이겨내세요. 시야를 넓게 가지세요. 우정을 정말 소중하게 여기면 언젠가는 친구가 돌아옵니다. 하지만 강요해서는 안 돼요. 강요하려 들면 효과가 없어요. 누군가에게 '객관적으로 생각해봐.' 이렇게 말할 수는 없는 거거든요. 사람들은 저마다 감정이 있고 우리는 그 감정을 인정해야 해요. 비록 그 감정이 내게 부정적이라 하더라도 말예요. 그냥 믿고 기다려야 해요."

그러나 개입이 필요할 때도 있다. 일이 되어가는 대로 두었다가 사태가 더 나빠질 수 있기 때문이다. 어떤 문제건 간에 친구와 얼굴을 맞대고 함께 풀면 우정을 되살릴 수 있다. 문제를 잘 해결하지 못하면 두 사람 사이가 더 멀어질 수 있다. 다음은 33살의 심리치료사 레이철의 말이다. "아주 멀어지거나 예전만큼 친하지 않게 된 친구들이 있어요. 때로는 상황이 변해서 때로는 상대가 나를 잘 이해하지 못하는 것 같아서 다른 친구를 사귀었지요. 두 사람이 서로 차이를 느끼면서도 말을 안 하면 그 차이가 점점 커져 나중에는 극복할 수 없게 돼요. 두 사람을 가로막는 장애물이 되어버리는 거죠."

10. 끝이 보이는 우정을 다루는 법

앞서 이야기한 것처럼 웬만큼 친한 관계가 끝나는 주된 원인은 불편함이다. 두 사람을 이어주던 공통의 상황이 끝나면 관계도 끝난다. 그러나 관계를 시험하는 상황이 닥치기 전에는 어떤 우정이 단지 편리함을 바탕으로 한 것이었는지 알기가 어렵다.

데일은 웬만큼 친하다고 생각했던 샐리와 브렌다가 실은 친구가 아니었음을 깨달았다. 상황이 바뀌자 비로소 그 사실이 명확해졌다. "샐리와 브렌다는 내 남자친구의 친구들의 여자친구들이었어요. 대충 어떤 상황인지 짐작하시겠죠? 나는 다른 사람들하고는 아무 문제없었는데 샐리와 브렌다하고는 유독 맞지 않았어요. 하지만 상황이 그러니 그 사람들하고 친해지려 노력했죠. 원래 내 취향대로 하면 친할 사람들이 아니지만 말예요. 하지만 남자친구의 친한 친구의 여자친구라 해서 싫은 사람이 좋아지지는 않더군요. 이번 일이 그런 경우죠. 우리는 겉으로만 친한 척하며 지냈던 거예요."

왜 우정이 끝나는가

거짓된 우정은 그렇다 쳐도 진실한 우정이 끝나는 까닭은 무엇일까? 앞서 얘기한 것처럼 웬만큼 친한 관계에서는 주변상황이 변하면 우정을 유지하기가 어렵다. 웬만큼 친했던 두 남자가 있다. 두 사람은 같은 직장에서 일하지 않게 된 뒤로 사이가 시들해졌다. 그러다 우연히 길에서 만났는데 그 중 한 사람이 무심결에 내뱉은 말에 두 사람이 지금 어떤 사이인지가 잘 나타나 있다. 그가 직장동료들을 돌아보며 상대방을 무심코 이렇게 소개한 것이다. "인사들 해, 여기는 내 예전 친구야." 모두들 그런 말이 어디 있냐며 웃었다. 그러나 이 말은 두 사람이 더 이상 같이 일하지 않기 때문에 관계가 변했음을 부각시켰고 이제 두 사람은 그 사실을 확인하게 됐다.

우리는 바로 앞 장에서 선을 넘거나 방아쇠를 당기는 행동을 하면 절친한 사이라도 등을 돌릴 수 있음을 보았다. 또한 가치 갈등이나 기대에 어긋난 행동 때문에 친한 사이가 끝나는 경우도 보았다. 절친한 친구 리사와 린다가 서로 등을 돌리게 된 것도 이런 모든 요소가 작용했기 때문이다. 리사는 다른 친구에게 전해주라고 린다에게 돈을 주었다. 그런데 린다가 중간에서 그 돈을 가로챘다. 하지만 리사가 그 사실을 알아버렸고 그것이 방아쇠를 당기고 말았다. 가치 갈등은 린다가 믿을 수 없는 친구라는 것이었다. 그리고 기대에 어긋난 것은 함께 캘리포니아로 온 뒤로 두 사람 사이가 보스톤에서 함께 자라던 때와 같지 않다는 것이었다. 리사는 두 사람이 첫 경험도 동시에 했을 만큼 친한 사이였다고 한다. 그러나 두 사람 다 대학을 중퇴하고 캘리포니아로 간 뒤 린다가 변했다. 리사는 마침내 일자리를 구하게 되어 린다에게 기쁜 소식을 전했지만 린다의 반응은 실망스럽기 그지없었다고 한다.

린다가 돌아서서 나를 보더니 이러더군요. "나는 네 일에 대해서 별로 알고 싶지 않아. 따분해." 나는 멍청히 서서 울고 말았죠. 제가 원래 그런 사람이거든요. 이틀 뒤 마음이 진정되고 나니 그제야 화가 나데요. 그런데 린다가 나한테만 그런 건 아니었어요. 그나마 위안이 되었던 게 그 애가 나 말고 다른 사람에게도 그런 적이 있었다는 거죠.

오랫동안 친하게 지냈던 친구들이 가치갈등 때문에 멀어진 예가 또 있다. 사라의 친구 레슬리는 부모가 화재로 사망한 뒤 많은 재산을 물려받았다. 사라의 말에 따르면 레슬리는 그때부터 '인종차별주의자' 가 됐다고 한다.

가까운 사이가 멀어진 예가 또 있다. 수는 갑자기 남자친구와 헤어지게 되어 그동안 잠시 친구에게 빌려주었던 집으로 다시 옮겨야 했다. 일이 그렇게 된 뒤에야 수는 전에 자신의 고용주이기도 했던 친구가 얼마나 기회주의자인지 깨달았다. 친구가 수의 아파트를 못 비워주겠다고 버텼던 것이다.

"서둘러 사귄 친구는 시나브로 멀어진다." 이는 실패한 우정

대부분에 적용되는 격언이다. 서둘러 사귄 친구가 멀어지는 까닭은 단순히 알고 지내던 사이가 진짜 친구가 되려면 시험을 거쳐야 하는데 그 시험을 거치지 않았기 때문이다. 너무 급하게 친구를 사귀면 상대방을 충분히 알 수 없다. 그 결과 나중에 가치가 충돌하거나 어긋난 기대에 실망할 수 있다. 나는 학위논문을 위한 조사를 하면서 우정이 시작된 동기가 우정의 끝과 밀접한 관계가 있음을 발견했다. 조사대상자 중 아주 친하거나 꽤 친한 친구와 헤어진 사람들이 헤어진 친구와 애초 친구가 되었던 까닭은 가까이 살거나 자주 보기 때문이었다(48퍼센트). 반대로 친구와 순탄하게 사귀고 있는 사람들이 처음 친구를 사귄 까닭은 우정에 어떤 기대가 있었기 때문이었다(85퍼센트). 그것은 곁에 있어줄 사람, 함께 어떤 일을 할 사람, 이야기 상대, 공통의 관심사 또는 정서적 지지에 대한 기대들이었다. 서로 접근하기가 쉬워서라고 응답한 사람은 7퍼센트에 지나지 않았다.

재미있는 사실이 있다. 내가 인터뷰한 사람들 대부분은 단순히 알고 지내던 사람과 정확히 언제부터 친구가 되었는지를 기억하지 못했다. 그러나 친한 친구와 멀어진 경험이 있는 사람들 대부분은 정확히 어떤 사건이나 이유 때문에 우정이 끝났는지 말할 수 있었다. 이들은 맨 처음 왜 상대방과 친구가 되고 싶어 했는지는 기억을 못했다. 나는 이를 보고 실패한 결혼에 곧잘 따라다니는 말을 떠올렸다. 즉 "나는 이혼한 걸 후회하지 않아. 결혼한 것을 후회할 뿐이지"라는 말이다. 친구들에게 만족하는 사람은 상대방과 어떻게 해서 친구가 되었냐고 물으면 "서로 좋아서"라는 두루뭉술한 대답을 한다. 한편 친한 친구와 틀어진 사람들은 아주 구체적인 불만을 가지고 있으며 왜 그 친구가 싫어졌는지 조목조목 이유를 댄다. 이 장의 맨 처음에 등장했던 이브의 이야기를 계속해보겠다. 이브는 인터뷰가 있던 때로부터 4년 전에 한 친구와 헤어졌다. 두 사람이 처음 만난 건 열아홉 살 때 여름캠프에서였고 우정은 9년간 지속됐다.

막 남자친구와 헤어지고 난 뒤라 기분이 정말 아니었죠. 나는 그 애에게 전화했어요. 왜냐면 남자친구와 헤어지기 전날 그 친구와 함께 있었거든요. 그런데 그 애는 내 남자친구를 탓하기는커녕 30분 가까이 나에게 심한 말을 퍼부었어요. 나는 너무 충격이 커서 화를 낼 수도 없었어요. 가뜩이나 상처받은 내게 그런 행동을 하다니 믿을 수가 없었죠. 그런데 문득 깨달았어요. 그 애가 내게 상처주려 벼르고 있었다는 걸요. 다만 내 상황이 안 좋아질 때까지 기다렸던 거예요. 나는 그 애를 지금도 용서하지 않아요.

실패로 끝난 우정은 감정적이고 극단적으로 묘사되는 경우가 많다.

"우리는 함께 못된 짓도 많이 했어요."
"우린 정말 죽고 못 사는 사이였어요."
"우리는 친자매나 다름없었어요."
"그 친구한테는 못 하는 얘기가 없었어요."
"나는 에밀리가 필요했고 에밀리도 나를 필요로 했어요."

중요한 관계가 끝나면 한동안 우울하다. 우정이 끝나도 그렇다. 그러므로 우정이 끝났다면 당신이 끝냈든, 당신의 친구가 끝냈든, 서로 동의하여 끝냈든 스스로를 잘 다독여라. 사랑하는 사람이 죽었을 때와 마찬가지로 우정이 끝났을 때도 현실을 인정하는 것이 필요하다. 기대했던 것과 달리 관계가 오래가지 못했음을 슬퍼하라. 그런 뒤에는 함께했던 즐거운 시간과 친구의 장점은 기억 속에 간직하고, 새 친구를 사귀거나 다른 오랜 친구나 가족에게 더 충실하거나 애완동물, 취미, 여행, 봉사활동, 레저, 직업인모임 같은 데 마음을 붙임으로써 상실감을 달래야 한다.

버려야 할 해로운 우정

그러나 해로운 우정이라면 내가 먼저 끝내야 한다. 파괴적이고 해로운 우정은 나와 가족의 행복을 위협하는 부정적인 우정이기 때문이다. 해로운 친구는 심리적으로 심각한 문제가 있어 진실성이 의심스러운 친구일 수도 당신의 자녀가 사귀는 비행 청소년일 수도 있다. 병적으로 거짓말을 일삼는 친구, 모임이 끝난 뒤 술에 취했으면서도 당신을 집까지 태워다주겠다는 친구, 당신이 일하는 곳에 찾아와 거칠고 험악한 말을 해서 일을 그르치게 만드는 친구가 모두 여기에 해당한다.

물론 해로운 우정도 처음에는 긍정적인 관계였을 수 있다. 그러나 친구는 변하기도 한다. 그것도 나쁜 쪽으로.

해로운 우정이 당황스러운 점은 해로운 친구가 우리 삶에 부정적인 영향을 미치지만 다른 사람에게는 완벽한 신사나 숙녀라는 것이다. 이 때문에 우리는 필요 이상으로 이런 우정을 오래 지속한다. 당신은 당신에게는 비난과 질투를 일삼는 친구가 다른 사람에게는 도움과 격려를 아끼지 않는 것을 보고 고개를 갸웃하며 이렇게 말할 것이다. "아무래도 내가 문제인가 봐."

웨인은 어느 컨설팅 회사에서 연봉 7만 5000달러를 받고 일하게 됐다. 이 직장은 그가 이제껏 얻은 가장 좋은 일자리였다. 그는 전에 다니던 회사에서 해고됐다. 그 회사는 상당히 보수적인 곳이었는데 사장에게 밉보였다는 이유만으로 웨인은 일자리를 잃었다. 웨인은 이번에야말로 잘해보고 싶었다. 그에게는 학교에 다니는 두 아이가 있었고 아내는 최근 대학원에 들어간 터였다.

웨인은 회사에 들어간 지 얼마 되지 않아 프리랜서 아티스트를 한 사람 고용했다. 아티스트는 독신 여성이었고 두 사람은 금세 친해졌다. 둘은 일주일에 한 번은 같이 점심을 먹었고 일 이야기뿐만 아니라 개인적인 고민도 나누는 사이가 됐다. 친구가 된 것이다.

6개월 뒤 이 친구가 웨인이 다니는 회사의 정식직원이 됐다고 알려왔다. 이제 두 사람은 점심뿐만 아니라 저녁도 같이 먹었고 회사 일이 끝난 뒤 서로 집에 데려다 주기도 했다. 웨인으로서는 모두 떳떳한 행동이었다.

그런데 웨인이 미처 깨닫지 못한 게 있었다. 그 친구는 정서적으로 심각한 문제가 있었고 급기야는 일을 잘 처리하지 못하는 지경에 이르렀다. 술을 너무 많이 마셨고 공식적인 자리에서조차 욕설을 입에 올렸다. 또 툭하면 아프다고 결근했고 괜히 침울해 있거나 폭발하기 일쑤였지만 웨인은 그런 행동들을 무심코 봐 넘겼다. 그러나 다른 사람들은 그렇지 않았다. 부장이 웨인의 친구에게 그런 식으로 하다가는 일자리를 잃게 될 거라고 경고했다. 그러자 웨인의 친구는 눈도 하나 깜빡하지 않고 여기 취직하기 전부터 웨인과 애인 사이였다고 말했다. 그리고 자기가 일을 잘 못한 이유는 두 사람의 관계 때문이었다고 둘러댔다.

웨인은 두 사람의 관계를 부인했지만 해고되고 말았다. 그동안 웨인이 보인 행동이 판단력이 부족하다는 증거가 됐다. 그는 자기가 고용한 사람이자 친구가 문제가 있다는 걸 눈치 채고 필요한 조치를 취한 뒤 인사부서에 상황을 보고해야 했던 것이다. 그러나 웨인은 친구가 단순히 특이한 정도가 아니라 심각한 문제를 가지고 있음을 알아채지 못했다. 해고를 둘러싼 뒷말이 무성한 가운데 새 직장을 구하기란 쉽지 않았다. 몇 달간 스트레스에 시달리고 자존심에 상처를 입으며 고생한 끝에 마침내 웨인은 새 직장을 구했다. 웨인은 그 즉시 단호하게 선언했다. "이 회사에서는 절대로 친구를 사귀지 않을 거야"라고.

그렇다면 상대가 파괴적이고 해로운 친구인지 아닌지 어떻게 알 수 있을까? 해로운 친구와는 전화통화를 하거나 만나고 난 뒤 진이 빠진 느낌이 드는 특징이 있다. 두 사람이 건강한 우정을 나누고 있다면 긍정적이고 밝은 기분이 들어야 하는데 말이다. 그리고 이런 생각이 뒤따라온다. '그 친구와는 얘기를 않는 게 마음이 편해.'

해로운 친구는 당신의 지난 실수를 좀처럼 잊지 않는다. 모든 일에 부정적이고 당신이 믿고 얘기한 정보를 교묘하게 이용한다. 이해심도 별로 없다. 당신의 약점을 알고 있으므로 전화 한 통화로도 당신을 더할 수 없이 비참하게 만들 수 있다. 건강한 우정이라면 관계가 끝났을 때 되살리고 싶다는 생각이 들지만 파괴적인 친구는 연락이 끊기면 안도감마저 든다. 텍사스 출신의 26살 여성은 다음과 같은 이유로 대학시절부터 계속된 우정을 끝냈다.

그 애가 나하고 친하게 지낸 건 나한테서 얻어낼 게 있었기 때문이에요. 우리 사이는 공평하게 주고받는 관계가 아니었어요. 하지만 그 애는 그런 태도를 도무지 바꾸려 하지 않았어요. 나는 그 애와 말을 않기로 했죠. 그리고 더 이상 친구로 지내고 싶지 않다고 분명히 밝혔어요. 나중에는 편지에 답장을 하지 않고 수첩에서 그 애 주소도 찢어버렸어요. 완전히 연락을 끊은 지 4년 됐어요.

해로운 친구는 처음 친해지는 과정에서는 지나칠 정도로 사근사근하다. 그러나 일단 친구가 되고나면 가면을 벗어 던지고 파괴적이고 해로운 본색을 드러낸다. 해로운 친구를 사귀고 있는지 판단할 수 있는 증거로 또 어떤 것이 있을까? 웨인이 속았다면 당신이라고 속지 말라는 법은 없지 않은가?

:: 이는 친구가 이성친구일 때 해당하는 사항인데, 친구와 만난 얘기를 배우자에게 자꾸 말 안하게 된다.

:: 친구가 당신의 삶을 파먹고 있다. 그것도 너무 빨리 그리고 철저하게.

예컨대 당신이 파티를 열어 친구들을 모두 초대했다고 하자. 해로운 친구는 참석한 사람 전부의 전화번호를 알아내고 파티가 끝날 때쯤에는 당신을 뺀 만남을 당신 친구들과 계획하고 있다.

:: 당신의 사생활을 침해하고 지나친 간섭을 한다. 예를 들면 당신의 헤어진 남자친구에게 전화해서 당신이 무척 힘들어하니 다시 만나라고 부탁한다.

:: 진실성이 없고 믿음이 안 간다.

:: 전화를 못 받았을 경우 응답전화를 제때 하는 법이 없다. 그럴싸한 이유를 대는 법도 없다.

:: 약속을 급작스럽게 취소하는 일이 잦다. 정당한 이유 없이 바람을 맞히는 게 버릇이 됐다.

:: 누군가 당신에게 당신 친구 아무개에 대해 할 말이 있다고 말한 적이 한 번 이상 있다.

:: 당신 스스로도 이해하기 힘든 친구의 행동을 설명하고 정당화하려 애쓰는 일이 많다. 친구의 행동이 잔인하거나, 법에 위배되거나, 이상하고 불쾌하기 때문이다. 예를 들어 당신의 친구가 남을 헐뜯거나 물건을 훔치고, 약물을 하는 따위 사회에서 받아들여지기 힘든 행동을 한다.

:: 저녁식사 모임에 초대받으며 "당신 친구 아무개는 제발 데려오지 마시오"와 같은 부탁을 한 번 이상 받은 적이 있다.

왜 어떤 사람은 파괴적인 우정에 끌리는가?

왜 어떤 사람들은 해롭거나 부정적인 친구를 찾거나 이런 친구와 친해질까? 한 가지 가능한 설명은 이런 사람들은 어린 시절 부모나 형제에게 학대를 받는 따위 부정적인 경험을 했다는 것이다. 부정적인 우정은 성격형성기에 가정에서 겪은 일을 되풀이한 결과이다.

친구는 어린 시절 부모형제에게 사랑과 인정을 받지 못한 사람을 사랑하고 인정함으로써 마음의 상처를 아물게 한다. 그러나 자기성찰 또는 심리치료사나 지원모임 같은 외부의 도움이 없으면 어린 시절에 겪은 아픔이 파괴적인 우정을 통해 되풀이될 수 있다. 어렸을 때 학대받은 사람이 치료를 적절히 받지 못하면 커서 아이들을 학대하는 것과 같은 경우이다. 따라서 건강하지 못한 가족관계의 악순환을 깨뜨리는 것이 필요하다. 그래야 해로운 친구를 만나 파괴적인 우정에 고통 받지 않을 수 있다.

자아상이 부정적이고 자기존중감이 낮은 사람도 자기도 모르게 부정적인 친구들을 사귀어 자기의 그런 생각을 확인한다. 또는 달리 친구가 없어서 파괴적인 친구를 쉽게 버리지 못하는 사람도 있다. 이런 사람들은 아예 친구가 없는 것보다는 해로운 친구라도 있는 게 낫다고 생각한다.

우리는 우리에게 해를 끼치는 파괴적인 우정을 똑바로 보아야 한다. 그리고 이런 관계에서 빠져나오는 것이 가장 좋은 해결책임을 깨달아야 한다. 친구들은 보통 네트워크를 이루고 있으므로 미덥지 못한 친구 앞에서는 말을 조심하도록 한다.

여기 친구에게 낭패를 보거나 배신당하지 않기 위한 몇 가지 방법이 있다.

:: 친구에 대한 최신 정보를 얻는 데 시간을 투자한다. 20년 전 처음 사귄

친구는 지금은 전혀 다른 사람이 되어 있을 수 있다.

:: 상대방의 행동이 조금이라도 이상하거나, 정직하지 못하거나, 믿을 수 없거나 변덕스럽다면 당신의 직관을 믿어라.

:: 주의 깊게 관찰하라. 당신을 집까지 태워다주기로 한 사람이 저녁을 들면서 술을 다섯 잔째 비우지 않았는가? 친구에게 혹시 음주문제가 있지는 않은지 살피라. 이런 사실을 알면 혹시 있을지 모르는 위험한 상황에서 스스로를 보호할 수 있다. 따라서 위험한 처지에 놓이지 않고도 우정을 지속할 수 있다.

해로운 우정을 끝내는 방법

파괴적인 우정을 끝낼 때는 방법이 매우 중요하다. 상대방이 이미 정이 많이 들었고 서로 개인적인 정보도 알고 있는 꽤 또는 아주 친한 친구라면 더욱 그렇다. 당신도 한때 친구였던 사람을 화나게 하고 싶지는 않을 것이다. 대개의 경우 사람들은 이런 관계가 극적으로 끝나기보다 서서히 사그라지기를 바란다. 직접 맞부딪치기보다는 저절로 멀어지게 해야 상대방이 복수심을 품을 가능성이 줄기 때문이다. 극적으로 관계를 끝내면 이미 끝나버린 관계에 너무 많은 감정과 에너지를 쏟게 되므로 이런 식의 결말은 모두 피하고 싶어한다. 끝나버린 우정에 연연하는 것은 그렇잖아도 이미 많은 것을 앗아간 관계에 또다시 시간과 정력을 쏟아 붓는 것과 다름없다. 이럴 때는 "잘 사는 것이 가장 좋은 복수"라는 격언 대신 "좋은 친구를 사귀는 것이 가장 좋은 복수"라는 격언을 되뇌며 어서 다른 친구를 사귀는 것이 좋다.

해로운 친구가 만나자고 하면 단순히 '바쁜 척하기'도 한 방법
이다. 어느 정도 시간이 흐르면 상대방도 눈치 챌 것이다. 단, 바쁜
척하기 수법을 계속 유지하고 싶은 긍정적인 우정에 무심결에 쓰지
않도록 조심한다. 뉴욕에서 일하는 변호사 니키는 고향인 필라델피
아에서 사귄 오랜, 그러나 해로운 친구와 일부러 서서히 멀어지는
중이라고 한다.

우리 사이가 아주 끝난 건 아니에요. 하지만 앞으로 어떻게 될지 모르겠
어요. 우리는 크게 다툰 적도 없어요. 다만 저는 그 친구의 믿을 수 없는
성격에 지쳤어요. 그 친구는 약속을 해놓고 툭하면 어기는데, 정말이지
화가 나요. 나는 그게 정말 마음에 안 드는데 그 친구는 너무 자주 그래
요. 딱 당해서 약속을 잡는 바람에 못 만난 적도 있지요. 그래서 나는 그
친구에게 전화를 않기로 했어요. 전에는 부모님을 뵈러 갈 때마다 그 친
구에게 전화했는데 이번 여름에는 한 번도 전화하지 않았어요. 지금도
전화하고 싶은 생각은 없어요.

중서부지방에서 나고 자라 캘리포니아로 이사했다가 지금은
뉴욕에 살고 있는 데비는 7년 전에 친구 트루드와 절교했다. 두 사
람은 졸업 후에도 날마다 만나고 같이 여행도 할 정도로 친한 사이
였다. 데비의 이야기는 극적인 대립 없이 우정을 끝냈다 하더라도
그 우정이 상당히 중요한 우정이었다면 그 여파가 오래간다는 것을
보여준다.

우리는 이 다음에 결혼하면 어떻게 하자는 류의 얘기를 많이 했어요. 그 애는 숫처녀로 결혼했어요. 우리가 처음 만났을 때 트루드는 키스를 어떻게 하는 건지도 몰랐어요. 그 정도로 남들보다 늦었죠.

트루드는 친한 친구가 딱 둘뿐이었어요. 한 사람은 어렸을 때부터 친하게 지낸 메리 앤이라는 돈이 엄청 많은 친구였고 다른 한 사람은 저였어요. 마침내 트루드가 결혼하게 되었는데 트루드는 나 말고 메리 앤에게 들러리를 맡겼다는 걸 차마 말할 용기가 없었나 봐요. 그래서 이런 식으로 돌려 말했죠. "부탁이 있는데 네가 메리 앤이 입을 들러리 드레스를 골라줬으면 좋겠어." 차라리 트루드가 솔직히 얘기해줬더라면 이해했을 거예요. 비록 조금 울기는 했겠지만. 하지만 트루드는 아무 말도 하지 않았죠.

결혼식 날 나는 식장에 몇 분 늦게 도착했어요. 그때가 7년 전이었는데 그 뒤로 트루드와 연락하지 않았어요. 그런데 그 일이 자꾸 꿈에 나타나요. 찜찜해요. 제 양심의 목소리가 자꾸 이렇게 얘기해요. 전화해서 풀라고. 그렇게 많은 정성을 들이고도 우정이 끝난다는 건 안타까운 일이에요.

파괴적인 우정을 끝내는 방법으로 다음 세 단계를 추천한다.

접촉을 줄이거나 끊는다 → 파괴적인 우정을 긍정적인 우정으로 대체한다 → 친구가 다시 접촉하려하면 바쁜 척한다.

죽음이 우정을 갈라놓을 때

우리 앞 세대들이 친구의 이른 죽음을 겪은 이유는 전쟁과 짧은 수명이었다. 그러나 오늘날에는 에이즈, 교통사고, 암, 심장마비, 살인사건이 너무 이른 이별의 원인이 되고 있다. 당연한 얘기지만 나이가 들수록 친구의 죽음을 겪게 될 가능성은 커진다. 또 무엇 때문이었든 사랑하는 사람을 떠나보내고 상심하고 있는 친구에게 힘이 되어주어야 하는 일은 내 나이가 몇이든 맞이하게 되는 일이다.

친구의 죽음

친구의 죽음은 어긋난 기대나 갈등으로 비롯된 결별과는 성격이 다르다. 아이들은 곧잘 이혼한 부모가 다시 결합하지 않을까 하는 희망을 품는다. 마찬가지로 서로 등을 돌린 친구도 화해할 가능성은 있다. 아무리 두 사람 사이가 멀어져버렸다 해도 말이다. 그러나 죽음 때문에 우정이 끝났다면 그럴 가능성은 없다.

친구의 죽음이 병 때문인 경우가 있다. 그런데 아프거나 죽어가는 친구를 어떻게 대해야 하는지 아는 사람이 많지 않다. 그러나 아픈 친구에게 힘이 되어주는 방법을 아는 사람을 옆에서 지켜볼 수 있다면 측은지심이란 게 뭔지에 대해 평생 잊지 못할 교훈을 얻을 수 있다. 애틀랜타에서 활동하는 작가 린 앨펀이 그런 경우이다. 앨펀은 20년 전 친구 다이언이 병으로 죽어가는 친구 옆에서 힘이 되어주는 모습을 보고 큰 감명을 받았다.

우리도 여느 친구들처럼 어렵고 힘든 시절을 함께 이겨냈고 기쁨과 웃음을 함께 했죠. 하지만 내가 일찍이 다이언을 지켜보면서 크게 깨달은 것은 죽음을 대하는 다이언의 자세였어요. 다른 사람의 감정에 쉽게 동화하는 사람일수록 슬픔을 견디는 능력이 낮죠. 이십대의 제가 그랬어요. 그때의 나는 문병을 간다거나 장례식에 참석하는 일들이 무척 힘들었어요. 그러나 다이언을 보면서 맞서고 싶지 않은 일에 맞서고 하기 힘든 일을 하는 것이 어떤 것인지 많이 배웠죠. 다이언에게는 랍비 남편을 둔 글로리아라는 친구가 있었는데 그 친구가 뇌종양으로 죽게 됐어요. 다른 사람들은 너무 당황해서 어쩔 줄 모르는데 다이언만은 자상하고 세심하게 친구를 보살피고 자주 찾아보았어요.

불치병을 앓는 친구를 몇 주, 몇 달 혹은 몇 년을 지켜봐야 한다는 것은 분명 힘든 일이다. 그러나 그 시간을 빌어 친구에게 마음을 전하고 지난 일을 추억하고 친구와 작별할 수 있다. 사라 넬슨은 〈셀프〉에 '에이즈가 우리를 덮친 날(The Day AIDS Hit Home)'이라는 제목으로 친구 아티의 마지막 여섯 달을 기록했다. 아티는 게이로 영화제작자이며 넬슨보다 열네 살이 많다. 아티는 12년 전 샌프란시스코에서 열여덟 살의 넬슨을 처음 만나 넬슨의 후견인이 됐다. 넬슨은 후에 동부로 이사했지만 두세 달에 한 번은 아티와 꼭 통화를 하며 10년 넘게 우정을 유지했다. 그런데 어느 날 아티가 전화를 걸어 이런 소식을 전했다. "방금 병원에 다녀왔는데 내가 에이즈에 걸렸대." 넬슨은 자신이 친구의 마지막 몇 달을 지켜보았던 개인적 경험과 에이즈로 죽어가는 친구를 대하는 문제에 관해 여러 전문가를 인터뷰한 내용을 종합했다. 넬슨은 이렇게 글을 맺었다.

아티는 한 달 전에 죽었다. 내가 걷잡을 수 없는 충격에서 벗어나 전화를 한 뒤 얼마 안 있어서였다. 나는 "좀 어때요?" 하고 물었다. "죽겠어. 지금은 얘기할 기분이 아니야." "좋아요. 다음 주에 다시 전화할게요. 사랑해요." 내가 이렇게 말하자 아티가 대답했다. "나도 사랑해."

호스피스 간호사 매기 칼라난과 페트리샤 켈리는 《마지막 선물(Final Gifts)》이라는 책에서 의사 엘리자베스 큐블러로스가 묘사한 사랑하는 사람의 죽음 뒤에 겪는 단계(충격, 부정, 불신, 무덤덤함과 분노의 되풀이, 타협, 수용)가 죽어가는 사람과 그들의 친구(가족)가 곧 닥쳐올 죽음을 대하는 태도에도 적용된다고 썼다. 칼라난과 켈리는 죽어가는 환자와 그들의 가족, 친구를 직접 대하며 얻은 경험을 바탕으로 죽어가는 사람이 가장 원하는 것은 이야기를 들어주는 것이라고 충고한다.

흥미로운 사실은 더 좋은 친구가 되는 데 필요한 기술, 특히 이 책 8장에서 논의된 기술이 이때처럼 힘든 시기에 당신과 당신의 친구 모두에게 도움이 된다는 점이다. 안타깝게도, 칼라난과 켈리가 그들의 책에서 지적한 것처럼 친구가 불치병에 걸린 사실을 부인하며 친구를 찾지 않는 사람들이 너무 많다. 친구의 상태를 감당할 수 없거나 말실수를 할까봐 두렵기 때문이다. 친구를 찾는다 해도 '틀림없이 곧 좋아질 거야' 같이 뜻은 좋지만 공허한 말을 한다.

그러나 칼라난과 켈리와 같은 경험 많은 호스피스 간호사들은

환자가 죽음을 평화롭고 편안하게 맞이할 수 있게 하려면 친구들의
이해와 공감이 필요하다고 말한다. 두 사람이 불치병 환자를 지켜
보며 발견한 현상인 '죽음이 가까울 때 드는 맑은 정신' 을 여기에서
자세히 논하지는 않겠다. 다만 이것의 핵심을 우정에 적용시켜보면
죽어가는 친구가 하고 싶어 하는 이야기에 귀기울여주고 감정과 시
간이 허락하는 한 친구 곁에 있어주라는 것이다. 칼라난과 켈리는
같은 책의 '죽음에 대해 이야기하기' 라는 부분에서 다음과 같이 말
했다.

> 당신이 이야기하고 싶어 한다는 걸 보여줘라. 그런 뒤에 이야기를 풀어
> 나간다. 처음에는 "많이 아프다니 내 마음이 참 안 좋다"라던가 "왜 너
> 한테 이런 일이 생겼는지, 정말 마음이 아파"와 같은 말로 시작할 수 있
> 다. 친구의 대답을 기다려라. 들어라. 딱히 옳다고 정해진 말은 없다. 당
> 신의 사랑과 걱정을 전할 수 있는 말이면 된다. '적절하지 못한' 말이나
> 행동을 할까 걱정하지 말라. 죽어가는 친구나 당신 스스로에게 용서하
> 기 힘든 일은 아무런 행동이나 말도 하지 않는 것이다.

우리는 가까운 친구가 죽으면 다른 중요하고 친밀한 관계를 잃
었을 때처럼 외로움을 느끼고 정서적 지지를 찾는다. 조금 전에 이
야기한 시한부 환자에게 적용되는 큐블러로스의 단계는 이제 현실
이 된 친구의 죽음에 적용된다. 충격, 부정, 무덤덤한 기분과 분노
같은 각 단계가 얼마나 지속될 것인지, 얼마나 많은 단계를 거치게
될 것인지는 개인의 심리상태, 정서적으로 기댈 수 있는 다른 친밀

한 관계가 있는지, 죽은 친구와 얼마나 가까운 사이였는지와 관계있다.

이때 주위 사람들이 당신이 친구의 죽음에 무척 슬퍼하고 있음을, 그리고 당신에게 배우자나, 부모, 조부모, 또는 가까운 친척을 잃었을 때처럼 슬퍼할 권리가 있음을 알아주는 게 필요하다. 친구의 죽음도 가족이나 친척의 죽음만큼 슬프다. 몽테뉴는 자신의 수필에서 절친한 친구 보에티의 죽음에 대해 다음과 같이 썼다. "무슨 일을 하든 무슨 생각을 하든 그 친구가 보고 싶다. 아마 그도 나를 그리워할 것이다. 능력이나 성품 모두 나보다 훨씬 뛰어났던 그는 친구를 위하는 마음도 나보다 나았다."

친구의 뜻하지 않은 죽음은 '했더라면' 류의 뉘우침과 그 친구가 얼마나 소중한 존재인지 말하지 못했다는 자책감을 불러오기도 한다. 나는 1977년 〈뉴욕타임스〉에 실린 '가장 감당하기 힘든 일: 친구를 잃는 것' 이라는 제목의 수필을 오려서 보관하고 있다. 이 글을 쓴 존 레너드는 누군가의 죽음을 대할 때마다 자기가 얼마나 바보가 되는지로 글을 시작하고 있다. 그리고 동료작가이자 친구였던 앨 말린스에 대해 자세한 얘기를 적고 있다. 49살의 앨 말린스는 테니스를 치다 심장마비로 죽었다. 레너드의 말에 따르면 말린스는 형식을 싫어하는 사람이었다. "그이는 타이가 하나밖에 없었다. 보통은 사무실 책상 서랍에서 잠자는 그의 타이는 신문사 사장이 점심 회식을 소집할 때나 잠깐 세상 빛을 볼 뿐이었다. 말린스의 기특한 아들들은 고인을 타이를 매지 않은 차림으로 묻었다. 운명의 여신이 말도 안 되는 실수를 저지른 그 때 고인이 입고 있던 테니스 복

차림으로 말이다." 친구의 죽음과 맞닥뜨려 이처럼 감정에 북받친 수필을 쓴 레너드는 다음과 같은 말로 글을 맺고 있다. "이번에는 내가 공공연히 바보가 된 것 같다."

일전에 고등학교 3학년 여학생이 센트럴파크에서 어이없이 살해된 사건이 있었다. 범인은 여학생의 자전거를 훔친 어린 소년이었다. 당시 살해당한 여학생의 어머니는 딸 친구들과 함께 추모회를 열었다. 딸의 삶과 우정을 기리기 위해 열린 추모회에서는 음악이 연주됐고 딸이 쓴 일기가 낭송됐다. 이처럼 남은 사람들이 희생자를 추억하는 동안 희생자는 영영 잊혀지지 않을 것 같았다.

나는 이 이야기를 20년 전쯤 범죄희생자에 대한 책을 쓸 때 그 여고생의 어머니와 언니에게서 들었다. 나는 20년이 지난 지금 그 희생자의 친구 중 다만 몇이라도 희생자의 가족과 연락하고 있기를 바란다. 친구가 세상을 떠났을 때, 우리는 친구의 가족이 사랑하는 자식만 잃은 게 아니라는 점을 기억해야 한다. 그들은 죽은 자식의 살가운 친구들까지 함께 잃었다. 자식의 친구들은 이제 더 이상 적극적으로 이 가족의 일부분이 되지 않을 것이기 때문이다. 우리는 이들 가족과 접촉하려 노력해야 한다. 그래야 이들의 세계가 필요 이상으로 위축되지 않을 수 있다.

이런 접촉은 장례식 직후나 1년 안에 하는 것 보다 1, 2년 또는 10년 뒤에 하는 게 좋다. 일전에 내가 친구로 생각하던 작가 한 사람이 갑자기 세상을 떴다. 뒤늦게 소식을 들은 나는 위로를 전하려 그의 부인에게 전화를 걸었다. 나는 미망인에게 내가 잠깐 들러주길 바라는지 아니면 달리 도울 일이 있는지 물었다. 그이는 정확히 이렇게 말하지는 않았지만 대충 이런 뜻을 전했다. "1년 뒤에 전화해 줘요. 아무도 더 이상 나를 기억하지 않을 때 말예요. 지금은 찾아오는 사람도 관심을 가져주는 사람도 많네요."

로이스 와이즈도 《여자의 우정(Women Make the Best Friends)》이라는 책에서 배우자를 잃은 사람에게 친구가 어떤 식으로 위로를 주는지 묘사하며 이와 비슷한 생각을 나타냈다. "리즈는 남편이 위독해지자 친구들을 불렀다. 친구들은 리즈에게 힘이 되어주기 위해 기꺼이 달려왔다. 지금쯤 리즈의 집은 사람들로 북적북적할 것이다. 그러나 마지막 캐서롤(casserole, 조리한 채로 식탁에 내놓을 수 있는 서양식 찜 냄비 — 옮긴이)이 치워진 뒤에도 남아있는 사람이 진짜 있어주는 사람이다. 나머지는 그냥 스치는 사람들이다. 그들은 다음 일을 보러 제각기 흩어진다. 끝까지 남는다는 것이 친구와 그냥 아는 사람의 차이점이다."

친구들은 먼저 간 친구를 오래도록 기억하기 위해 죽은 친구의 이름을 따서 아이 이름을 짓거나 친구의 죽음 당시 또는 10년이나 20년이 지난 뒤 추도회를 연다. 죽은 친구에 대한 생각을 일기에 적거나, 편지에 써서 다른 친구나 죽은 친구의 가족에게 보내거나 지면에 발표하여 다른 사람들과 고인에 대한 추억을 공유하는 것도 모두 친구를 영원히 기억하고 친구의 죽음이 가져온 깊은 슬픔과 공허감을 이겨낼 수 있는 좋은 방법들이다.

당신 또는 당신 친구의 가까운 사람이 죽었을 때

죽음이 우정에 영향을 미치는 또 한 가지 경우가 당신이나 당신 친구의 가까운 누군가가 죽을 때이다. 여기에는 부모나 형제, 조부모, 자식의 죽음, 유산이 해당되며 아끼던 애완동물의 죽음도 포함된다. 이 경우 당신의 친구는 당신을 위로해주는가? 당신은 친구를 위로해주는가? 장례식에 갈 수 없을 경우 전화를 하든지 찾아가든지 해서 당신이 진심으로 마음아파하고 있음을 알리는가? 간혹 이런 상황에서 자기 마음을 표현하는 것을 힘겨워하는 사람들도 있다. 그러나 친구라면 이런 변명 뒤에 숨지 말고 힘이 되어야 한다. 그런데 이런 때 친구 곁에 있어준다는 건 얼마나 중요한 걸까? 뉴저지에 사는 33살 여성은 설문에 이렇게 썼다. "내겐 친구들이 친척들보다도 든든한 존재이다. 나는 그것을 엄마가 돌아가셨을 때 절실히 느꼈다. 그때 친구들하고 대학교 동아리 회원들한테서 정말이지 많은 위로를 받았다."

내가 생각하는 진정한 친구란 친구가 사랑하는 사람을 잃었을 때 힘이 되어주는 사람이다. 그러므로 내가 스무 살 이후에는 우리 오빠의 장례식(우리 오빠는 안타깝게도 스물셋의 나이에 죽었다)에 왔거나 오려했던 친구들하고만 가깝게 지내고 있다는 것은 우연이 아니다. 그때 내가 들은 가장 바보 같은 변명은 장례식에 오지 않은 한 친구가 한 이런 말이었다. "사실, 난 네 오빠를 잘 몰랐잖아."

나는 친구의 가까운 사람이 죽으면 장례식에 참석해 남은 가족을 위로해야 한다고 생각한다. 친구에게는 지금이 무척 힘든 시기이다. 당신이 친구를 아끼고 걱정하고 있음을 보여줘야 한다. 당신이 고인과도 잘 아는 사이였다면 물론 장례식에 참석할 것이다. 그러나 고인을 알았느냐가 장례식에 참석하는 조건이 될 필요는 없다.

내가 오빠의 장례식에서 얻은 교훈은 그 뒤로 계속해서 큰 도움이 됐다. 이런 문제에 경험이 없던 친구들은 내 충고를 좇아, 사랑하는 사람을 잃은 친구가 있으면 그 친구 곁을 지켰다. 한 예로 우리는 한 친구의 여동생 장례식에 모두 참석했다. 겨우 20대 초반이었던 친구의 여동생은 짐을 챙기러 온 전남편에게 살해됐다. 그 남자는 친구 여동생을 총으로 쏘고 자살했다. 우리들 중 친구 여동생을 알았던 사람은 아무도 없었다. 그러나 우리는 모두 장례식에 참석했다.

슬픈 일을 당한 사람이 친구에게 기대하는 일은 여러 가지가 있을 수 있다. 장례식 전 밤샘 때 있어주기를 원할 수도, 고인을 조문객에게 보이는 시간에 와주길 바랄 수도 있다. 또는 장례식에 참석하거나 장지에 같이 가주기를 원할 수도 있다. 장례식이 끝난 뒤 짧게는 3일에서 길게는 7일까지 고인의 집을 찾아가 유족을 위로하는 풍습을 따르는 유대인이라면 '시바(Shiva, 유대인이 가족이 죽었을 때 7일간 애도하는 기간 ― 옮긴이)' 방문을 원할 수도 있다. 그러나 장례식이 미리 계획되는 경우는 거의 없으므로 멀리 사는 친구나 여행 중인 친구, 병이 난 친구는 올 수 없다. 또 가족의 결혼이라든지 졸업식처럼 제쳐둘 수 없는 일이 있는 사람도 참석할 수 없다. 그리고 정서적으로 죽음이나 장례식을 감당하기 어려운 사람들도 있다.

그러나 친구가 장례절차 중 어느 시점에도 모습을 보이지 않았다고 해서 무심하고 이기적인 사람으로 단정해서는 안 된다. 그전에 친구의 해명과 사과가 진심어린 것인지 변명을 위한 변명인지 들어보라.

　요약하면 친구가 가까운 사람을 잃었을 때 당신이 그 친구와, 또는 고인과 얼마나 가까운 사이인지 따지고 있어서는 안 된다. "굳이 카드를 보낼 필요가 있을까?" "장례식에 꼭 가야 하나?" "과일이나 꽃이라도 사서 보내야 하나?" "내가 고인 이름으로 자선단체에 기부하면 과연 유족들이 고마워할까?" 이러면서 고민할 때가 아니라는 말이다. 당신은 친구에게 당신의 마음을 알리기 위해 앞서 얘기한 것 중 하나를 할 수도 전부 다 할 수도 있다. 아니면 전혀 다른 방법을 찾아볼 수도 있다.

　한편 친구 한사람 한사람을 놓고 잘 생각해보라. 어떤 친구가 당신을 위로하러 오지 않는 까닭이 혹시 그 사람의 배경이나 성격과 관계있지는 않은가? 당신이 진정 친구를 아낀다면 죽음과 관련한 문제에서만큼은 친구에게 좀더 여유를 주어라. 어떤 친구가 밤샘이나 장례식에 오지 않거나 장지에 같이 가지 않은 이유는 최근에 가족을 잃은 충격에서 아직 벗어나지 못해서일 수도 임종과 죽음을 감당할 수 없어서일 수도 있다. 이런 죽음과 관련된 의식들이 어떤 친구에게는 단지 너무 힘들다. 친구가 나타나지 않은 것은 두 사람의 우정과도 당신과도 아무 상관없다. 단지 그에게 그런 사정이 있을 뿐이다.

　우리 아버지는 여든 살에 노환으로 두 달여 고생하시다 돌아가셨다. 그런데 내 친구 중에는 양친이 비교적 젊은 나이인 50대 후반이나 60대에 돌아가셔서 부모를 여읜 지 10년 이상 된 친구들이 있었다. 이들은 아버지를 여의고 깊은 슬픔에 빠진 나를 위로하는 것

"음, 이 친구는 최고로 친한 친구는 아니거든.
그렇다고 많이 친한 친구도 아니고. 하지만 좋은 친구이기는 해."

이 힘든 듯했다. 부모를 일찍 잃은 이들이 생각할 때 우리 아버지는 장수하신 편이었기 때문이다. 40대 후반의 친구 하나는 내게 "우리 아버지는 돌아가신 지 30년이나 됐어"라고 솔직하게 말했다. 또 아버지가 2년 전에 심장마비로 급작스레 세상을 뜬 친구 하나는 내가 장례식을 알리려 전화하자 "장례식에 참석하는 게 정신적으로 힘들어. 당분간 그럴 것 같아"라고 대답했다.

이런 일이 몇 년 전에 일어났다면, 또 그 동안 내가 우정에 대해 깊이 연구하고 생각하지 않았다면 나는 우리 아버지 장례식에 오지 않은 친구를 두 번 다시 보지 않았을 것이다. 그러나 나는 친구들의 행동을 그들의 처지에서 이해하려 애썼고, 성공했다. 또 친구들이 감정적으로 감당할 수 있는 범위에서 나를 도울 수 있도록 배려했다.

사랑하는 사람을 잃은 당시 또는 나중에라도 스스로에게 이렇게 물어보라. "이 친구가 장례식에 오지 않은 게, 내가 이처럼 힘든데도 무심하게 구는 게 어떤 사정이 있거나 죽음을 대하는 게 힘들어서 나타난 일시적 현상인가, 아니면 짚고 넘어가야 할 실망스런 행동인가?" 만일 친구의 행동이 일시적이고 이기심이나 관심부족 때문이 아니라면 친구가 죽음이라는 큰 일 앞에 당황한 탓이라고 너그럽게 생각하라. 이렇게 하면 가족을 잃은 불운에 친구를 잃는 불운까지 겹치는 것을 막을 수 있다. 당신 역시 그런 일은 어떻게든 피하고 싶을 것이다. 죽음에는 이처럼 우정을 시험하는 요소가 있기 때문에 어떤 사람들은 의식적으로든 무의식적으로든 장례식을 마칠 때까지 가까운 친구에게조차 부모의 죽음을 알리지 않는다. 친구들이 장례식에 오지 않은 것은 몰랐으니 당연한 일이다. 그러므로 친구가 "저런, 알려줬으면 꼭 갔을 텐데" 하고 말할 때 그것이 진실이든 아니든 믿을 수 있는 것이다.

사랑하는 사람을 잃은 직후는 충격과 비통함이 가장 클 때이다. 그러므로 이때 누가 진실한 친구인지 아닌지 결정하는 것은 바람직하지 않다. 친구들이 어떻게 말하고 행동하는지 잘 지켜보라. 그러나 마음이 안정되어 모든 상황을 살필 수 있을 때까지는 친구에게 '선을 넘거나, 방아쇠를 당기는' 행동이나 말을 하지는 말라.

어떤 친구가 당신이 제때 알렸는데도 장례식에 오지 않았다고 해도 무작정으로 배척하지 말라. 식구를 잃은 애통한 마음에 쉽지는 않겠지만 그 친구가 어떤 사람인지 생각해보라. 그 친구가 그런 행동을 한 배경이 무엇인지 생각해보라. 친구의 행동에 민감하게 반응하지 말라. 감정적인 문제나 다른 실질적인 문제가 없었다면 그 친구가 왔으리라 생각된다면 기다려보라. 어느 정도 시간이 흐르면 두 사람의 관계가 참된 우정인지 아닌지 밝혀질 것이다. 일단은 친구를 믿어라. 그리고 친구가 다른 방법으로 성의를 보이는지 보라. 성의를 보이는 방법에는 먼 거리를 무릅쓰고 장례식에 참석하는 것처럼 상당한 노력이 필요한 방법도 있지만 카드를 보내거나 전화를 하는 것처럼 간편한 방법도 있다. 그 밖에도 애도기간에 유족들이 먹을 음식 보내기, 고인이 관심을 가졌던 자선단체에 기부하기, 고인을 기리기 위한 나무심기, 시 짓기, 장례식이 끝난 뒤 방문하기, 화초나 과일보내기, 조의에 대한 감사편지에 주소 적는 일 도와주기와 같은 여러 방법이 있다.

친구가 소중한 사람을 잃었을 때 위로가 되고, 나 역시 같은 처지에 놓였을 때 친구의 위로를 받으려면 겉으로 표현하는 것 이상으로 내가 친구를 생각하고 있음을 친구에게 알려야 한다.

어떤 친구가 당신을 실망시켰다고 해서 앙심을 품기 전에 친구가 장례식에 오지 않아 당신이 마음 상한 것보다 그 친구가 장례식에 오지 않아 놓친 것이 더 클 수도 있음을 생각하라. 더구나 장례식이 우리 아버지의 장례식처럼 참석한 사람에게 평화와 완결감을 안겨준 밝고 쾌활한 분위기의 의식이었다면 더욱 그렇다.

한 통의 전화나 전화메시지, 카드나 편지로도 당신의 마음을 얼마든지 보여줄 수 있다. 전화를 걸거나 메시지를 남길 때는 상대방이 길게 얘기하고 싶어 한다면 모를까 짧게 핵심을 말해야 한다. 상대방이 먼저 말하지 않는 이상 죽음에 대해 꼬치꼬치 묻지 않는다. 그 다음에는 친구가 하고 싶은 얘기를 다할 때까지 잘 듣는다. 필요하면 전화를 걸기 전에 할 말을 연습하라. 당신이 상대방 처지라면 어떤 말을 듣고 싶을 것인지 생각해보라. 상투적이거나 성의 없게 들리는 말, 감정을 상하게 하는 말, 부정적인 의견은 삼간다. 친구가 가장 편할 시간에 전화하라. 이른 아침이나 밤늦은 시간은 피한다. 기력이 없고 멍한 상태는 가까운 이를 잃은 사람에게 흔히 나타나는 현상이다. 그러므로 친구가 별로 말을 하지 않거나 전혀 하지 않는다거나 다른 친구나 가족이 대신 전화를 받아 전해주겠다고 해도 예민하게 받아들이지 말라.

전화통화에 덧붙여 카드나 편지를 보내건, 단지 간단히 조의만 표하건 그리 구구절절하게 쓸 필요는 없다. 그러나 궂긴 소식을 들은 뒤 될 수 있으면 빨리 보내야 한다. 조의를 받은 사람도 어느 정도 애도하는 시간을 가진 뒤에는 조의를 표시한 사람에게 고마움을 전해야 한다.

친구를 위로하고 격려하는 방법은 상황에 따라 얼마든지 달라질 수 있다. 그러나 다음 세 가지 만큼은 기억하라.

:: 친구가 당신의 마음을 느낄 수 있도록 뭐든 하라.

:: 친구가 겪고 있는 상황을 모른 체 넘어가지 말라.

:: 친구가 무엇을 원할지 생각해보라. 잘 모르겠으면 차라리 "얼마나 상심이 크니? 내가 어떻게 하면 도움이 될까?" 하고 직접 물어보라.

친구가 불치병으로 괴로워하거나 소중한 사람을 잃고 힘들어할 때 곁에 있어준다고 해서 더 좋은 친구가 되는 것은 아니다. 그러나 이럴 때 힘이 되어주지 않으면 두 사람의 관계는 진전할 수 없다.

참된 우정은 상대방에게 어떤 이득을 기대해서가 아니라 강렬한 호감이 작용하기 때문에 싹튼다. 우정의 밑바탕은 공통의 관심사와 경험, 각자의 성품이다. 그래서 일터가 친구 사귀기에 좋은 것이다. 일터야말로 공통의 경험이 많은 곳 아닌가.

– 넬라 바클리, 경력관리 컨설턴트

나와 일하는 남녀 직원 여섯 명은 모두 좋은 친구들입니다. 충성심, 헌신, 목표의식이라는 측면에서 친구는 그냥 직원과 차원이 다르지요. 우리는 처음에는 적당히 친한 사이였지만 함께한 세월이 쌓이면서 친한 친구가 됐어요. 자그마치 12년이라는 세월을 함께 했으니까요. 하지만 한 가지 말해두자면, 이런 우정이 얼마나 진실한 것인지는 더 이상 함께 일하지 않는 날이 오기 전에는 모릅니다.

– 애비 윌슨, 멀티미디어 프로듀서

PART 4

일과 우정

11. 직장에서의 성공과 우정

1994년 5월 수백만 달러에 이르는 아이비엠 광고계약을 오길비앤마더가 따냈다. 〈월스트리트저널〉의 로라 버드 기자에 따르면 계약 성사에 가장 큰 공을 세운 것은 로셀 라자루스의 20년지기 우정이었다고 한다. 버드 기자는 이렇게 기사를 썼다. "이번 일의 성사를 두고 오길비앤마더의 세계적인 네트워크와 광고제작능력을 칭찬하는 목소리가 높다. 그러나 오길비가 아이비엠의 400만 달러짜리 광고계약을 따내기까지는 이 회사 북미지역 본부 사장인 로셀 라자루스의 숨은 노력이 컸다."

내가 다양한 직종에 종사하는 기업체 간부, 기업가, 자영업자, 아웃플레이스먼트(Outplacement, 기업의 인력감축 시 발생되는 퇴직자가 자신의 진로를 개척할 수 있도록 지원하는 전문적인 재취업 및 창업 컨설팅 서비스 — 옮긴이) 전문가, 프리랜서와 인터뷰하면서 수없이 들은 얘기가 있다. 바로 일터에서 또는 같은 일을 하면서 사귄 친구(적당히 친한 친구가 가장 안전하지만 조심해서 사귀면 꽤 친한 친구나 아주 친한 친구도 괜찮다)가 정말 중요하다는 이야 기이다. 이들 말에 따르면 이런 친구는 의논상대와 정서적 지지자가 되어주며, 의견을 제시하고 회사나 업계의 내부정보를 나눠주며 생산성을 높이는 데 도움을 준다. 심지어 자기가 속한 업계에 들어온 것부터가 친구 덕분이었다고 말하는 사람도 있었다. 게다가 친구에게 인정받는 것은 일에서 만족을 느끼기 위한 필수조건이다.

상당수의 직업에서 성공은 인간관계를 얼마나 잘 맺느냐에 달려 있다. 그런데 우정이라는 모호하고 신비한 관계만큼 믿음이 빨리 쌓이는 관계는 없다.

우정을 현명하고 적절하게 이용하면 더 즐겁게 일할 수 있다. 또 성공도 더 빨리 할 수 있다. 데일카네기연구소의 올리버 크롬 회장은 오늘날 일터에서 사람들과 좋은 관계를 맺는 기술을 익히는 것이 그 어느 때보다 중요하다며 이렇게 말한다. "사람들은 단순히 상품이나 서비스를 사는 데 만족하지 않고 그들의 관심사를 알고 마음을 써주는 사람과 상대하고 싶어 한다."

성격형성기인 학령기에 친구가 무척 중요하다는 데 대부분의 사람들은 동의한다. 그러나 일터와 비즈니스 세계에서 우정이 어떤 의미를 가지는지, 친구가 어떻게 직업 성공에 기여하는지 알려진 바는 거의 없다. 경력관리 컨설턴트 넬라 바클리는 그 이유가 사생활과 일이 뒤섞여서는 안 된다는 오랜 편견 때문이라고 한다.

그런가하면 연구자들이 대부분 대학교에 근거를 두고 있어 일터의 우정에 접촉할 기회가 적었기 때문이라는 설명도 있다. 이런 공백을 메우기 위해 나는 인력자원관리전문가협회가 보유한 데이터베이스에서 무작위로 뽑은 인력관리전문가를 상대로 연구를 실시했다. 나는 조사를 두 번 했다. 두 조사에서 응답률은 각각 29퍼센트와 27퍼센트였고 응답자는 모두 257명(여 140, 남 117)이었다. 설문이 우편으로 실시된 점을 감안하면 호응도가 높은 편이었다. 설문의 표본은 병원, 혈액은행, 보험회사, 기업체 등 다양한 업계에 종사하는 사람들이었다. 나는 257명의 응답내용을 분석하는 것과 별도로 그중 24명의 남녀를 뽑아 전화 인터뷰를 했다. 전화인터뷰는 15분에서 길게는 1시간이 걸렸다. 또한 여러 비즈니스에 종사하는 직장인, 아웃플레이스먼트 전문가, 심리학자 36명도 인터뷰했다.

직업에 따라서는 직장에서 공공연하게 친구를 사귈 경우 영향력을 행사한다는 오해를 받을 수 있어 각별히 조심해야 한다. 이런 직업에는 공무원, 교사와 같이 채용과 승진에 편파가 있어서는 안되는 직업과, 모든 사람을 동등하게 대하는 것이 근본이념인 의료업이 있다. 인사부서에서 일하는 사람들도 일터에서 친구를 사귈 때 특별히 조심해야 한다. 이들은 비밀정보를 다룰 뿐만 아니라 고용과 해고도 맡고 있기 때문이다.

그렇다고 이런 직업에서 우정이 완전히 배척될까? 그렇지 않다. 아무리 진료 일정이 빡빡한 의사라도 친구가 급히 진료를 받아야 할 사정이 있다면 시간을 낼 것이다. 또 조교수가 학부에 친구가 없거나 고위행정가와 친하지 못하면 승진을 못할 수도 있다. 잭슨빌의 한 연구개발 업체에서 노사관계담당자로 일하는 57살 남성은 직장에 꽤 친한 친구 10명, 웬만큼 친한 친구 20명이 있다. 직장에서 그와 가장 친한 친구는 그가 "어떤 일을 할 때 의견을 구하는 상대"가 되고 있다. 그는 이 친구가 일에 방해된다고 느낀 적이 한 번도 없다고 한다. 반대의 경우도 있다. 은행에서 고용 및 교육 담당자로 일하는 사람은 설문에 이렇게 썼다. "회사 안에서 날 모르는 사람은 거의 없다. 하지만 나는 일터에서는 친구를 사귀지 않는다. 회사에서 지원하는 활동에 참여하기는 하지만 일터에서 친구를 사귈 생각은 없다."

일터에서 나누는 우정이 긍정적인 힘을 발휘할 때 일터는 더 즐거운 곳이 될 수 있다. 일터에서 나누는 우정은 일을 더 재밌게 만든다. 그리고 창의력을 키워준다. 다음은 넬라 바클리와 에릭 샌드버그가 함께 쓴 《크리스털-바클리의 경력관리지침서(The Crystal-Barkley Guide to Taking Charge of Your Career)》에 나오는 내용이다.

어젯밤 나는 직원 두 사람과 식당에서 만났다. 우리는 저녁을 들면서 어느 소책자에 들어갈 아주 혁신적인 카피와 디자인을 완성해냈다. 우리는 식당에 세 시간 정도 있었는데 웨이터가 다가오더니 이렇게 물었다. "아주 즐거워 보이시는데 지금 무슨 일을 하시는 거예요?" 우리가 하도 즐거워하니 웨이터가 궁금했던 모양이다. 새로운 발상은 이렇게 웃기도 하면서 편안하게 아이디어를 나눌 때 술술 떠오르는 법이다.

그러나 직업에서 성공하는 데 친구가 일정한 구실을 한다는 점을 인정하기 싫어하는 사람들이 있다. 이들은 자기가 재능이 아니라 단지 친구를 잘 둔 덕분에 지금의 자리에 있게 된 것으로 비칠까 봐 두려워한다. 그러나 재능과 친구 둘 다 필요한 것이 현실이다.

친구 덕분에 일자리도 얻는다

어떤 사람이 일자리를 얻는 데 과연 친구가 얼마나 중요한 구실을 할까? 내가 두 번째 실시한 조사에서 이 질문에 응답한 인사담당자는 126명이었는데 이 중 자그마치 37퍼센트가 지금의 일자리를 아는 사람을 통해 구했다고 했다. 그리고 아는 사람의 25퍼센트는 친구나 가족의 친구였다. 회사와 직접 접촉하여 지금의 직장을 구한 사람은 126명 중 단 3명에 불과했다. 두 번째로 널리 쓰인 방법은 신문광고였고 그 다음이 직업소개소나 헤드헌터였다.

이처럼 친구의 도움으로 직장을 구한 사람이 많은 까닭은 회사들이 네트워킹 시스템을 이용하여 적임자를 추천받는 일이 많기 때문이다. 응답자의 19퍼센트가 자기 회사에 고용인의 친구를 고용하는 정책이 있다고 응답했다. 이 사실을 알고 나면 헤드헌터나 신문광고에는 나지조차 않는 일자리가 많은 까닭이 이해될 것이다. 친구가 친구를 추천하고 있는 것이다.

맨해튼에 있는 한 인력 전문알선회사의 사장 마리 라페르토는 네트워킹, 즉 친구나 아는 사람을 통해 취업이 이루어지는 경우가 많다고 말한다. "일자리를 구하고 있다면 친구들에게 전화하라. 친구에게 일자리를 부탁하여 취업에 성공한 사례가 얼마든지 있다"고 기업홍보 분야에서 16년 넘게 일한 라페르토는 자신 있게 말한다.

변호사로 일하는 래리 긴즈버그의 이야기도 친구가 일을 얻는 데 도움이 되는 전형적인 사례이다. "제게 아주 친한 친구 둘이 있는데 그 둘이 유언장을 쓰고 싶어 했죠. 단도직입으로 제게 이렇게 묻더군요. 유언장을 쓰고 싶은데 도와주겠느냐고요." 긴즈버그는 물론 좋다고 했다. 이는 긴즈버그가 18년간 변호사 일을 하는 동안 우정이 실제 일로 연결된 수많은 사례 중 하나에 지나지 않는다.

물론 우리는 친구의 도움 없이도 취직을 할 수 있고 고객을 늘릴 수 있다. 그러나 대개의 경우 친구가 있으면 중심부에 곧장 접근할 수 있어 일이 훨씬 수월해진다.

출판에이전트들은 작가지망생을 대할 때 다른 작가나 편집자의 추천이 있어야 좀더 관심을 가지는 경향이 있다. 그러나 어떤 작가와 편집자가 에이전트의 추천도 받지 않은 원고를 읽는 데 귀중한 시간을 쏟는단 말인가? 바로 친구다. 친구는 일이 진척될 수 있도록 필요한 추천을 해주고 지원을 아끼지 않는다.

"에이전트가 못하는 일을 때로 친구가 하기도 해요." 시나리오 작가 메리 앤 카시카의 말이다. "어떤 친구를 안다고 해서 당장 일자리를 얻을 수 있는 건 아니에요. 하지만 친구가 있으면 안으로 들어갈 수는 있어요. 에이전트가 하는 일도 마찬가지예요. 에이전트가 일을 주지는 않지만 문은 열어주죠. 우리는 문을 열어줄 사람이 필요한데 친구가 바로 그 일을 해줘요. 물론 그 다음의 일은 전적으로 나에게 달렸지만요."

지금은 고인이 된 시나리오 작가 칼 서터에게 들은 말인데 어느 티브이 시리즈 편집자는 일이 들어오면 예전에 함께 고생했던 친구들에게 나누어준다고 한다. 이들은 초보시절 일주일에 한 번씩 모여 각자 써온 작품을 읽고 비평해주던 사이였다. 이들은 이처럼 서로 일을 나누기도 하고 조만간 어디에 이러이러한 일감이 있을 거라는 정보도 공유한다.

누구를 아느냐가 일자리를 구하는 데 다른 어떤 방법보다 중요하다는 것은 내가 헤드헌터와 구직자를 인터뷰한 것과, 구인구직전문회사 맨체스터가 구직자 351명을 상대로 실시한 설문에서도 확인됐다. 앨버트 카 기자가 〈월스트리트저널〉에 실은 맨체스터의 설문에 따르면 351명 중 60퍼센트가 아는 사람, 즉 친구, 옛 직장동료, 그밖에 업계에서 만난 사람을 통해 일자리를 구했다. 직업소개소와 신문광고를 이용한 사람은 각각 17퍼센트와 15퍼센트에 불과했다.

"네트워킹은 비즈니스 환경에서 친구를 사귀는 첫 단계"라고 맨해튼에 있는 코헨퍼스널서비스의 창립자 아이린 코헨은 말한다. "네트워킹은 지금 나를 둘러싸고 있는, 어쩌면 답답할 수도 있는 환경에서 벗어나는 방법입니다. 우리는 네트워킹을 통해 새로운 사람을 만나고 다른 문화를 경험합니다. 상대와 공통점을 발견하면 얘기하기가 훨씬 수월해지죠."

친구는 첫 직장을 구하는 가장 중요한 수단이다. 내 조사에서 응답자의 24퍼센트가 첫 일자리를 아는 사람, 즉 친구나 가족의 친구를 통해 구했다. 예를 들어 뉴저지 주 저지시티에 있는 어느 제조회사의 인사담당 부사장은 첫 직장을 가족의 친구 소개로 구했다.

아이오와 주 대번포트의 보험회사에서 인사담당자로 일하는 38살 여성도 가족의 친구에게 도움을 받았다. 그 다음으로 첫 직장을 구할 때 많이 쓰인 방법이 신문광고, 대학의 취업지원서비스와 교수의 추천, 직업소개소였다. 특정 직업협회 회원사에 편지를 보내거나 회사와 직접 접촉한 사람도 있었다.

"직장을 어떻게 구했어요?" 나는 워싱턴의 대학을 졸업한 지 얼마 되지 않은 젊은 남자에게 물었다.

"친구 어머니가 소개해주셨어요." 그의 대답이었다.

"친구를 사귀어라." 뉴욕에 있는 한 인력관리 전문회사의 컨설턴트 존 아티스는 아웃플레이스먼트 전문회사 부사장으로 재직할 당시 이 말을 즐겨 썼다고 한다. 이는 밖으로 나가 앞으로 내게 일자리를 줄 가능성이 있는 사람과 긴밀한 관계를 쌓으라는 뜻이라고 한다. 한편 아티스는 "친한 친구는 고용할 경우 문제가 많아 꺼리게 되므로 상대와 적당히 친한 사이일 때 오히려 일자리를 얻기 쉽다"고 말한다. 아티스는 그 예로 다음과 같은 이야기를 들려주었다. 어떤 간부가 자기에게 적합하지도 않은 자리를 14년이나 지켰다. 재무담당 최고책임자와 학창시절부터 친한 사이였기 때문이다. 재무담당 최고책임자는 나중에 사장이 됐고 그 친구의 업무능력을 평가해보니 당장 해고해야 할 판이었다. 그러나 실제로 그렇게 하기까지는 몇 년이 걸렸다. 그는 아티스에게 두 사람이 친구만 아니었다면 그를 진작 해고했을 것이라고 털어놓았다.

다음은 건강 전문기고가 마크 퓨러스트가 친구 덕분에 처음으로 프리랜서 일을 맡게 된 이야기이다.

내가 1976년 〈메디컬월드뉴스〉에서 기자로 일할 때였다. 직장동료이자 친구인 로이스가 〈하퍼스바자〉에서 눈 건강관리에 대한 기사를 의뢰받았다. 로이스는 이미 그전 해에 이와 비슷한 기사를 썼기 때문에 같은 일을 또 하는 게 내키지 않았다. 그래서 편집자에게 나를 추천했고 내가 일을 맡게 됐다. 그 일을 무척 재밌게 한 나는 의사들에 관한 기사를 쓰는 한편 프리랜서로서 소비자의 편에서 글을 쓰는 일을 계속하기로 했다. 나는 로이스에게 고마움을 느낀다. 로이스와 나는 덕분에 아주 친해졌고 지금도 친하다.

내가 조사하고 관찰한 바에 따르면 직장을 구하거나 일을 얻는 데 친구가 도움이 되는 것이 확실하다. 그러나 이와 반대되는 주장을 하는 사람도 있다. 헤드헌터인 데이비드 워너는 이렇게 말한다. "친구가 비즈니스에 도움을 준다는 건 허구입니다. 직책이 높을수록 본인을 고용해 줄 친구를 찾기는 어렵습니다. 요새는 경쟁이 워낙 심하기 때문에 사람들이 위험을 감수하려 들지 않습니다. 잘못하면 친구에게 밀릴 수도 있으니까요."

전방위로 친구 사귀기

"나와 아주 친한 친구 하나는 원래 직장동료였어요. 날마다 꼬박꼬박 여덟 시간을 보내는 곳이 있다면 그곳처럼 친구를 사귀기 좋은 곳은 없죠." 이것은 소프트웨어 회사에서 인력개발부장으로 일하는

여성이 한 말이다. 30대 초반의 기혼 여성인 이 여성은 옛 직장동료
와 절친한 관계를 유지하고 있다. 두 사람은 지금 서로 다른 회사에
서 근무하고 한 시간 정도 떨어진 곳에 살지만 일주일에 두세 번은
꼭 통화한다.

동등한 위치에 있는 사람끼리 사귀는 것이 우정을 유지하는 가
장 안전하고 쉬운 방법이다. 두 사람의 지위가 같으면 한 사람이 다
른 사람을 감독, 비판, 비평이나 평가하지 않아도 되고 그에 따른 문
제도 생기지 않는다.

그런데 이런 우정은 유지하기 쉽고 복잡한 일도 적은 대신 경
력 사다리를 올라가는 데는 별 도움이 되지 않는다. 그렇다고 지위
가 높은 사람과 사귀면 도움이야 되겠지만 위험이 크다. 부서장과
부하직원 사이처럼 지위나 직급이 서로 다른 사람들이 우정을 유지
하기란 쉬운 일이 아니다. 일단 지위가 다른데다 지휘감독의 문제
가 따르기 때문이다. 그러나 상사와 부하직원이 친구가 되는 것은
배움과 성장을 위한 아주 좋은 기회가 되기도 한다. 광고회사의 대
표이자 최고경영자인 찰스 피블러는 이렇게 말한다. "지위가 다른
사람들과 얼마든지 사귀십시오. 단 당신은 당신 할 일이 있고 나는
내 할 일이 따로 있다는 사실은 잊으면 안 됩니다. 나는 내 일을 할
테니 당신은 당신 일을 하십시오. 즉 우리는 우리 할 일은 다 해야
합니다. 이런 구분은 꼭 있어야 합니다. 나는 한 사람의 개인이기도
하지만 한 회사의 최고경영자이기도 하니까요."

회사소유주이자 경영자인 아이린 코헨은 일터에서 친구를 사
귈 때 본인의 지위에 따라 어떤 이익과 손해가 있을 수 있는지에 대

해 다음과 같은 조언을 들려준다.

친구가 내 운명을 쥐고 있는 상관이라면 우정에서 도움을 받을 수 있습니다. 그러나 다른 관계와 마찬가지로 거기에 지나치게 기대거나 무언가 잘못되어 오해가 생기면 역효과가 날 수도 있습니다. 그렇게 되면 우정만 위협을 받는 게 아니라 수입까지 위협을 받게 되지요. 나는 직장에서 친구를 사귈 때 반드시 자기 성격을 고려해야 한다고 생각합니다. 본인이 사람을 진득하게 사귀고 남의 말을 잘 들어주는 편이라면 직장에서 친구를 사귀어도 괜찮습니다. 그러나 대부분의 사람에게는 그게 너무 어렵고 또 위험합니다. 상대가 동료라라면 그렇게 위험하지는 않겠지만 상관이라면 몹시 위험합니다.

회사에서 어떤 위치에 있느냐에 따라 일터에서 친구를 사귀는 게 쉬울 수도 어려울 수도 있다. 한 인사담당자는 조직에서 그렇게 높은 위치에 있지 않은 사람이 친구를 쉽게 사귄다고 말한다. "그런 사람은 다른 사람들이 덜 부담스러워합니다. 사람들과 부딪칠 일이 적으니 쉽게 사교적이 될 수 있지요."

미국경영학회 회장을 맡은 바 있는 토머스 호튼 박사는 우정이 일터에 활력을 불어넣는다고 생각하는 사람이다. "저는 우정을 중요하게 생각합니다. 일터에 부드럽고 따뜻하고 개방적인 관계가 있다는 건 중요합니다. 그리고 그런 관계를 동료에 국한하지 말고 윗사람이나 아랫사람과도 만들어야 합니다. 서로 스스럼없이 생각을 얘기하는 가운데 팀워크도 생기는 거거든요."

한편 홍보업계의 거인 해럴드 버슨 회장은 '높은 자리는 외롭다' 는 생각에 동의하는 사람이다. "회사에서 높은 자리에 있는 것보다 낮은 자리에 있는 것이 사람들을 사귀기가 훨씬 좋습니다. 한 회사의 최고경영자가 됨으로써 치러야 하는 대가 중 하나가 회사 안의 친분관계를 상당수 포기해야 한다는 것이죠. 내가 더 이상 갈 수 없는 선이 분명히 존재하거든요."

중간관리자들도 친구를 사귈 때 조심해야 한다. 자기보다 직급이 낮은 사람과 사귀는 것은 윗사람에게 오해를 줄 수 있다. 힘이 없는 사람과 사귀는 것을 더 편하게 느낀다는 인상을 주기 때문이다. 윗사람과 사귀는 것은 조금 조심하기만 하면 원하는 바를 이루는 데 도움이 된다. 상급자와 사귀면 그 직책의 사람들은 어떤 책임을 지며 그 직책에 어떤 어려움이 따르는지 배울 수 있어 앞으로 자기가 어떤 일을 하게 될지 짐작할 수 있다. 은행에서 부행장과 인사부장을 겸하고 있는 어떤 여성은 다른 부서의 고위직 여성과 친하게 지내면서 여러 모로 이익을 얻었다. 그는 그 친구와 친하게 지내면서 자기 회사 문화를 이해하게 됐다고 한다. 두 사람은 서로 존중하고 좋아하며 가치를 공유하고 정서적 지지를 보내는 사이이다. 이 여성은 "일터에 친구가 있으면 말이 통하는 사람과 마음 놓고 불만을 얘기할 수 있어서 좋다"는 말을 덧붙였다.

아웃플레이스먼트 컨설턴트 로렌스 스티벨은 자기보다 두 단계 윗사람과 사귀면 직속상관과 문제가 생길 수 있다고 경고한다. 다음은 스티벨의 고객 중 이런 역학관계 때문에 마음고생을 한 사람의 이야기이다.

조는 마케팅부장이다. 빌은 마케팅담당 부사장으로 조의 상관이다. 해리는 마케팅전문가로 새로 입사했으며 직속상관은 조이다. 해리와 조는 서로 잘 맞지 않는다. 그러나 해리와 해리의 두 단계 위인 빌은 친구가 됐다. 다음은 스티벨의 말이다. "조는 해리가 부사장의 방에 들어가는 걸 보죠. 해리는 문을 닫아요. 그리고 웃음소리가 들리죠. 부사장은 해리를 싸고도는 거예요." 조는 상관과 새로 들어온 부하직원 사이에 끼인 느낌이 든다. 그래서 해리가 실수를 저지르자 기다렸다는 듯이 바로 해고했다. 부사장은 위계질서와 회사문화 때문에 친구가 해고되는 걸 보고도 가만히 있을 수밖에 없었다. 스티벨의 결론은 "친구를 사귈 때도 주변상황을 잘 고려해 신중을 기하라"는 것이다.

어느 회사의 홍보담당부사장도 자기와 직급이 다른 사람을 친구로 사귈 때 조심해야 한다는 의견에 동의한다. "부하직원이 친구라고 해봅시다. 이 상황은 문제가 생길 여지가 있습니다. 왜냐면 부하직원이 이런 상황을 이용하려 들 수 있기 때문이죠. 예컨대 '친구니까 봐주겠지' 하고 지각을 한다든지 말예요."

또 일터에서 친구를 사귈 때는 늘 말을 조심해야 한다. 사무실에서 너무 사적인 이야기는 삼간다. 구내식당이나 화장실도 그리 비밀스런 장소가 못되므로 친구와 서로에 대해 또는 서로의 가족과 친구에 대해 남이 알아서는 안 될 이야기를 주고받는 것은 피한다. 이는 회사에서 하기에 적절하지 않은 행동일뿐더러 당신이나 당신 친구를 위험에 빠뜨릴 수 있다. 나아가 두 사람이 서로 불공정하게 돕고 있다고 동료들이 오해해 불쾌하게 느낄 수 있다.

더욱이, 친구와 친하기 때문에 알게 된 사실로 친구를 난처하게 만들지 않도록 조심한다. 예를 들어 친구가 부서회의 중에 졸았다고 하자. 친구가 오늘 제출해야 할 보고서를 만드느라 어젯밤에 잠을 못 잤다고 말했는데 어제 밤늦게까지 당신과 놀았다고 말해 산통을 깨뜨리지 말라는 것이다.

항상 우정을 최우선으로 생각하라. 그러지 않으면 교활한 기회주의자라는 비난을 들을 수 있다. 내가 친구에게 어떤 도움을 받을 때는 단지 친구라서가 아니라 그럴 만한 자격이 있기 때문이어야 한다. 우리는 친구가 되려는 사람에게 어떠어떠한 일을 해달라고 부탁해서는 안 된다. 그렇게 하면 상대방은 이용당하는 느낌이 들어 결코 친구가 되려하지 않을 것이다.

상대방의 지위가 높든 낮든 우정을 이용하려들지 말라. 의료복지부의 중간관리자 밀턴도 그런 일을 겪었다. 밀턴에게는 총괄비서로 일하는 친구가 있었는데 그 친구가 그만 일자리를 잃었다. 그래서 밀턴은 그 친구에게 몇 가지 단기업무를 맡겼다. 그러나 일주일 이주일 시간이 흐르면서 밀턴은 자기가 이용당하고 있다는 느낌이 들기 시작했다. 그래서 친구에게 말을 하려는데 친구는 한 술 더 떠 고용보험에 가입해달라고 요구했다. 고용보험은 처음에는 없던 이야기였다. 친구의 요구 때문에 밀턴은 회사에서 위태롭게 됐다. 밀턴은 친구를 고용할 때 공식경로를 거치지 않았던 것이다. 밀턴의 친구는 밀턴과 밀턴이 다니는 회사를 고소했다. 두 사람의 우정은 회복할 수 없는 지경에 이르렀다.

친구를 사귀기 위해 자기가 속해 있지 않은 다른 업무환경을

"내 밑에서 일하다 보면 서운한 일도 있을 수 있을 거네.
자네가 내 가장 친한 친구라고는 하나, 공은 공이고 사는 사라네."

찾는 경우도 있다. 예를 들어 부동산중개인끼리는 보통 직접적인 경쟁관계에 있다. 그래서 같은 회사의 중개인이나 심지어 같은 지역의 중개인과도 친구가 되기를 꺼린다. 어느 부동산컨설팅회사 사장은 필라델피아에서 살고 일도 하지만 경쟁이나 비밀정보 누설 같은 문제가 생길까봐 뉴저지의 부동산중개업협회에 가입했다. 그는 이 협회에서 만난 사람과는 일로 만날 일이 거의 없으므로 마음 편하게 사귄다.

우정이 생산성에 미치는 영향

고객을 친구로 만들면 일이 더 쉽고 즐거워지며 그 결과 성공도 더 가까워진다.

일터에서 진가를 발휘하는 적당히 친한 친구

일터에서는 적당히 친한 친구가 이상적이라는 데 대부분 동의한다. 상대가 그냥 적당히 친한 친구일 때 공과 사를 구별하기가 쉽다. 그리고 아주 친한 친구나 꽤 친한 친구를 사귈 때보다 덜 위험하다.

일터에서 적당히 친한 친구는 생산성을 높이고 팀워크를 좋게 하며 서로에게 의논상대가 되어준다. 또 모두가 '한 가족'이라는 생각을 들게 한다.

어느 대학 인사과장은 이렇게 말했다. "나는 적당히 친한 친구를 목표를 성취하고 조직을 활성화하는 데 활용합니다. 이들은 내가 조직에서 실수를 저지르지 않도록 도와줍니다. 내가 이목이 집중되는 민감한 자리에서 별 탈 없이 일할 수 있었던 것은 이 큰 조직의 흐름을 읽고 모든 부서와 좋은 관계를 유지했기 때문입니다. 나는 음모나 작당을 경계합니다. 대신 봉사와 직업정신을 더욱 투철히 하려 애씁니다." 그는 일터에서는 적당히 친한 친구만 만들고 가까운 친구는 일터 밖에서 사귄다. 이렇게 함으로써 그는 공정하고 치우침이 없다는 평판을 유지할 수 있었다.

유람선회사에서 총괄비서로 일하는 이혼여성은 설문에 다음과 같이 썼다. "사람들은 자기가 가족의 일원이라고 느낄 때 더 열심히 일한다. 이들은 서로의 힘에 기대 성장하고 서로에게 배운다. 사람들은 상대방이 나를 좋아한다고 생각할 때 그 역시 마음을 열고 상대방에게 다가간다." 그렇다면 직장에 친구가 있어서 나쁜 점은 없을까? 이어지는 이 여성의 대답이다. "내가 보기에 직장에서 우정이 문제가 되는 딱 한 가지 경우가 친구와 지나치게 친하게 지내는 경우이다. 그러나 성숙한 사람이라면 이런 행동이 업무에 방해되기 전에 상식을 발휘할 것이다." 이 여성은 일터에서 친구의 중요성을 잘 알 수밖에 없는 처지에 있다. 왜냐면 지금 그는 친구의 친구와 일하고 있다.

36살의 독신 인사담당자는 일터에서 친구를 사귀는 것에 찬성한다. "친구가 있으면 일이 더 보람 있고 즐거워져요. 하지만 조심스럽게 사귀어야지요. 우정이 직업윤리에 앞서면 문제가 생기거든요. 특히 친구에게 비밀을 누설하는 일이 있어서는 안 되죠."

코네티컷 주 출신으로 컨설팅 회사에서 풀타임 작가로 일하는 루시 헤드릭은 "적당히 친한 친구가 낫다"는 정설이 비켜간 경우이다. 루시는 1986년부터 알고 지낸 출판에이전트와 친한 친구로 지내고 있지만 우정 때문에 에이전트와 작가라는 일 관계가 방해받지는 않는다. 어떻게 그럴 수 있을까? 루시는 우정과 일을 분리한다는 규칙을 엄격히 지켜왔다. 예를 들어 루시가 에이전트 친구와 저녁 식사 모임에 함께 갔다고 하자. 루시는 친구에게 일과 관련하여 물어볼 게 있으면 부엌 같은 데서 조용히 물어본다. 다른 손님들이 있는 자리에서 이야기를 꺼내 저녁식탁의 화젯거리가 되는 일이 없도록 한다.

독립컨설턴트, 배우, 예술가, 작가, 임시직같이 자유업에 종사
하거나 고정된 일감이 없는 사람들에게는 웬만큼 친한 친구든 아주
친한 친구든 모두 중요하다. 이들은 친구의 성취를 칭찬하고 친구가
그토록 바라는 또래의 지지와 인정, 관계의 지속성을 제공하기 때문
이다. 전직 저널리스트로 스탠드업 코미디언(stand-up comedian, 무
대에 홀로 서서 입담으로만 사람들을 웃기는 코미디언 — 옮긴이)인
제인 콘돈은 그의 가장 친한 친구들에 대해 다음과 같이 말한다.

저에겐 대학 때부터 사귄 작가 친구가 둘 있어요. 우리는 지금도 제일
친한 친구죠. 하나는 소호에 살고 또 하나는 롱아일랜드 새그하버에 살
아요. 가까운 곳은 아니지만 꾸준히 연락하고 있어요. 제가 일본에서 5
년간 산 적이 있는데 뉴욕에 사는 친구는 절 보러 일본까지 오기도 했
죠. 우리는 우리만의 작은 전통이 있어요. 우리 중 누군가 일에서 성공
을 거두면 축하의 의미로 맨해튼의 고급 식당에 가서 밥을 먹죠. 우리는
서로서로 열렬한 팬이에요. 우리 중 누군가 어떤 일을 해내면 항상 기뻐
해주지요.

패거리

일터에 적당히 친한 친구가 있으면 일터가 즐겁고 일에도 도움이 된
다. 꽤 친하거나 아주 친한 친구라도 조심해서 사귀기만 하면 같은 효
과를 나타낸다. 그러나 패거리는 생산성을 떨어뜨리므로 일터에 해
로운 존재이다. 내가 인력관리전문가 129명을 대상으로 한 두 번째
조사에서 거의 절반이 패거리가 일터에서 문제가 되고 있다고 썼다.

:: 패거리는 편파로 이어지며 그 결과 직원들의 사기가 떨어진다.

:: 부정적인 고용인은 자기처럼 부정적인 사람들과 뭉친다.

:: 패거리는 때로 아무 문제도 아닌 일을 문제 삼아 근거 없는 소문을 퍼뜨린다.

:: 패거리는 일터에서 지나치게 화기애애한 분위기를 연출한다. 그리하여 패거리에 속하지 못한 사람들을 화나게 한다.

:: 패거리에 속하지 않은 사람들과는 정보공유를 꺼린다.

:: 패거리가 있으면 새로 들어온 직원은 소외감을 느낀다.

:: 관리자와 부하직원이 같은 패거리에 속해 있으면 너무 친해진 나머지 생산성이 떨어지기도 한다.

:: 패거리에 속한 사람은 특별대우를 받기도 한다. 이 때문에 불화와 시기가 싹튼다.

:: 패거리는 부정적인 영향력을 행사하는 강력한 집단이 될 수 있다. 그렇게 되면 새 정책을 실행하는 것이 매우 어렵다.

일터에서 친구를 사귈 때 지켜야 할 것들

다음은 우정이 일이나 경력에 방해가 아닌 도움이 되게 하기 위한 몇 가지 지침이다.

:: 우정과 일을 될 수 있는 대로 분리한다.

:: 친구의 비밀을 지킨다.

:: 우정 때문에 일을 공정하게 할 수 없을 것 같으면 이런 생각을 밝힌다. 필요하다면 갈등을 빚을 수 있는 상황에서 물러나온다.

:: 일터에서는 쑥덕공론을 피한다. 친구 때문에 특별히 알게 된 내용이 있다면 더욱 조심한다.

:: 회사가 직원들의 교우관계에 어떤 방침을 가지고 있는지 파악한다. 직원이 다른 직원이나 고객과 친하게 지내는 것에 찬성 또는 반대 방침을 명시하는 회사가 있기 때문이다. 회사방침을 지키기만 하면 우정과 일을 공존시킬 수 있다.

:: 직장 친구가 도를 넘는 질문을 하면 대답하지 않는다. 되도록 자연스럽게 그런 상황에서 빠져나온다. 즉 화제를 바꾸거나 아직 결정중이라거나, 급히 전화 걸 데가 있다거나 회의에 참석해야 한다고 말한다. 아니면 솔직하게 이렇게 말한다. "너도 알다시피 난 그것에 대해 말할 처지가 못돼."

:: 일로 만난 친구를 '발판'으로 삼지 않는다.

:: 일터에서 친구에게 이야기할 때 몸짓이나 말투가 남들 눈에 지나치게 친밀해 보이지 않도록 조심한다.

:: 일터에서 누구누구와 잘 안다고 떠벌리지 않는다. 발이 넓다는 소리보다 기회주의자라는 소리를 듣기 쉽다.

12. 일터에서 남자의 우정과 여자의 우정

내가 인력자원관리자 257명을 조사한 내용에 따르면 여자들이 대체로 일터에서 남자들보다 친구가 적었고 이런 현상은 지위가 높은 여성일수록 두드러졌다. 반면 남자들은 적당히 친한 친구든 아주 친한 친구든 직장친구가 여자들의 두 배에 이르렀다. 나는 '지금 일터에서 가장 친한 친구와 친한 까닭이 무엇이냐' 도 물었다. 이에 대해 남자는 '공통의 관심사' 라는 응답이 가장 많았고 그 다음이 '공통의 가치' 와 '서로에 대한 호감' 이었다. 여자는 '정서적 지지' 가 가장 많았고 그 다음이 '공통의 관심사' 였다.

이 사실에서 알 수 있는 것은, 남자들이 여자들보다 일터에서 친구가 많기는 하나 우정을 보는 기준이 여자들과 다르다는 것이다. 알다시피 남자들은 친구를 여자들과 다르게 정의하며 우정에거는 기대 또한 다르다. 전통적으로 여자들은 친구를 비밀을 나누는 관계로 인식해왔으며 지금도 크게 다르지 않다. 그러나 남자는 우정을 어떤 활동을 함께 하며 우의를 다지는 관계로 본다.

나는 여자들이 비즈니스와 관련된 우정을 아주 활달하고 싹싹한 관계로 다시 정의할 때, 그리하여 친밀감을 중시하고 속말을 다 해야 하는 전통적인 접근에서 벗어날 때 일터에서 더 발전할 수 있다고 생각한다. 그렇게 할 때 여자들도 남자들이 일터의 우정에서 얻는 이익을 똑같이 누릴 수 있다. 다시 말해, 의견을 구할 상대가 생기고 일터의 인간관계가 좋아지며, 내가 한 일 또는 내가 다른 사람에게 주는 인상에 대한 충고와 피드백을 얻을 수 있다.

성별에 따라 다른 일터의 우정패턴

앞 장에서 살펴본 것처럼 적당히 친한 친구는 일터에서 생산성을 높여준다. 내가 한 조사에서 지위가 엇비슷한 인사담당 간부를 보니 남자는 일터에 평균 22명의 적당히 친한 친구가 있었으나 여자는 12명에 불과했다.

나는 조사대상자에게 일터에서 가장 친한 친구가 어떤 지위에 있는지도 물었는데 남자들은 절반 이상이 같은 지위에 있는 사람이라고 응답했다. 낮은 위치에 있는 사람이 가장 친한 친구라고 대답한 사람은 25퍼센트에 지나지 않았다. 반대로 여자들은 가장 친한 친구가 자기와 같은 위치에 있는 사람이 38퍼센트인 반면 자기보다 낮은 사람이 48퍼센트나 됐다.

사람을 평가할 때 어떤 친구를 사귀는가가 판단기준이 된다는 점을 생각하면 이는 중요한 발견이 아닐 수 없다. 여자들은 자기보다 낮은 위치에 있는 사람과 사귐으로써 자기도 모르게 스스로를 일터에서 영향력이 적은 사람으로 비치게 만드는 것이다.

상사가 가장 친한 친구라고 응답한 경우는 성에 따른 차이가 거의 없었다. 남자나 여자나 직장에서 가장 친한 친구가 상사인 경우는 적었다(257명의 응답자 중 여자는 3명, 남자는 4명).

한때 아웃플레이스먼트 전문가로 일했으며 지금은 리더십 센터의 회장을 맡고 있는 심리학자 로버트 리는 여자들이 일터에서 친구를 쉽게 사귈 수 있느냐 없느냐는 '회사 분위기'와 밀접한 관계가 있다고 주장한다.

여성들은 남자와 여자 모두에게 골고루 기회가 돌아가고 여성에게 호의적인 환경에서 친구를 잘 사귑니다. 그러나 남자들은 일터 분위기가 적대적이거나 냉랭해도 여전히 친구를 잘 사귑니다. 여자들은 이런 상황에서 친구를 사귀는 것이 매우 힘들죠. 몇 안 되는 자리를 놓고 여자들끼리 경쟁해야 하니까요. 성과가 뛰어난 여성은 직급이 낮은 여성과 동일시되는 것을 싫어합니다. 그렇다고 멘토가 되어 책임을 지는 것도 원치 않습니다. 개방적이고 유연한 환경에서 여성들은 좀더 편하게 친구를 사귈 수 있습니다. 그런데 이 문제는 세대차이와도 관계있습니다. 젊은 여성들이 나이든 여성들보다 일터에서 친구를 더 잘 사귑니다. 젊은 세대일수록 개성을 중시해 이전 세대들처럼 관습에 얽매이지 않기 때문이지요.

내가 한 설문조사에서 "나는 일과 사생활을 구분하려 무척 애쓴다" 또는 "나는 개인적인 친분관계와 일로 만난 관계를 따로 관리한다"와 같은 대답을 한 여성들이 참 많았다. 한 의료기관에서 인사부장으로 일하는 40살 여성은 이렇게 썼다. "내 일은 대부분 보안을 요하는 일이라 직장에 친한 친구를 만드는 것이 매우 조심스럽다. 그래서 퇴직하는 직원을 면담할 때 이 사람과 좀더 알고 지낼 걸 하고 뉘우치는 경우가 많다."

직원이 1만 2000명에 이르는 어느 회사의 재무담당 부사장은 이렇게 썼다. "내가 인사부서에서 일하고 있고 또 상급관리자 중에 여성은 나밖에 없기 때문에 회사에서 진실한 친구를 사귀기가 어렵다."

그러면 남자들의 생각은 어떨까?

제조업체에서 고용관계담당자로 일하는 32살 남성은 "직장에서 친구는 필수"라고 말한다. "우리는 깨어 있는 시간의 40~50퍼센트를 직장에서 동료들과 보냅니다. 그러니 직업윤리 때문에 친구를 사귀지 말아야 한다면 너무 삭막하다고 생각해요." 또 50대의 컨설팅회사 사장은 이렇게 말한다. "다른 사람을 돕는 직업을 가진 사람은 직장 내 우정이 정서적 지지와 재충전뿐만 아니라 성공을 위해서도 꼭 필요합니다."

일터의 분위기가 여성이 일터에서 친구를 얼마나 쉽게 사귈 수 있는가와 관계있다는 리의 발언은 우정의 기본요소인 '믿음'에 대해 다시금 생각해보게 한다. 회사에서 친구를 사귈 수 있으려면 직원들끼리 서로 믿을 수 있어야 한다. 그런데 어떤 사람이 직장동료를 믿느냐 믿지 못하느냐 하는 문제는 그 사람의 성격과 관계있지만 일터의 분위기와도 관계있다. 남부지역의 한 교육청에서 인사담당 자로 일하는 마이클 험버트는 이렇게 말했다. "일터에서 누군가를 믿는다는 게 점점 어려워지고 있어요. 사람들이 갈수록 자기 생각 만 하지 다른 일에는 관심이 없어요. 제 경우 웬만큼 친하다고 할 수 있는 직장동료가 둘 있어요. 그런 친구가 더 많으면 좋겠죠. 하지만 아무나 믿지 않는 게 제 방침이에요."

앞서 말한 것처럼, 믿음은 모든 종류의 우정에서 기본요소이 다.

남자나 여자(특히 회사에서 중책을 맡고 있는 여성)나 일터에 서 친구를 사귀면 득보다 실이 많다는 생각이 확산하고 있다. 그래 서 옛 직장동료나, 일로 엮이지 않은 친구, 배우자, 심리치료사가 꽤 또는 아주 친한 친구로 더욱 환영받고 있다. 이들과는 일과 관련된 비밀을 이야기할 수 있기 때문이다.

그러나 적당히 친하며 서로 비밀 이야기는 하지 않는 직장동료 도 친구로 인정하는 직장여성들이 조금씩 늘고 있다. 예컨대 판매 사원 마샤 론드는 꼭 상대에게 속을 다 보여줘야만 친구가 될 수 있 는 건 아니라고 말한다.

멘토와 친구가 될 수 있는가

내가 조사를 하면서 발견한 또 하나 재미있는 사실은 257개 회사 중

단 13퍼센트만이 공식 멘토링 프로그램을 실시하고 있었다는 것이다. 멘토 프로그램은 사원들이 승진사다리를 좀더 쉽게 올라갈 수 있도록 도와주는 제도이다. 또한 일터에서 친구를 사귈 수 있는 좋은 기회가 되기도 한다. 우정이 싹트기 위해 필요한 두 요소인 '접근' 과 '함께 시간보내기' 가 멘토링 관계의 일부이기 때문이다.

배우이자 사업가인 폴리 버겐은 멘토에 대해 이렇게 말했다. "나는 화장품 회사를 차릴 때 멘토를 한 사람만 두지 않았어요. 될 수 있는 대로 많은 전문가의 머리를 빌렸어요. 말하자면 멘토가 수백 명이었죠."

경력을 빨리 쌓으려면 멘토가 있어야 한다는 데 대부분의 사람들이 동의한다. 교수와 박사과정 학생, 이름 있는 제작자 또는 감독과 가능성이 엿보이는 시나리오 작가, 출판에이전트와 아직 낸 책이 없는 작가, 장래가 촉망되는 젊은 간부와 그보다 몇 십 년 나이가 많은 멘토들이 모두 멘토와 프로테제(멘토링을 받는 사람 — 옮긴이)의 보기이다.

사회학자이자 멘토 전문가로《멘토 커넥션(The Mentor Connection)》의 저자인 마이클 제이는 이제는 멘토링 프로그램이 여성과 소수자의 사회참여를 돕는 데만 국한되지 않는다고 말한다. 그러나 공식 멘토링 프로그램의 혜택을 받는 사람은 대부분 여성이나 소수자인 것이 현실이다. 백인남성들은 비공식으로 멘토링 구실을 하는 '사회네트워크' 의 도움을 이미 받고 있다.

멘토와 프로테제가 친구가 되면 멘토 과정이 한결 수월해질까? 멘토와 프로테제가 친구가 될 수 있을까? 제이의 생각은 이렇다.

우정은 두 사람 사이에 화학작용이 있을 때 존재합니다. 사람들은 멘토링이 성공하려면 두 사람 사이에 우정이 있어야 한다고 생각하지만 실제 멘토 관계가 돌아가는 까닭은 두 사람이 각자 상대방에게 얻는 이익이 있기 때문입니다. 두 사람이 꼭 친구처럼 가까울 필요는 없습니다. 멘토를 좋아한다면 좋은 일이지만, 사실 멘토링은 위계질서가 매우 엄격한 관계입니다. 여기에는 힘의 불균형이 있습니다. 지식을 가진 건 멘토이고 프로테제는 멘토에게 배우는 사람이니까요. 따라서 프로테제가 멘토와 친하다 하더라도 복종과 존경을 어느 정도는 나타내며 심지어 경외감을 표시하기도 합니다. 왜냐면 프로테제는 결코 멘토와 동등해질 수 없기 때문이죠. 멘토 관계는 언제나 우정에서 한 발짝 떨어져 있습니다.

그러나 제이는 멘토링이 우정으로 발전한 경우를 몇 번 보았다. 예를 들어 어느 기혼 여성은 멘토와 부부동반 모임을 즐긴다.

경력관리 컨설턴트 넬라 바클리의 생각은 이렇다. "멘토와 친구가 되어도 괜찮은가 하는 문제는 복잡한 문제입니다. 물론 일과 관련된 관심사에 더해 다른 공통의 관심사를 나누는 정도라면 대개의 경우 아무 문제없습니다. 공통의 관심사는 우정의 기본요건이죠."

이 문제는 멘토와 프로테제가 이성관계라면 더욱 복잡하다. 버클리는 말한다. "남자 멘토 중 자기가 멘토링하는 여자와 사랑에 빠지는 경우가 많아요. 매우 위험한 일이죠."

우정이 애정으로 바뀔 때

"나는 남자친구를 회사에서 만났어요. 아주 멋진 사람이에요. 그 사람과 결혼할 생각이에요." 시애틀의 한 제조회사에서 근무하는 인사담당자의 말이다. "우리 회사에서는 남편과 아내, 또는 여자친구와 남자친구, 둘 중 한 사람이 다른 사람을 감독하는 위치에 있으면 함께 근무하지 못하게 해요. 하지만 우리는 다른 부서에서 일하기 때문에 그런 문제는 걱정하지 않아도 돼요."

1995년 인력자원관리전문가협회가 회원사를 대상으로 실시한 조사에 따르면 70퍼센트가 사내 연애를 허용하고 있고 83퍼센트는 부부를 고용하고 있었다. 사내 연애나 부부사원에 반대하는 회사는 1.5퍼센트에 지나지 않았다.

직장동료와 애인이 되는 것은 긍정적인 결과를 낳을 수도 부정적인 결과를 낳을 수도 있다. 예컨대 각자가 감정을 잘 조절하고 상황이 적절하다면 별다른 문제가 없다. 물론 둘 중 한 사람 또는 두 사람 모두 기혼자인 부적절한 관계라면 얘기는 달라진다.

디트로이트의 한 병원에서 부원장보로 일하는 58살 남성은 일터에서 친구가 애인으로 발전함으로써 긍정적인 결과를 낳은 경우와 부정적인 결과를 낳은 경우를 모두 보았다. 친구로 만나 결혼한 뒤 별 탈 없이 일하는 부부도 있지만 친구와 애인이 됐다가 사이가 틀어진 경우도 여럿 보았다. 어느 제조회사 인사과장은 사랑과 일은 분리해야 한다는 원칙에 동의하며 다음과 같이 말했다. "돈 버는 곳에서 애인을 만들지 마세요."

　　그러나 직장동료와 사랑하는 사이가 된 뒤에도 계속 같은 직장에서 일할 생각이라면 다음 지침을 기억하라.

:: 사랑 때문에 몸이 단 것처럼 보이지 않도록 한다. 서로 눈을 빤히 들여다본다든지, 손을 잡는다든지, 입을 맞추는 것처럼 노골적인 애정 행위는 금물이다.

:: '자기'와 같이 애인 사이임을 노골적으로 드러내는 호칭이나, 두 사람끼리만 통하는 별명으로 서로를 부르지 않는다.

:: 두 사람의 직급이 다르다면 두 사람의 관계에 관심이 쏠리지 않도록 더욱 조심한다. 자칫 특혜를 주고받는다는 오해를 살 수 있다.

:: 연애감정 때문에 생산성이 떨어지는 일이 없도록 한다. 내가 인터뷰한 관리자들은 사내 연애를 하느라 업무에 소홀해지는 것을 가장 경계했다.

:: 직장동료와 애인이 된다는 것에는 위험이 내포되어 있다. 만일 두 사람이 헤어진 뒤에도 여전히 같은 회사에 다닌다고 하자. 이로 말미암아 헤어진 당사자나 주변 사람이 너무 힘들다면 한 사람은 회사를 떠나야 할 수도 있다.

올드 보이 네트워크와 뉴 걸 네트워크

남자들이 일생 같은 성(姓)을 쓴다는 것은 매우 의미 있는 일이다. 남자들은 덕분에 옛 친구들과 쉽게 '올드 보이 네트워크(old boy network, 부유한 집안 출신의 남자들, 또는 같은 학교를 나왔거나 같은 모임에 속한 남자들끼리 영향력을 행사하여 서로 돕는 시스템 — 옮긴이)' 와 같은 그들만의 네트워크를 유지한다. 남자들은 예명을 쓰는 경우를 빼고는 늘 같은 성을 쓰므로 교환에게 부탁해 친구를 찾을 수도 있고 예전에 살던 도시를 여행하다 지역전화번호부를 뒤적여 같은 학교를 다녔거나 같은 직장에서 일했던 친구를 찾을 수도 있다. 남자들은 적어도 실질적인 수준에서는 이름이 변하지 않으므로 연락이 끊겼어도 서로 찾기 쉽다. 따라서 평생 우정을 유지하기가 그만큼 쉽다. 반면 여자들은 결혼하고 성을 바꾸는 경우, 앞으로 생길 수도 있는 옛 친구 네트워크에서 영영 사라지게 된다.

여자들도 비즈니스 성공에서 친구가 매우 중요하다는 사실을 안다. 그래서 남자들의 오랜 네트워크에 끼느라 정력을 허비하는 일을 그만두고 그녀들만의 새 모임, '뉴 걸 네트워크(new girl network)' 를 만들어왔다. 한 예로 70년대 말, 광고회사 간부 뮤리얼 폭스가 공동 창립한 '뉴욕 여성 포럼' 이 있다. 이 모임은 엘리트 여성만 가입할 수 있는 단체로 회원모집은 철저히 초청으로 이루어진다. 이 모임은 그동안 남자들이 남성 전용 클럽이나 중역 전용 식당, 골프장 따위 장소에서 독점해왔던 네트워킹 기회를 여자들에게 열어주고 있다. 그 뒤로 비즈니스 여성만을 위한 비슷한 단체가 로스앤젤레스, 피츠버그, 필라델피아 등 미국 전역의 주요도시와 주에 생겨났다. 이들 단체는 모두 연간 수입이 얼마 이상인 사람만 가입할 수 있다든지 하는 일정한 입회 기준을 두고 있다.

그러나 네트워크를 만들고 친구를 사귀기 위해 이런 단체에 가입하는 것이 성격에 맞지 않는 여성들도 있다. 이런 여성은 '조이너

(joiner, 모임에 가입하기 좋아하는 사람 — 옮긴이)'가 되기를 거부하는 일부 남성들처럼 경력이나 우정 모두 하나씩 차근차근 쌓아가는 것을 좋아한다. 예를 들어보자.

스탬포드에서 민사 전문 변호사로 일하는 40대의 신시어 위커 윌리엄스는 지역과 주(州) 변호사협회에는 가입했지만 다른 단체에는 가입하지 않았다. 윌리엄스는 조직에 효율적인 면이 있음을 인정하지만 스스로는 일대일 방식을 선호한다. "일대일 방식이 더 효과적이고 제 성격과도 맞아요." 윌리엄스는 딱 한 사람하고 점심을 들며 업무 얘기를 하는 것을 좋아한다. 점심을 할 시간이 없으면 전화로 이야기한다.

윌리엄스에게는 네트워킹 활동이 친구를 사귈 수 있는 원천이 되고 있다. 학교에 다니는 자녀를 둔 일하는 엄마는 언제나 시간에 쫓기기 마련인데 윌리엄스도 예외는 아니다.

저와 같은 처지 사람이 어떻게 친구를 많이 사귀겠어요? 일, 집, 아이 돌보기가 생활의 전부니까요. 그나마 비즈니스 네트워킹이 아니라면 친구를 전혀 사귈 수 없을 거예요. 실제로 저는 비즈니스 네트워킹에서 개인적인 친구를 몇 사귀었어요. 그동안 아주 좋은 사람을 몇 만났죠. 개인적으로 호감이 가는 여성들이요. 그럴 때는 비즈니스 미팅에 그치지 않고 개인적인 자리를 마련해요. 식구들과 함께요.

윌리엄스는 혼자 일하기 때문에 친구를 사귀려면 기회를 일부러 만들어야 한다. 그러나 그런 기회는 큰 회사에서 일하면 자연스럽게 생긴다. 예를 들어 론다 긴스버그는 월든북스 본사에서 재무팀, 복리후생팀, 마케팅팀의 관리자로 일할 때 사내 여성 네트워크의 일원이었다. 다음은 긴스버그의 말이다.

우리가 모임을 만든 계기는 월든북스에 올드 보이 네트워크가 있었기 때문이죠. 그 회사에는 오래 근무한 사람이 많았거든요. 월든북스는 단기간에 급성장한 회사였어요. 관리직 중에 여성들은 많지 않았죠. 뉴 걸 네트워크는 지금은 다른 부서에서 일하지만 한때 같은 프로젝트에서 일했던 여자들이 모여서 만들었어요. 네트워크 구성원들은 한두 달에 한 번 정도 함께 점심을 들면서 여러 사안을 이야기했어요. 우리가 서로 돕자고 공식으로 결의를 한 건 아니지만 그렇게 발전되었죠. 각자 다른 분야에서 일하는 까닭에 서로 아이디어를 얻는 데 많은 도움을 줄 수 있었어요.

요즈음에는 회사의 인원감축이 잦아 같은 회사에서 일하지는 않지만 같은 업계에 종사하는 사람과 올드 보이나 뉴 걸 네트워크를 만드는 경우가 많다. 내가 경력을 이어갈 수 있도록 도와주고 때로 직접 일을 주기도 하는 사람들이 바로 이 충성스런 친구들이다. 어디에 새 일자리가 있다는 정보를 주는 것도 이 친구들이다. 지난 시절 아이비엠이나 에이티엔티, 포드 같은 큰 회사에서 일하던 사람은 고용주를 평생 상사로 생각하고 충성을 바쳤다. 그러나 오늘날에는 충성을 바치는 대상이 친구로 바뀌고 있다. 수잔 엔필드는 '뉴 버디 시스템(The New Buddy System)' 이라는 제목의 기사에서 할리우드의 영화계, 워싱턴디시의 정가, 뉴욕의 출판계와 방송계와 같이 이직률이 높은 곳은 '비공식 네트워크'가 일자리 정보와 업계 동향을 나눠줄 친구를 사귀는 중요한 수단이 되고 있다고 지적했다. 한편 시나리오 작가 칼 서터도 "우리 업계는 친구들이 움직인다"고 말한 바 있다.

그러나 남자든 여자든 일로 사귄 친구에게 너무 자주 또는 지나치게 기대서는 안 된다. 상대가 웬만큼 친한 친구이건 아주 친한 친구이건 마찬가지다. 친구에게 너무 많은 요구를 하거나 부적절한 요구를 하면, 그게 단 한 번이었을지라도, 친구는 당신이 건 전화를 받지 않거나 무시할 것이다. 또는 길에서 당신을 봐도 모른 체 지나갈 것이다. 친구는 당신이 또 다른 부탁을 하지 못하도록 당신을 피하는 것이다. 일터에 또는 일하는 분야에 적당히 친한 친구가 많으면 또 하나 좋은 점이 이것이다. 즉 내가 원하는 바를 부탁할 수 있는 친구가 여럿 있어서 어느 한 친구에게 지나친 부담을 지우지 않을 수 있다.

우리 어머니가 하던 말 중에 아주 멋진 말이 있다. 나도 어머니를 따라 그 말을 곧잘 쓴다. 어머니는 명절에 식구들이 모이면 건배를 제의하며 이렇게 말했다. "사랑하는 사람을 좋아한다는 건 정말 멋진 일이야."

- 넬라 바클리, 경력관리 컨설턴트

내 가장 친한 친구는 엄마다. 나는 나이가 들수록 더욱 엄마와 가까워지고 있다.

- 제프 쿰스, 28살의 컨설턴트

PART 5

삶과 우정

13. 일상에서 만나는 우정

이제까지 우리는 가족관계가 아닌 또래와 어떻게 친구가 되고 우정을 유지하고 발전시키는지, 또 적당히 친한 친구가 일과 경력관리에 어떻게 도움이 되는지 배웠다. 이제 마지막 장에서는 지금까지 배운 원리가 자식, 부모, 배우자와 같은 다른 주요 인간관계에도 유용하다는 것과 그 까닭을 살펴보려 한다. 데일카네기연구소의 올리버 크롬 회장은 친구를 만들고 관계를 개선하는 데 유용한 카네기의 원칙을 모든 인간관계에 적용할 수 있다고 말한다.

우리는 비즈니스나 직업에서 성공하기 위해 일정한 기술을 씁니다. 그런데 이 기술을 가족에게 쓰면 결혼생활이 더욱 행복하고 원만해지며 아이나 다른 식구와도 더 좋은 관계를 유지할 수 있습니다.

예를 들어 우리가 결혼 전에 연애할 때는 연애편지도 쓰고 작은 선물도 주고받고 만난 뒤 맞는 모든 기념일을 축하합니다. 그러나 결혼 뒤에는 이 모든 일을 당연하게 여기고 전에는 그토록 중요했던 일들을 소홀히 합니다. 그러나 결혼 뒤에도 계속해서 삶의 작은 기쁨을 기억하고 축하할 수 있다면 더 행복하고 뿌듯한 관계를 만들 수 있습니다. 아이가 처음 걸음을 떼고 말을 할 때를 생각해보세요. 얼마나 기뻤습니까? 그러나 아이가 조금만 자라면 칭찬보다 꾸중을 할 때가 많지요.

친구 같은 가족 만들기

여러분은 누군가 "어머니가 가장 친한 친구"라든지 "형과 나는 둘도 없는 친구"라고 말하는 것을 한번쯤 들어보았을 것이다. 사람들 중에는 어머니, 아버지, 형제, 자매, 사촌, 자식과 같은 혈연관계가 의무관계보다 자발적인 우정에 가까운 사람이 있다. 이런 사람들을 가리켜 '친구 같은 가족'이라고 한다.

짐작할 수 있듯이 친구 같은 가족이 있는 사람은 꽤 또는 아주 친한 친구의 존재가 절실하지 않다. 예를 들어 댄과 제리 형제는 둘 다 30대 후반이며 어린 아이들이 있다. 두 사람은 서로를 형제라기보다 가장 친한 친구로 생각한다. 그래서 꽤 또는 아주 친한 친구를 사귈 필요를 별로 못 느낀다. 이와 반대로 무남독녀에 부모님도 돌아가신 이블린은 친한 친구가 적어도 여덟 명은 된다. 이 중에는 예전에 사귀었던 남자친구 둘과 그들의 부인들도 있다.

형제자매를 친한 친구로 생각한다는 얘기는 어른들을 상대로 한 설문보다 펜실베이니아주립대학과 세인트존스대학 학생을 상대로 한 설문에서 더 많이 눈에 띄었다. 특히 세인트존스대학 학생 중 아직 집에 사는 학생들에게서 이런 경향이 두드러졌는데 아직 형제자매와 물리적으로 가깝기 때문인 것 같았다. 예를 들어 약학을 전공하는 2학년 남학생은 스물한 살 난 형과 열다섯 살 난 여동생이 있었는데 "가장 가까운 동성 친구는 누구인가?"라는 질문에 "형과 사촌"이라고 대답했다.

원론을 얘기하자면, 형제자매는 운명이라는 우연에 따른 관계보다 친구라는 선택에 따른 관계를 닮을 수 있다. 그러나 실제로 형제가 친구 관계로 발전하기는 쉽지 않은데 여기에는 나이 차이가 한 원인이 된다. 일례로 22살 여성은 35살인 오빠보다 28살 먹은 언니와 더 친하다고 한다. "오빠는 저와 나이 차이가 많이 나기 때문에 제가 어렸을 때 집을 떠났어요." 형제가 어릴 때는 나이 차가 몇 년 이상 나면 친구처럼 지내기가 어렵다. 그러나 나이가 들어 어른이 된 뒤에는 5년 또는 10년 정도 차이는 얼마든지 극복할 수 있다.

사실 나이 차이보다 극복하기 어려운 것은 성격 차이나 형제 간의 경쟁의식이다. 이런 문제를 다루는 방법은 따로 책 한권을 쓸 주제가 된다. 이와 관련하여 아델 파버와 일레인 마즐리시가 함께 쓴 《경쟁 없는 형제자매(Siblings Without Rivalry)》를 추천한다.

형제자매라 해도 아주 친한 친구처럼 지낸다면 풍부하고 끈끈한 우정을 나눌 수 있다. 이들은 오랜 세월 지속된 교우관계에서 나타나는 특징인 공통의 추억을 공유한다.

이전의 연구에서는 독신자들이 가족을 가장 가까운 관계로 꼽는 경우는 드물 것으로 예상했다. 독신들은 친구들과 더 가깝다는 가정에서였다. 그러나 한 조사에 따르면 혼자 사는 사람의 54퍼센트가 가장 가까운 관계로 가족을 들고 있다. "나는 언니와 제일 친해요. 가장 많이 만나는 사람이 언니예요"라고 은행 간부 주디는 말한다. 주디의 언니도 독신이다. 두 사람은 맨해튼 어퍼이스트사이드의 몇 블록 떨어지지 않은 곳에 산다. "나는 언니와 많은 시간을 보내요. 그런데 그게 늘 좋은 건 아니에요. 저는 주말 이틀 모두 언니를 만나요. 언니가 주말마다 우리 집에 와서 자거든요. 주중에도 하루 정도는 만나는 것 같아요. 하지만 이제 야간학교도 마쳤으니 다른 사람들도 만나보려 해요."

나는 친한 친구 여럿과 네트워크를 이루고 있는 사람이 가장 친한 친구로 가족, 특히 엄마를 꼽는 경우를 거의 보지 못했다. 우정 네트워크가 가족의 유대감을 대체하기 때문이다. 예를 들어 정신보건 사회복지사로 일하는 26살의 레베카는 사촌, 아버지, 새어머니와 가깝다. 레베카는 오빠 역시 친구로 여긴다. 레베카는 폐암으로 50살에 죽은 어머니와도 무척 가까웠다. 레베카는 일대일로 만나는 친구는 적당히 친한 친구부터 아주 친구까지 여럿 있지만 우정네트워크는 없다.

식구와 우정을 나누는 사람, 특히 어머니나 아버지가 가장 친한 친구인 사람은 아주 친한 친구가 없을 확률이 매우 높다. "나는 엄마와 무척 친해요. 엄마를 늘 제 가장 친한 친구라고 생각해요"라고 말한 카피라이터 페니는 또래 친구가 별로 없다.

부모나 형제자매와 친구처럼 지내는 사람은 아주 친한 친구는 잘 사귀지 못하지만 꽤 친한 친구나 웬만큼 친한 친구는 곧잘 사귄다. 사실 가족과 긍정적인 관계를 맺고 있으면 가족이 아닌 사람과 우정을 쌓는 데도 도움이 된다. 돈이 돈 있는 사람한테 몰리듯이 친구는 행복하고 자기 삶에 만족하는 사람에게 몰리기 때문이다. 나를 필요로 하고 사랑하는 가족이 있다는 것만큼 우리에게 행복과 만족을 주는 일은 없다. 이 시점에서 2장에서 인용했던 앤 플레세트 머피가 〈페어런츠〉에 실었던 칼럼이 생각난다. 이 잡지의 편집위원장이기도 한 플레세트는 그 칼럼에 어릴 때부터 사귄 가장 친한 친구 네 명을 소개했다. 앤은 임신축하 잔치에서 찍은 사진을 보다 친구들이 떠올랐던 것이다. 그런데 그 잔치는 누가 열어주었는가? 바로 어머니다. 지크 루빈이 아이들의 우정에 관해 쓴 책에서 주장했듯이 어머니와 강력한 유대를 형성하고 있는 아이들일수록 교우관계가 좋다.

꽤 또는 아주 친한 친구 같은 사촌이 있다고 해서 아주 친한 친구를 사귀는 데 방해를 받을 가능성은 적다. 1940년대에는 사촌들끼리 어울려서 친하게 지내는 일이 오늘날보다 흔했다. 그러나 요새는 아이들이 자라 독립하거나 자신의 가정을 꾸리고 나면 부모형제라도 추수감사절이나 크리스마스에나 얼굴을 본다. 친척들은 결혼식이나 장례식, 결혼 40주년이나 50주년 같이 큰 일이 있어야 만난다. 사촌들(친척들)과 모이는 일은 몇 십 년 전만 해도 달마다 또는 해마다 있었지만 지금은 10년에 한 번 있을까말까 한 일이 됐다.

조셉 버거 기자가 〈뉴욕타임스〉에 소개한 텐저 일가 200명의 이야기를 읽고 이들을 부러워하지 않은 사람은 아마 없을 것이다.

1883년 14살의 마이클 텐저가 유럽에서 이민 온 뒤 시작된 텐저 일가의 긴밀한 관계는 5대째 이어져오고 있다. 달마다 있었던 모임이 일 년에 서너 번으로 줄기는 했지만 텐저 일가는 꾸준히 정기적으로 만나고 있다.

자녀와 친구 되기

아마도 가장 친밀한 관계가 부모와 자식 관계일 것이다. 스티브 베글라이터의 사진수필집《아버지와 아들(Fathers & Sons)》을 보면 영화와 텔레비전 드라마 감독 밥 라펠슨이 자기 아들 피터에 대해 쓴 이런 구절이 나온다. "나는 평생을 함께 할 친구를 찾았다."

부모와 자식 사이의 우정은 매우 독특한 형태의 우정이다. 지금껏 살펴보았듯이 플라토닉 우정은 동등한 사람들 사이에서 가능하다. 플라토닉 우정이 유난히 편안하고 든든한 까닭도 그 때문이다. 그런데 아이가 어른이 되면서 일어나는 프렌드시프트는 부모 - 자식이라는 감독관계를 좀더 우정에 가까운 것으로 바꾸어 놓는다. 《기분 좋게 나이 먹는 법(Getting Over Getting Older)》의 저자 레티 코틴 포그레빈은 세 아이가 20대 후반이 되고 자기는 50대가 된 지금 그와 그의 남편 그리고 아이들에게 좋은 변화가 생겼다고 한다. "정확히 언제부터 그랬는지 알 수 없지만 우리 다섯은 우리 관계의 전제가 되었던 생각을 바꾸었다. 처음으로 우리는 서로를 동등한 관계로 대하고 있다. 그러나 엄마라는 신분과 감성을 잘 조절하는 덕분에 엄마라는 위치를 지키면서도 아이들과 친구처럼 지내고 있다."

자녀가 어른이 된 뒤 친구로 지내고 싶다면 자녀가 어릴 때 함께 시간을 보내두는 것이 가장 좋다. 그래서 서로를 알아가고 평생을 두고 되새길 수 있는 공통의 역사와 즐거운 추억을 만들어두는 것이다. 나는 최근 어렸을 때 성적으로 학대당한 경험이 있는 어른들을 조사한 적이 있다. 질문 중에 "어린시절의 추억 중 가장 기억에 남는 것은 무엇인가?"라는 게 있었는데 "없다"는 대답이 있었다. 참으로 슬픈 대답이었다.

아이들이 어릴 때 즐거운 가족전통을 만들라. 예를 들면 이런 것들이 있다. 명절에 같이 과자를 굽거나 카드나 책갈피 같은 간단한 선물을 함께 만든다. 가족 모두가 좋아하는 해변이나 휴양지에서 휴가를 보낸다. 식사를 하기 전에 짤막하게 감사기도를 올린다. 아이들에게 직접 생각해낸 기도를 올리게 하는 것도 좋다. 하루에 단 20분이라도 적극적으로 이야기를 들어주고 함께 놀아준다. 기억력 놀이, 퍼즐 맞추기 같은 게임도 좋고 볼링, 야구, 수영, 자전거, 스키 같은 운동도 좋다. 각자의 취미, 경제사정, 아이의 나이와 능력에 맞는 것을 고르면 된다.

텔레비전 시청은 가족 간의 소통을 막는다. 또 부모가 자녀들을 감독할 여력이 없을 때 자녀들의 관심을 붙들어두는 수단으로 이용되기도 한다. 그러나 가족활동의 일부로 절제하여 활용한다면 이로운 결과를 얻을 수도 있다.

모두 좋아하는 가족 프로그램을 일주일에 한 번 같이 보고 이야기를 나누면 그 프로그램이 바로 '우리 프로그램'이 된다. 또 이를 통해 가족 간에 유대감을 느끼고 아이가 어른이 되었을 때 부모에게 많은 도움이 되는 긍정적인 부모-자식 관계를 형성할 수 있다. 나는 아버지와 토요일 오후마다 〈시헌트(Sea Hunt)〉를 본 일을 지금도 기억한다. 아버지는 치과의사였고 토요일 오전까지 진료를 했다. 우리는 아버지가 집에 오시면 일단 밥부터 먹었다. 그때가 세 시쯤이었다. 아버지는 쉬고 싶었을 텐데도 나와 함께 텔레비전을 봤다. 아버지는 피곤해서인지 이야기는 많이 하지 않으셨다. 그 밖에 우리가 함께 본 프로그램은 〈와이드월드스포츠〉와 일요일에 하는 볼링 프로그램이었다. 그렇게 같이 티브이를 볼 때가 바로 어린 시절 아버지와 내가 가진 '우리 시간'이었다. 아버지는 평일에는 밤 9시 30분이 되어야 일을 마치고 돌아오셨기 때문에 나와 놀아줄 시간이 없었다.

배우 월터 매튜의 아들 찰리 매튜가 그의 부모와 나눈 우정은 아주 훌륭한 본보기이다. 찰리는 외아들이었지만 결코 외롭지 않았다. 그의 친구 중에는 그의 부모도 있었기 때문이다. 찰리의 말을 들어보자. "저는 아주 복이 많은 사람이에요. 저 같은 경우 상황이 좀 특이했죠. 부모님이 제 제일 친한 친구였으니까요. 지금도 제일 친한 친구가 부모님이에요. 저는 늘 부모님과 함께 다니며 어른들이 하는 일을 많이 경험했어요. 그래서인지 어른들 세계에 아주 자연스럽게 적응할 수 있었죠. 저는 친구가 많았으면 하는 생각은 별로 하지 않았어요. 이미 친구 둘이 있었으니까요. 그렇다고 외둥이에 대해 흔히 생각하는 것처럼 또래 아이들을 사귈 때 문제가 있지도 않았어요."

나는 찰리에게 부모와 누구나 부러워할 우정을 나누는 비결이 무엇이냐고 물었다. 찰리는 이렇게 대답했다. "부모님은 격의 없는 분들이셨어요. 우리는 다같이 어울려 놀았어요. 함께 영화도 보고 산책도 했죠. 아버지는 다저스와 레이커스 경기에는 모두 데려가 주셨어요. 우리는 항상 모든 일을 함께 했죠."

영화 제작자이자 감독으로 로스앤젤레스에 살고 있는 찰리는 부모님의 나이가 많았던 것(월터 매튜는 찰리를 낳았을 때 42살이었다)이 그들의 관계에 도움이 됐다고 생각한다. 찰리의 설명을 들어보자. "흔히 젊은 부모가 아이와 더 잘 통할 거라 생각하지만 실은 어느 정도 나이가 있는 부모가 아이와 더 잘 지내요. 왜냐면 자기 일에만 골몰하지 않으니까요. 아이에게 더 많은 관심을 가질 수 있죠." 그 밖에도 찰리 말에 따르면 찰리의 부모님은 두 분 다 여러 면에서 아이 같았다고 한다.

한편 부모와 자녀가 친구가 되는 것에 반대하는 사람들도 있다. 이들은 부모와 자식은 역할이 동등하지 않기 때문에 친구가 될 수 없다고 생각한다. 우정에도 존중, 사랑, 교육, 공통의 가치가 있는데도 말이다. 멘토-프로테제 관계를 생각해보자. 이 관계 역시 지위와 힘에 큰 차이가 있는 관계이다. 그러나 멘토와 친구처럼 지내는 프로테제들도 있다. 마찬가지로 믿음, 비밀 지키기, 함께 재밌게 놀기 같은 우정의 이상을 두루 갖춘 부모-자식 관계도 가능하다.

자식은, 다 큰 자식도 마찬가지인데, 부모에게 무슨 얘기든 할 수 있기를 바란다. 때로 부모의 대답이나 반응을 원하기도 하고, 때로는 그저 자기의 느낌이나 경험을 말하고 싶어 한다. 그러므로 부모들이 자녀와 우정을 키우고 싶다면 듣는 기술을 배워야 한다. 30

대 초반의 테리라는 여성은 모든 문제를 '해결하려' 드는 어머니의
태도가 모녀관계에 방해가 되고 있다고 말한다.

얼마 전 약혼자가 파혼을 선언한 일로 너무 힘들었어요. 그래서 제가 느
끼고 있는 외로움과 고통을 엄마에게 말하려 했죠. 그런데 그 일은 나보
다 엄마한테 더 큰 고통이었나 봐요. 엄마가 제 말을 자르며 이렇게 말
했어요. "우리가 토요일에 너한테 갈까?" 그게 엄마 방식이에요. 나는
받아들일 수밖에 없죠. 엄마는 어떤 일이든 해결책을 찾으려 해요. 제가
외롭다고 하면 엄마는 달려오죠. 그러면 적어도 얼마간은 외롭지 않죠.
하지만 다음번에는 꼭 용기를 내서 말하고 싶어요. "엄마, 난 그저 제가
느끼는 외로움을 엄마와 나누고 싶을 뿐이에요. 엄마더러 해결해달라
는 게 아니에요. 이건 엄마가 해결해 줄 수 없는 문제예요. 누구도요. 제
리를 대신할 다른 누군가를 만나야 해결되는 문제라고요."

아이들은 부모에게 비밀 이야기를 할 수 있기를 바란다. 부모
도 자식이 비밀 이야기를 해주기를 바란다. 어느 어머니가 내게 자
기의 열세 살 딸아이와 얘기해보라고 말했다. 그 어머니는 자기가
딸아이와 남들이 부러워할 만한 관계를 맺고 있다고 믿고 있었다.
딸아이가 자기에게 무슨 말이든 한다고 생각했다. 그러나 딸이 내
게 한 이야기는 달랐다. "남자친구와 문제가 생기면 엄마에게 얘기
할 거니?"라는 질문에 딸아이는 "친구에게 얘기할 것 같아요. 또래
한테 얘기하는 게 더 편할 것 같아요"라고 대답했다.

어머니, 아버지와 친구 되기

자식들은 자기가 부모가 된 뒤에야 비로소 그토록 원했던 부모와 자식 간의 우정을 발전시키기도 한다. 한 예로 수잔 폴리스 슈츠의 이야기를 들어보겠다.

40대의 성공한 시인 수잔은 세 아이를 둔 주부이다. 그는 70만 부가 넘게 팔린 《사랑하는 딸에게(To My Daughter with Love)》라는 시집을 포함하여 많은 책을 썼다. 수잔은 지난 20년간 어머니와 관계가 무척 좋아졌다고 한다. 지금 두 모녀의 관계는 수잔이 고등학교에 다닐 때와 전혀 다르다. 수잔은 고등학교 시절 너무 자기중심적이었던 탓에 어머니가 어떤 생각을 하고 있는지는 별로 관심이 없었다고 한다. 어머니가 자기 삶에 관여하지도 못하게 했다. 그런데 수잔이 첫 아이를 낳기 바로 전, 어머니는 수잔이 사는 콜로라도로 이사했다. 수잔은 말한다. "내가 첫 아이를 낳을 때 엄마가 곁에 있었어요. 그 전에는 늘 전화통화는 했지만 일 년에 두 번밖에 얼굴을 보지 않았죠." 그 스스로 부모가 된 지금 수잔은 새삼 어머니의 소중함을 느낀다. "이제는 엄마가 안 계시면 못 살 것 같아요."

때로 부모와 자식은 태도를 바꿈으로써 비로소 친밀해지기도 한다. 릴은 가장 친한 친구였던 아이린이 결혼한 뒤 엄마를 가장 친한 친구로 생각한다. 릴은 2년간 사귀었던 남자와 헤어지고 결국 어머니에게 도움을 요청했다. 릴의 어머니는 차를 몰아 뉴저지에 있는 당신 집으로 릴을 데려왔다. "가만히 앉아서 며칠 동안 입 다물고 있어." 이것이 어머니가 한 말이었다. 사실 릴은 이처럼 단호한 말을 듣고 싶었다. 그러나 친구들은 아무도 이렇게 말하지 않았다.

부모-자식 관계의 변화는 자식과 부모가 서로 역할을 바꿈으로써 일어나기도 한다. 도로시가 바로 이런 경우이다. 독신인 도로시는 어머니에게 자기의 외로운 처지를 호소하는 게 버릇처럼 되어 있었다. 59살의 사무직 노동자인 어머니가 무슨 걱정을 하는지는 한번도 생각해보지 않았다. 그런데 어느 날 도로시의 어머니가 개인적인 또는 일과 관련한 문제를 딸에게 모두 털어놓았다. "그날 나는 처음으로 어머니도 고민이 있는 한 여자라는 걸 깨달았어요. 어머니는 내게 한 얘기를 아버지에게 할 수도 있었겠죠. 하지만 이제껏 어머니에게 받기만 한 내가 드디어 어머니에게 무언가를 해줄 수 있었던 거예요. 그리고 어머니도 그런 약한 부분이 있다는 걸 알았으니 모든 일을 나 스스로 잘 해내야겠다고 생각했죠."

내가 인터뷰한 또 다른 독신여성은 이렇게 말했다. "어머니는 내게 생명을 주신 분이에요. 저와 가장 가까운 분이죠. 하지만 영원히 제 곁에 계실 수는 없어요. 그러니 나중에 어머니와 더 가까이 지내지 못했다고 뉘우치는 일이 생기지 않도록 노력할 거예요."

어머니 아버지와 가깝게 지내면 다른 모든 주요한 관계와도 편하게 친밀감을 나눌 수 있다. 그러나 어머니와 잘 지내려 노력해도 아무 성과가 없거나 적어도 지금 당장은 효과가 없는 것 같다면 어떻게 해야 할까? 예를 들어 나오미는 어머니에게 솔직해지려, 또 잘 지내려 노력하고 또 노력했다. 심지어 어머니에게 '엄마-딸 워크숍'에 함께 가자고 청하기까지 했다. 그러나 나오미의 어머니는 거절했다. 나오미는 어떻게 했을까? "나는 아버지한테는 늘 솔직한 얘기를 할 수 있었어요. 그래서 어머니하고 계속 다투기만 할 게 아니라 아버지하고 관계를 더 돈독히 하는 게 좋겠다고 생각했지요."

빅토리아 세쿤다는 《딸과 아버지: 첫 남자가 성과 연애에 미치는 영향(Women and Their Fathers: The Sexual and Romantic Impact of the First Man in Your Life)》이라는 책의 '아버지의 재발견'이라는 장에서 이 장의 목표가 "딸들에게 그들이 아버지에 대해 미처 알지 못했던 사실을 알려줌으로써 장차 일에서든 사랑에서든 가족이 아닌 남자들과 관계를 맺을 때 상대를 더 잘 이해할 수 있게 하려는 데 있다"고 밝히고 있다. 세쿤다는 아버지-딸 관계를 개선하기 위해서는 세 단계, 즉 기억하기, 치료하기, 다시 결합하기를 거쳐야 한다고 썼다. "열쇠는 아버지의 실제를 아는 것이다. 그것은 아버지가 살아계시든 돌아가셨든 다르지 않다. 우리는 아버지를 그늘에서 끌어내야 한다. 어머니의 눈이 아닌 우리 자신의 눈으로 아버지를 봐야 한다. 아버지를 신문이나 보던 사람으로 피상적으로 이해하지 말고 진짜 아버지를 봐야 한다."

작년에 결혼한 27살의 제인은 나오미와는 반대의 문제를 겪고 있다. 제인의 이혼한 어머니는 딸에게 자신의 애정문제를 시시콜콜 들려준다. 제인은 어머니의 그런 행동이 거북스러웠다. "나는 결국 어머니에게 얘기했어요. 어머니의 남자친구들이나 동거파트너에 대해서는 더 이상 알고 싶지 않다고 말예요. 나는 내 성생활을 아무에게도 말하지 않아요. 어머니도 그런 문제는 혼자 감당해야 한다고 생각해요."

결혼한 남자나 여자가 어머니와 너무 가까우면 결혼의 유대감에 영향을 미치기도 한다. 그러나 친구 같은 가족이 결혼의 성립 자체를 방해하는 것은 아니다. 낸시 프라이데이가 《어머니와 나》라는 책에 쓴 것처럼 오히려 어머니와 딸 사이의 우정은 가장 중요한 결합인 혼인관계가 실패한 뒤 싹트는 경우가 많다.

마가렛은 남편이 제일 친한 친구가 아니었다. 그리고 두 사람은 결혼생활에 문제가 있었다. 마가렛은 어머니에게 그 사실을 말하지 않았던 것을 뉘우친다. 44살인 마가렛은 이혼했으며 아이 셋을 키우고 있다. 마가렛은 엄마를 무척 친한 친구로 생각한다. 그러나 결혼생활을 하는 동안 어머니에게 남편이 바람을 피운다는 말을 하지 못했다. "그 사실을 처음 알았던 10년 전에 어머니에게 말했더라면, 어머니는 당장 그 사람과 헤어지라고 했을 거예요." 대신 마가렛은 결혼을 유지하려 애썼지만 결국 2년 전에 남편과 이혼했다. "나는 어머니에게 말하는 게 두려웠어요. 어머니에게 상처를 줄까봐 겁이 났어요. 그런데 놀랍게도 어머니는 이혼에 전적으로 찬성했어요. 그리고 다시 시작하도록 용기를 주셨어요. 나는 어머니에게 진작 말하지 않았던 걸 후회해요. 그 사람과 더 빨리 이혼하지 못한 것도요."

나에게 이런 부모가 있으면 하고 헛되게 바라는 대신, 어머니와 아버지를 있는 그대로 받아들이고 더 잘 알게 되면 부모님을 더 잘 이해할 수 있고 자기수용도 쉬워진다.

어머니 아버지와 더 좋은 친구가 되는 것은 자기 자신과 가장 좋은 친구가 되는 첫걸음이다.

배우자와 더 좋은 친구 되기

"당신에게 우정이 얼마나 중요한가요?" 나는 변호사보조원으로 일하는 27살 여성에게 물었다. 그는 대답했다. "아주 중요하죠. 특히 남편과 저 사이의 우정이요. 우리는 아직도 우정을 키워가는 중이에요."

1980년대에 있었던 일로 기억한다. 한 독신 친구가 친목을 도모하고 사람도 사귈 겸 모임을 준비했다. 그 친구는 한 남자를 열렬히 사랑했다. 그러나 늘 위태위태하던 두 사람의 관계는 1년 만에 끝나고 말았다. 그 친구는 다른 남자를 만났는데 이번에는 두 사람의 관계가 편안했고 친구도 마침내 행복을 느꼈다. 나는 그 친구에게 책을 한 권 선물하면서 안쪽에 몇 마디를 적었다. 정확한 문구는 생각나지 않지만 대체로 이런 내용이었다. "로맨스는 우정에 육체의 친밀을 더한 것이다."

나는 몇 년에 걸쳐 부부, 결혼생활을 하는 남녀, 이혼한 남녀 십여 쌍을 상대로 결혼에서 우정이 차지하는 구실에 대해 인터뷰했다. 그 결과 행복한 결혼생활을 하는 부부들은 서로를 가장 친한 친구로 생각하고 있었다. 그렇다고 서로가 유일한 친구는 아니었다. "데이비드는 내 가장 친한 친구예요. 다른 누구에게도 못 하는 말을 그이에게는 할 수 있어요." 20년간 행복한 결혼을 꾸려온 조이스의 말이다. 한편 이혼한 남녀 대부분은 결혼이 실패한 까닭을 얘기하면서 "우리는 친구가 아니었어요"라고 말했다.

한 쌍의 남녀를 행복하게 하고 가장 친한 친구로 만들어 주는 것이 무엇인지 꼬집어 말할 수 있을까? 내가 《미국의 독신》을 쓸 때는 아직 스스로 행복한 결혼생활을 경험해보지 못했던 때라 그 답을 알지 못했다. 나는 내가 멀리서나마 두 사람의 결혼생활을 흠모해마지 않던 어느 부부를 미니애폴리스까지 날아가서 인터뷰한 일을 기억한다. 나는 그 부부에게 행복한 결혼생활을 꾸려온 비결이 무엇이냐고 물었다. 부부는 나를 빤히 바라보았다. 그리고 긴 침묵이 흐른 뒤 분명하게 말했다. 그것은 말로 표현할 수 없는 그 무엇이라고.

몇 년 뒤 나는 두 사람이 이혼했다는 소식을 들었다. 나는 그 부인을 이따금 만나는데 그 부인은 남편과 헤어지길 정말 잘했다고 딱 잘라 말한다. 그가 더는 원치 않는 남자가 두 번째 아내와는 잘 지낸다는 사실을 그도 알고 있지만 말이다.

물론 배우자와 좋은 친구가 되는 것이 늘 가능한 일은 아니다. 그것은 처음부터 그 결혼이 잘못된 결혼이어서일 수도, 두 사람 사이에 화학반응이 없었기 때문일 수도 있다. 그러나 애초 서로에 대한 끌림, 사랑, 배려가 있었다면, 서로 조금만 노력하면 이런 느낌을 유지하고 나아가 발전할 수 있다.

여기 우리 이모 페기 실버가 남편 어빙과 50년간 이어온 결혼과 우정에 대해 쓴 시를 소개하겠다. 이 시는 두 사람의 금혼식 초대장에 적혀 있던 시다.

함께 한 오십 년

두 사람은 추수감사절에 만났어요.
서로를 아는 데는 한 달로 족했지요.

266

둘도 없는 천생연분이었거든요.

그게 벌써 50년 전이군요!

곧 눈 맞아 달아난 두 사람은

너무도 어린 나이에 부모가 되었죠. 누가 생각이나 했을까요.

필리스, 스튜어트, 키스를 키우면서

두 사람은 하늘이 내린 축복이라 생각했죠.

전쟁에서 살아남은 두 사람은 다시 시작했지요.

잠시도 허투루 보낼 수 없었어요.

일하는 수밖에, 부지런히 일하는 수밖에는 없었지요.

그처럼 서둘러 한 결혼에서는요!

겨우 열여덟 꽃다웠던 처녀는 이제 어디 있나요?

고작 스물셋의 풋풋했던 청년은요?

이제 청년은 머리칼이 하얗게 샜고 지팡이에 의지해 걷지요.

할머니가 된 아내가 남편의 신발 끈을 매는군요. 한 쪽 무릎을 꿇고서!

그러니 등은 구부정하고

어떤 옷을 걸쳐도 헐렁하고

때로 하늘이 우리를 버린 것처럼 느껴지더라도

삶은 괜찮아 보일 거예요.

사랑하는 사람과 함께 할 수만 있다면!

부부 사이에 우정이 싹트려면 서로에 대한 신뢰와 결혼생활에 충실하려는 마음가짐이 있어야 한다. 함께 시간을 보내는 것도 필요하다. 나는 캐럴이라는 28살 여성을 인터뷰한 적이 있다. 남편이 레지던트인 캐럴은 결혼한 지 5년이 됐고 두 살배기 딸이 있었다. 캐럴은 어느 날 자기와 남편이 너무 바쁘게 사느라 결혼생활에서 우정이라는 면을 챙기지 못하고 있음을 깨달았다. 캐럴은 그들의 결혼생활을 위해 획기적인 변화가 필요하다는 결론을 내렸다. 그래서 캐럴 부부는 맨해튼에서 뉴저지로 이사했다. 새로 이사한 집은 널찍해 홀로 되신 캐럴의 어머니가 아이도 봐줄 겸 이들 부부와 함께 살게 됐다. 다음은 캐럴의 말이다. "여기로 이사 온 뒤 톰과 나는 함께 노는 시간이 많아졌어요. 사람들은 어른이 되고 결혼을 하면 잘 놀지 않아요. 대신 심각하고 진지한 일을 하죠. 오페라를 보러간다든지 심각한 취미를 즐긴다든지 말예요. 그러나 여기 이사 온 뒤로는 그냥 놀아요. 함께 드라이브를 하거나 뒤뜰에 앉아 있어요. 얼마나 좋은지 몰라요."

내가 지켜본 바로는 남편과 아내가 친구에게 하듯, 하다못해 애완동물에게 하듯 서로에게 관심과 사랑을 보인다면 더 행복한 결혼생활을 누릴 수 있다. 그러나 결혼은 보통 동거를 수반하는 매우 포괄적인 관계이다. 따라서 이따금 만나는 친구 사이라면 피할 수 있는 사소한 일로 부딪치기도 한다. 그러므로 부부가 결혼을 재미있고 보람 있는 관계로 유지하려면 훨씬 많은 노력이 필요하다. 친구들은 돈이 궁하거나 몸이 아파 보살핌이 필요할 때 다른 친구에게 의지하는 법이 거의 없다. 이럴 때 대부분은 배우자나 부모, 은행이나 병원에서 도움을 찾는다. 또 친구들은 서로 늘 말을 조심한다. 결혼을 깨는 것이 법적으로 또 사회적으로 매우 복잡한 것에 대면, 친구 사이에서는 자기의 존재가 다른 친구들로 쉽게 대체될 수 있음을 알기 때문이다. 그러므로 부부가 서로를 친구로 생각한다면 결혼생활에서 마찬가지로 조심할 것이다. 이것은 배우자나 파트너에게 진실하지 말라는 얘기가 아니다. 내가 인터뷰한 수많은 사람들이 입을 모아 얘기한, 아주 친한 그리고 꽤 친한 친구들과 우정을 유지하기 위해 기울이는 주의와 정성을 배우자나 파트너에게 기울이라는 얘기이다.

여기 결혼생활에서 우정 요소를 강화할 수 있는 몇 가지 방법을 소개한다.

:: 두 사람이 함께 즐길 수 있는 활동을 개발하라. 예를 들면 스포츠, 문화, 오락, 요리 따위가 있다. 또는 대화의 기회를 만들어주는 창조적이고 복합적인 활동을 개발한다. 아이 없이 단둘이 밖에서 정기적으로 저녁식사를 하거나, 산책이나 조깅을 함께 하는 것도 한 방법이다. 영화를 보거나 같이 어떤 운동을 시작하거나, 헬스클럽에서 운동하기, 함께 산책이나 조깅하기, 함께 무언가를 배우기처럼 경험을 공유할 수 있는 활동도 좋다. 아니면 집 칠하기, 책꽂이 조립, 욕실 새로 꾸미기 같이 서로 관심이 같은 일에 협력하는 것도 좋다.

:: 금슬이 좋은 커플들과 어울려라. 서로 좋아하고 의사소통이 원활한 부부와 어울리는 것이 파괴적이고 부정적이고 불행한 커플과 어울리는 것보다 확실히 이롭다. 물론 당신은 친구가 배우자와 관계가 원만하지 않다

는 이유만으로 등을 돌리고 싶지는 않을 것이다. 그럴 때는 친구하고만 따로 만나는 것을 고려해보라. 두 쌍의 부부가 함께 만나는 것은 자칫 모두의 진만 빼놓을 수 있다. 마찬가지로 독신 친구와도 우정을 유지하라. 독신 친구를 당신의 결혼생활에 끌어들일 수 있는 적절한 방법을 찾아내라.

:: 지나친 비판은 삼간다. 더구나 남들 앞에서는 금물이다. 각자의 가족이나 친구가 있는 데서도 비판을 피한다. 도우려는 마음가짐을 갖고 이해심을 발휘하라.

:: 생일과 기념일을 기억하라. 필요하면 다이어리에 적어두라. 결혼기념일처럼 의례적인 기념일 외에 당신과 당신의 배우자에게 각별한 뜻이 있는 기념일도 기억하라. 예를 들면 두 사람이 처음 만난 날, 처음 데이트 한 날, 청혼한 날이 있다. 또는 아무 날이 아니라도 카드, 선물, 꽃, 편지나 직접 쓴 시 따위로 마음을 표현해본다.

:: 비밀을 지킨다.

:: 될 수 있으면 집안일은 나눠서 한다. 필요하면 누가 어떤 일을 얼마나 자주 하고 언제 서로 하는 일을 바꿀 것인지를 적은 표를 벽에 붙여둔다. 필라델피아의 한 광고대행사에서 카피라이터로 일하는 25살 여성은 이렇게 말했다. 이 여성은 결혼한 지 1년 되었으며 아직 아이는 없고 남편은 세일즈맨이다. "우리는 각자 형편에 맞게 일을 분담해요. 저는 설거지를 하고 장을 보고 청소를 해요. 남편은 쓰레기를 내다버리고 고장 난 물건이 있으면 고쳐요. 우린 늘 맞바꿔요. '내가 이걸 할 테니 당신은 이걸 해줘' 하는 식으로요. 우리는 운이 좋은 편이에요. 아내는 직장에 다니면서도 집안일의 90퍼센트를 하는데 남편은 고작 10퍼센트밖에 하

지 않는 부부들도 있거든요.”

:: 아이가 생겼다고 해서 활동을 제한하지 마라. 그보다는 아이를 될 수 있
는 대로 자주 테니스, 야외활동, 소풍, 여행 같은 바깥활동에 데려간다.

:: 우정에서와 마찬가지로 결혼 생활에서도 ‘재미’를 불어넣기 위해 노력
하라.

:: ‘나’를 주어로 하여 상대방의 행동으로 내가 어떤 기분이 드는지를 표
현한다. 이는 자녀, 부모, 형제, 친척과 친해지는 데도 유용한 의사소통
기술이다. 이를테면 “나는 당신이 나더러 5킬로그램만 빼라고 말할 때
마다 무척 스트레스 받아”라는 식으로 말하는 것이다. 기분이 나쁘다고
해서 거친 말과 모욕을 주는 말로 되받아친다면 서로 거리만 더 벌어질
뿐이다.

:: 내가 워크숍을 진행하거나 집단상담을 할 때 자주 쓰는 기술인 ‘역할극’
을 시도해보라. 역할극은 당신과 당신의 파트너가 서로 역할을 바꿔 상
대의 처지에서 말하는 것이다. 이를 통해 상대의 행동으로 내가 어떤 기
분을 느끼는지를 표현할 수 있다. 역할극은 어떤 사람의 행동을 거울처
럼 비춰준다. 이것은 상대방의 역할을 연기함으로써 상대가 틀에 갇혀
미처 보지 못하던 자기의 말과 행동을 새로운 시각으로 볼 수 있게 한다.

그리고 자기의 욕구와 감정을 더 적극으로 표현할 필요가 있
다. 그러지 않고 속상한 기분을 억누르면 적개심이 쌓인다. 또는 버
럭 화를 내며 말하는 것 같은 부정적인 의사소통 패턴을 키우게 된
다. 감정에 치우치지 않고 차분히 자기 생각을 말할 수 있다면 남녀
관계에서 양방향의 의사소통을 더 잘 할 수 있다. 그리고 잊지 말고

파트너의 얘기도 들어라. 상대가 자기의 느낌, 두려움, 소망, 걱정이나 생각을 표현할 수 있는 시간을 주어라.

서로를 위한 시간을 만들고 두 사람의 애정관계를 인생에서 우선으로 삼아라. 그렇게 하면 두 사람의 애정에서 우정 요소가 크게 좋아질 것이다. 갈등을 효과적으로 풀 수 있는 방법을 찾는다. 갈등을 돌이킬 수 없는 지경에 이르도록 묵혀두지 않는다. 이 또한 상대방과 더 좋은 친구가 될 수 있는 방법이다.

또 하나의 친구, 애완동물

애완동물은 친구가 없는 이에게 친구가 되어준다. 친구가 있는 사람이라도 애완동물에게서 또 다른 우정을 느낄 수 있다. 애완동물을 키우는 것은 아이를 키우는 것과 비슷해 대부분의 우정의 특징인 주고받기 관계를 익힐 수 있다. 애완동물의 몸짓과 소리에 민감하게 반응하다 보면 아이나 어른이나 상대를 배려할 줄 아는 너그러운 친구가 될 수 있다.

보니는 40대 초반의 독신여성으로 홍보대행사에서 사무관리 일을 했으며 지금은 그래픽 디자이너가 되기 위해 공부하는 틈틈이 파트타임으로 일하고 있다. 보니는 지난 8년간 보스턴의 아파트에서 버스터라는 이름의 흰색 테리어를 키워왔다. 보니는 조금도 망설이지 않고 버스터가 그의 가장 친한 친구라고 말한다. 보니는 20년 넘게 사귄 친한 친구가 있었지만 몇 년 전 그 친구가 더 이상 자기를 좋아하지 않는 것을 깨닫고 헤어졌다. 그래서 이제는 정말 버스터가 제일 친한 친구다. 보니는 버스터에게 무조건의 사랑을 받고 있다고 생각한다. 이는 가족이나 애인에게서도 느껴보지 못했던 사랑이다. "버스터는 지금껏 제가 사귀어본 최고의 친구예요. 사람들이 사랑이 어떤 것인지 알고 싶다면 개를 키워야 한다고 생각해요. 개한테서 무언가 배울 수 있을 거예요. 이 녀석은 말대꾸라는 걸 모르죠. 제 인생을 꼬이게 하지도 않고요. 제 삶을 더 즐겁게 만들 뿐이죠. 버스터는 아주 예쁘고 사랑스럽고 영리해요. 언제나 제 곁에 있고요. 제가 우울해 있거나 울고 있으면 다가와서 들여다본답니다."

보니는 또 또래친구와는 말 때문에 사이가 나빠지거나 관계가 끝나기도 하지만 가장 친한 친구인 그의 개하고는 그런 문제를 전혀 걱정하지 않아도 된다고 말한다.

사람들은 말로 서로에게 상처를 줘요. 대개는 전혀 그럴 생각이 없는데도 말이죠. 나도 누군가에게 상처가 되는 말을 할 때가 있어요. 대부분의 경우 그럴 생각은 전혀 없었죠. 그러면 상대방은 그저 말없이 내 삶에서 사라져버리죠. 그랬다가 자기가 지나치게 예민했다는 것을 깨닫고 돌아오기도 하지만 대개는 그냥 가버려요.

사람들은 이게 문제예요. 차분히 무릎을 맞대고 문제를 풀지 않아요. 우리에게는 충분히 그럴 수 있는 능력이 있거든요. 우리의 능력을 우리에게 득이 되는 방향으로 말하고 소통하는 데 쓰지 않아요.

하지만 개들은 우리가 잘해주기만 하면 우리를 기쁘게 하기 위해 뭐든지 해요. 개들은 그 대가로 아무것도 바라지 않는데, 그게 정말 훌륭한 점이예요. 그래서 더 개에게 잘해주고 싶어져요. 사람들도 서로 그럴 수 있다면 정말 좋을 거예요. 하지만 그렇지 않으니 제가 개를 택할 수밖에요.

동물에게 사랑을 주고 그 대가로 사랑을 받고 당신의 애완동물이 무엇을 원하는지 얼른 읽을 수 있게 되면 아래 허락을 받고 옮겨실은 톰 체니의 만화에 표현된 것처럼 애완동물, 또래친구, 애인 또는 배우자에게 더 많은 사랑을 줄 수 있게 된다.

뉴욕에서 100킬로미터쯤 떨어진 브루스터에 있는 약 19만 평 규모의 농장, 그린 침니스 칠드런스 서비스(Green Chimneys Children' Services)는 혁신적인 방법으로 문제아동과 십대의 거주 치료와 교육을 맡아오고 있다. 아이들이 동물과 친해지게 함으로써 치료를 도모하는 것이 이곳의 근본 발상이다. 1947년 교육자 사무엘 로스 박사가 설립한 이곳에서는 6살에서 15살의 대략 150명에 이르는 소년소녀가 농장에 살며 200여 마리 동물을 돌보는 데 적극 참여하고 있다. 로스 박사는 아이들이 기적적으로 좋아지는 사례를 수없이 보아왔다. 이는 아이들이 받은 치료가 효과를 발휘했기 때문이기도 하지만 아이들이 개, 토끼, 말과 우정을 가꾸며 더 행복해지는 법을 배웠기 때문이다. 다음은 로스 박사의 설명이다.

아이들은 모름지기 무언가에 연결되어 있어야 합니다. 그런데 처음 여기 오는 아이들을 보면 가족이나 이웃, 학교친구와 연결하는 데 어려움을 겪고 있지요. 그래서 아이들은 우울해하고 슬픔과 외로움을 느껴요.

"우리가 더 가까워지기 전에 당신이 개에 대해 어떻게 생각하는지 알아야겠어요."

우리가 발견한 사실 중에 이런 게 있는데요, 또래 아이나 어른에게 마음을 열지 않는 아이들이 동물에게는 마음을 열고 동물과 자기를 연결합니다. 그 연결에서 시작하여 아이들은 또래아이나 어른과 관계를 맺을 수 있게 되는 것이죠.

이번 주에 열 살인가 열한 살 때쯤 여기 머물렀던 청년을 한 사람 만났어요. 식구, 학교, 이웃과 관계를 맺는 데 문제가 있어 여기 왔던 친구지요. 이제 스물여덟 살이 됐는데 회계사가 됐어요. 아주 잘 살고 있죠. 경찰과 몸싸움을 벌이던 강도를 제압해서 '용감한 시민 상'도 탔다고 하더군요. 경찰의 목숨을 구한 거예요. 내가 물어봤죠. 침니스가 당신에게 어떤 도움이 되었냐고요. 그 청년이 그러더군요. "저는 여기서 양을 키우면서 정을 주는 법을 배웠어요. 제 양이 새끼를 낳던 일을 기억해요. 정말 짜릿한 순간이었어요."

아이들은 양육하는 일을 맡음으로써 양육자가 되고 양육 관계를 확립합니다. 이는 아이들이 전에 지녔던 행동이나 학대적인 환경과 단절하는 데 도움이 됩니다. 우리는 괜스레 큰소리를 치고 거칠게 구는 아이들을 많이 봅니다. 혼자 있고 싶어서 그러는 거죠. 하지만 그런 아이들도 동물들한테는 아주 부드러워진답니다.

안심할 수 있는 친구, 심리치료사

우리는 부모형제나 배우자를 친구로 생각하건 생각하지 않건, 친구가 있건 없건, 일이나 개인적인 문제를 해결하기 위해 전문가의 도움을 필요로 할 때가 있다. 심리치료사(여기에는 심리학자, 정신과 의사, 요법사, 정신건강전문 사회복지사가 포함된다)는 가장 친한 친구조차 줄 수 없는 객관성과 기술을 우리에게 제공한다.

데이바 소벨은 '산산조각 난 프로이트의 유산(Freud's Fragmented Legacy)'이라는 제목의 글에서 도움을 찾아 여러 심리치료사를 전전하는 어느 여성을 묘사했다. 마침내 취리히에서 교육받은 융 학파의 심리치료사에게 2년간 성공적인 치료를 받은 이 환자는 매주 받았던 치료가 다음과 같은 도움이 됐다고 말한다. "나는 그만한 돈을 쓸 가치가 충분하다고 사람들에게 말해요. 치료사는 무엇보다도 객관적이니까요. 그건 친구에게선 결코 기대할 수 없는 일이에요."

치료의 기능

여러분은 '자기공개'를 설명한 이 책의 앞부분에서 비밀을 나누는 것이 우정을 쌓는 데 도움이 된다는 점을 살펴보았다. 그러나 가장 내밀한 비밀이나 생각을 친구와 나누는 것은 이점도 있지만 비밀이 노출되거나 친구에게 거절당하거나 친구에게 충격을 줄 위험도 있다.

그러나 치료사는 어떤 가치판단도 하지 않고 우리의 고백을 듣도록, 우리의 비밀을 나누도록 훈련받은 사람이다.

우리는 친구가 받아들여 줄 것을 기대하며 비밀을 고백한다. 그러나 고백하고 난 뒤에는 친구가 그 비밀을 어떻게 다룰 것인가, 만약 우정이 끝나면 그 비밀은 어떻게 되는 것인가를 걱정한다. 그러나 상대가 믿을 만한 치료사라면 이런 걱정은 하지 않아도 된다.

다행히 치료가 환자와 치료사 모두에게 효과를 발휘하여 두 사람 사이에 유대가 형성되면 함께 협력하여 지난날의 좋지 않은 기억을 털어버리고 과거 어떤 일이 지금 겪고 있는 문제의 원인인지를 알아낼 수 있다. 치료가 성공적이면 환자는 더 이상 친구를 감정의 짐을 부려놓는 대상으로 이용하지 않을 것이고 우정은 바람직한 방향으로 나아갈 수 있다. 우정은 주고받는 관계여야 한다. 감정이 안정되어 있지 않고 문제가 있는 사람은 자기가 주는 것보다 많이 받으려 한다.

그러나 치료사는 친근하게 느껴지더라도 친구는 아니다. 기자

출신의 사회복지사 밀턴 헤인즈는 치료와 우정이 어떻게 다른지 다음과 같이 설명한다.

치료사인 제 처지에서 볼 때, 이상적인 치료자와 내담자 관계를 정립하는 것은 고도의 기술이 필요한 일입니다. 우리는 믿었던 친구나 치료사에게 배신당했을 때 얼마나 그 피해가 큰지 잘 알고 있습니다. 정말 좋은 치료사란 그런 실수를 저지르지 않도록 교육받은 치료사이지요. 치료사들은 내담자의 치료를 자기도 모르게 망치는 일이 없도록 때때로 지도감독이나 동료들의 검토를 받는 게 좋습니다.

사전을 찾아보니 우정을 "한 사람이 어떤 사람에게 존경, 존중, 애정으로 연결되어 있는 상태"라고 정의하고 있더군요. 나는 자기의 삶을 살펴보고 변화를 모색하기 위해 내 방문을 열고 들어오는 사람은 누구나 존경하고 존중해요. 그들은 기꺼이 나와 자신 앞에서 그의 가장 내밀한 갈등, 죄악, 환상, 두려움을 말하죠. 그것은 엄청난 용기가 필요한 일이에요. 그러나 사전의 정의 중 '애정' 부분은 치료사나 환자 모두에게 민감한 부분이에요. 치료사가 내담자에게 애정을 느끼면 치료가 왜곡될 수 있거든요. 사람들은 외과의사나 변호사가 자신에게 애정을 느끼는 것을 원치 않아요. 다만 적절히 감정의 거리를 두고 훌륭하게 임무를 수행하기 바라지요. 심리치료사도 같은 경우입니다.

14. 우정의 완성

아이에게 친구와 놀거나 만날 시간을 허락하지 않는 부모는 없다. 그러나 어른들은 생계와 가족에 대한 의무에 짓눌려서는 말한다. "나는 친구 만날 시간이 없어." 그러나 우정을 인생의 주요관심사로 삼기만 한다면 아무리 바쁜 삶이라 해도 거기에 우정을 끼워 넣을 방법은 많다.

삶이 바쁘고 복잡해지면 나이가 몇이건, 결혼을 했건 안했건 우정이 없어서는 안 된다는 것을 잊기 쉽다. 그러나 우정에 시간과 노력을 투자하면 분명히 열 배 이상으로 돌아온다.

여러분도 알다시피, 그리고 이 책과 많은 연구에서 확인됐다시피, 우리는 적당히 친한 친구에서부터 아주 친한 친구까지 다양한 친구가 필요하다. 우리는 특히 꽤 또는 아주 친한 친구가 적어도 한 명은 필요하다. 어렵고 힘든 시절을 함께 헤쳐 왔고 나와 공통의 역사를 간직하고 있으며 아무리 자기 삶이 바빠도 내 얘기에 귀를 기울일 친구 말이다.

우정을 주요관심사로 삼자

친구란 그저 재밌게 놀 수 있는 상대도 되지만 일자리를 잃거나 지금의 일에 만족하지 못할 때, 이혼하거나 배우자와 사별했을 때와 같이 정서적으로 황폐할 때 그 충격을 덜어주는 존재이다. 또한 친구가 있으면 배우자나 다른 식구에게 지나치게 의존하지 않을 수 있다.

"친구는 좋은 약이 될 수 있다"라는 캘리포니아 정신건강국의 간행물 제목은 의학적으로 심리학적으로 증명된 사실이기도 하다. 역학자인 리자 버크먼 박사를 비롯한 여러 학자들이 심장발작을 일으킨 사람의 생존율과 생존기간을 깊이 연구하고 이 같은 결론을 내린 바 있다.

그러나 친구는 시간을 들여 계속 관계를 유지할 때만 좋은 약이 될 수 있다.

몇 년 전 나는 혹시 친구가 될지 모르는 사람을 대단히 정성스레 대하는 한 여성에게서 깊은 인상을 받았다. 그 여성은 미치 라이먼으로 내가 언니의 소개로 알게 된 사람이다. 언니의 9년지기인 미치는 언니에게 나를 소개받기 바로 전해 여름 워싱턴에서 코네티컷 주로 집을 옮겼다. 미치는 웨스트포트에 살고 있었는데 그곳은 내가 이사를 갈까 생각하는 곳이었다. 그래서 나는 미치가 어떻게 집을 골랐는지 이야기를 듣고 싶었다. 그러다가 서로 친해져도 좋을 것 같아 나는 미치를 만나기로 했다.

우리는 목요일 오전 10시에 만나기로 했다. 그런데 수요일 밤, 우박이 쏟아지고 비바람이 무시무시하게 몰아쳤다. 나는 9시쯤 미치에게 전화를 걸어 내일 아침 날씨가 나쁘면 약속을 다시 잡자고 말했다. 나는 날씨가 걱정되기도 했지만 사실 새로운 사람을 만나는 게 부담스러웠다.

다음날 아침은 날씨가 좋았다. 나는 여전히 무거운 마음을 안고 30분쯤 차를 몰아 미치네 집으로 갔다. 그런데 미치네 집에 도착해보니 그날 아침 미치네 집에서는 한바탕 난리가 났던 모양이었다. 미치는 차를 정비공장에 맡긴 탓에 큰딸은 택시에 태워 학교에 보내고 학교버스를 놓친 작은 딸 역시 택시에 태워 학교에 데려다주고 왔다고 했다. 그런 사정이면 약속을 취소하고 남았을 텐데도 미치는 나를 실망시키지 않았다.

우정문제 전문가 스티브 덕 박사는 《친구 그리고 인생(Friends, For Life)》이라는 책에 "우정이 가진 또 하나의 기능, 바꿔 말해 우리가 친구를 필요로 하는 또 다른 이유는 우리가 친구를 통해 정서의 안정을 유지할 수 있고 다른 사람과 나를 견주어 봄으로써 내가 잘하고 있는지 판단할 수 있기 때문"이라고 썼다.

쌍둥이를 둔 취업 주부인 내 친구 마샤 호펜버그는 사랑하는 사람들과 사별하는 아픔을 겪은 뒤 "친구는, 불행으로 산산조각 난 마음을 다시 붙여주는 풀 같은 존재"라고 말했다.

그러나 불행한 때가 아니라도 친구는 꼭 필요하다. 친구가 있음으로써 자기존중감을 느낄 수 있고 든든한 후원군을 얻을 수 있으며 즐거운 추억도 만들 수 있기 때문이다. 이제 마샤는 아이들을 놀이모임에 데려다 주고, 일 관계로 사람을 만나고, 집을 치우는 사이사이에 친구 만날 시간을 만들어낸다. 나와 마샤는 둘 다 미혼이었을 때 같이 맨해튼에서 살았다. 그래서 거의 주마다 시간을 내서 함께 운동했다. 우리는 헬스클럽에서 자전거를 타며 이야기를 나누었다. 우리는 이제 둘 다 결혼해서 가족이 있고 각자 다른 주에 산다. 그래서 예전처럼 자주 이야기하거나 만나지는 못한다. 그러나 우정은 꾸준히 이어지고 있다. 둘 다 우정의 소중함을 알고 시간과 관심을 기울이기 때문이다.

내 친한 친구 메리 티어니는 친구들과 맨해튼의 식당에서 한 달에 한 번 점심모임을 갖는다. 메리는 지금의 남편과 첫 데이트를 한 뒤 이 모임을 시작했다고 한다. 메리의 남편이 될 남자는 당시 친구들과 정기적으로 점심모임을 가지고 있었다.

이 모임은 12년 전 남편과 내가 첫 데이트를 한 직후 시작됐어. 내가 이 모임을 만든 건 남편을 다시 보고 싶어서였어. 매달 첫 금요일에 열리는 남편 친구들의 점심 모임에 여자는 초대되지 않는다는 걸 알고 있었으니까. 그래서 나는 같은 시각 같은 장소에 여자들을 몽땅 불러 모았지. 그리고 남자들이 앉아 있는 반대편에 앉았어. 우리는 나중에 식사가 끝나고 남자들의 초대를 받아 함께 차를 마셨어. 여자들 중에는 화가 앨리스 닐도 있었는데 나는 그이에게 내 남자 친구가 어떤지 봐달라고 부탁

했지. 처음 몇 년은 일 년에 한 번만 모였어. 그러다가 달마다 만나기 시작했는데 덕분에 이 모임에서 많은 걸 얻었지. 친구도 사귀었고 일과 관련한 네트워크도 만들 수 있었지. 뭐 그다지 큰 구실은 하지 못했지만. 이제는 남편 친구들 중에 우리더러 자기들 모임에 들어오라는 사람들도 있어. 하지만 내가 계속 거절하고 있지.

아이오와에서 활발하게 미술치료를 하는 카렌 로보비츠는 다 큰 자녀가 셋에 이제 막 걷기 시작한 손자가 하나 있다. 카렌은 이렇게 말했다. "나는 일주일에 한 번은 꼭 재미난 일을 해야 해요." 몇 년 전 이혼을 한 뒤로 카렌에게 친구들이 더욱 중요해졌다. 카렌과 카렌의 친구 한 사람은 작년에 카누를 한 척씩 샀다. 두 사람은 가끔 카누여행을 한다. 카렌은 말도 탄다. 또 명상과 요가에도 관심이 많은데 자신과 취미가 같은 친구들과 주말 워크숍에 다녀오기도 했다.

친구들과 만나는 일만 시간이 드는 것은 아니다. 인생의 주요 관심사로 삼지 않으면 실천하기 힘들기는 다른 것도 마찬가지다. 전화를 거는 데도 시간이 들고, 우편을 이용하든 이메일을 이용하든 편지를 보내고 답장을 쓰는 데도 시간이 든다. 수년 전 내가 아직 미혼이었을 때 내 교우관계 대부분은 직접 만나거나 편지를 교환하는 관계였다. 그때 내 친구 중에는 유명한 소설가도 한 사람 있었다. 그가 처음 내게 먼저 편지를 함으로써 시작된 우리 우정은 몇 년간 이어졌고 우리는 멀리 있어서 만나지는 못했지만 웬만큼 친한 사이가 됐다. 그런데 그가 갑자기 내게 이런 편지를 썼다. 내가 이 편지를 읽고 얼마나 상처를 받았을지는 여러분도 짐작할 수 있을 것이다. "당신이 꾸준히 보내오는 편지에 대해 할 이야기가 있습니다. 미안 하지만 당신 편지를 감당하기가 힘들군요. 그동안 나는 너무 바빠 서 당신 편지에 답장을 하지 못했고 앞으로도 그럴 것 같습니다. 지 금 답장을 하는 까닭은 이 사실을 알리기 위해서입니다. 하지만 계 속 제게 편지를 써도 좋습니다. 무슨 내용이든 좋습니다. 단 질문만 은 말아주세요." 몇 년 뒤에야 나는 우리 사이가 끝난 까닭을 알았 다. 나는 그때 그가 사는 도시를 방문할 예정이었는데 그 일이 '방 아쇠'가 된 것이다. 당시 나는 그의 시간을 너무 많이 빼앗고 있었 다.

너무 바빠서 친구와 만날 시간도 전화나 편지할 시간도 없는 가? 여기 아무리 바빠도 친구를 위해 짬을 낼 수 있는 31가지 방법이 있다.

01 날짜와 시간을 정해 다이어리나 전자수첩에 친구 이름을 적어둔다. 그 리고 그 친구와 관련한 일을 그 날의 주요일과로 삼는다. 친구에게 전 화를 걸 건지 편지를 쓸 건지 표시한다. 친구와 만나고 싶은 시간을 생 각한 뒤 친구가 그 시간에 당신을 만날 수 있는지 전화나 편지로 확인 한다.

02 정기적으로 만나기로 약속한다. 만나는 횟수는 시간과 거리를 생각해서 정한다. 혼자 만날 수도 있고 배우자나 딴 식구와 만날 수도 있다.

03 살다보면 생기기 마련인 자질구레한 일을 친구와 함께 한다. 예컨대 아 이의 축구경기를 함께 보고, 옷, 음식, 선물 쇼핑을 함께 한다. 크리스

마스 선물을 함께 포장한다. 함께 빵이나 쿠키를 굽거나 관심 있는 강의를 듣고 도서관에 간다.

04 친구와 함께 가는 여행을 계획하라. 당일치기 여행이라도 좋다.

05 '여자들만의 외출'이나 '남자들만의 외출' 시간을 갖는다. 돈, 시간, 일, 육아 따위 문제로 외출하는 것이 쉽지 않다면 친구를 한 사람 집으로 불러 비디오를 빌려다 보며 논다.

06 함께 봉사활동을 한다. 무료급식소에서 일하거나 아이들을 가르치거나, 노인요양원을 찾아가 어르신과 시간을 보낸다. 초등학생들에게 책을 읽어주고 교사 노릇을 한다.

07 친구들의 전화번호, 주소, 이메일 주소, 일정을 보기 편하게 관리한다. 그래서 언제든 필요하면 손쉽게 전화를 걸고, 편지, 이메일을 보낼 수 있도록 한다.

08 친구와 함께 갈 콘서트나 연극, 행사 표를 사둔다. 이렇게 하면 자연히 함께 시간을 보내게 된다.

09 엽서를 지니고 다닌다. 그래서 병원에서 진료순서를 기다리거나 아이가 기타교습을 받거나 축구경기를 할 때, 출퇴근 시간, 출장 등 짬이 날 때 친구에게 편지를 쓴다. 특히 같은 지역에 살지 않는 친구들에게 편지를 쓰라. 당신의 소식을 전할 수 있고 접촉도 이어갈 수 있다.

10 식구들과 추수감사절 잔치를 치른 다음날, 친구들하고 따로 모임을 가져라. 친구들끼리 돌아가면서 음식을 장만하든지 아니면 각자 음식이나 음료를 준비한다. 해마다 같은 친구들과 모이는 것도 좋고 친구들을 바꿔가며 모이는 것도 좋다.

11 동네 슈퍼마켓에서 만나거나 함께 차를 타고 조금 멀리 떨어진 가게나

쇼핑몰에 가서 장을 본다.

12 스피커폰을 장만해서 여러 친구와 동시에 통화한다. 스피커폰을 이용하면 통화를 하면서 식기세척기에 그릇 넣기, 아이 돌보기, 봉투에 편지 넣기 같은 다른 일도 할 수 있다.

13 친구의 생일을 기억해준다. 전화를 하든지 카드를 보내든지 만나라. 생일선물은 꼭 비싸지 않아도 된다. 점심을 사주겠다거나 친구의 아이를 몇 시간 돌봐주겠다는 내용의 쿠폰을 직접 만들어 선물하는 것도 괜찮다. 온천 이용권, 스타벅스나 레스토랑 상품권, 사진틀, 일기장, 책 같은 선물도 좋다.

14 친구와 전화통화를 하거나 만날 때는 다음 만날 약속을 정한다. 그렇게 하면 만남이 이어질 가능성이 높아진다.

15 친구가 어떤 변화에 적응하는 중이거나 시간을 많이 요구하는 일에 매여 있다면 여유를 주라. 당신이 메모를 남겼는데도 친구가 늦게 전화하거나 아예 전화를 하지 않더라도 이해하자. 이럴 때는 자존심만 세울 게 아니라 친구에게 먼저 전화한다.

16 전자카드나 이메일을 보내는 것도 친구와 연락을 이어갈 수 있는 좋은 방법이다.

17 친구에게 당신과 함께 즐길 수 있는 선물을 한다. 예를 들면 앞으로 몇 달 안에 당신과 점심을 먹을 수 있다는 내용의 쿠폰을 만들어 선물한다. 이렇게 하면 선물에 유효기간을 줄 수도 있다. 혹은 영화표를 준비하거나 함께 온천에 간다.

18 결혼하거나 아이를 가지거나 먼 곳으로 이사하거나 다시 공부를 시작하거나 퇴직하는 따위 주요한 변화가 생겼을 때, 그 변화가 일시적이건

장기적이건 우정이 계속될 수 있도록 노력하라.

19 그냥 안부도 물을 겸 가끔 전화해서 가벼운 이야기를 나누라. 꼭 대단한 소식이 있어야 전화할 수 있는 것은 아니니까.

20 전화 왔다는 메시지를 받으면 빨리 전화한다. 그럴 수 없을 때는 친구에게 그 까닭을 알려준다. 예를 들어 당분간 집을 비울 예정이라는 등의. 그러나 당신의 전화에 친구가 즉시 전화하지 않는다 해도 너그러운 마음을 가져라. 아마 이유가 있을 것이다. 여행 중이라든지, 전화기에 녹음이 안 됐다든지, 그 집 아이가 전화 왔다는 말을 안 전했든지 등등. 그러나 친구가 응답전화를 않는 일이 되풀이된다면 친구와 이에 대해 얘기를 하라.

21 살아가면서 겪게 되는 모든 주요 행사를 서로 챙기기로 약속한다. 물론 마음만으로 챙기는 차원을 넘어서야 한다.

22 친구와 갈등이 있다면 풀어라. 아니면 저절로 마음이 풀릴 때까지 기다려라.

23 말하기 전에 생각하라.

24 친구의 영역을 존중하라. 배우자나 육아 따위 몇몇 주제는 화제에 올리지 않는 것이 낫다. 두 사람 다 미혼이었을 때는 각자의 데이트 상대를 헐뜯어도 괜찮았지만 결혼 뒤에는 그렇지 않다.

25 친구의 성취를 축하하라. 경쟁심이 드는 것은 정상이지만 그 감정을 잘 다스려 우정이 다치지 않도록 하라.

26 당신이 두 사람의 우정에 고마워하고 있음을 말과 행동으로 표현하라. 두 사람의 우정을 어떻게 축하할 것인지 지금 당장 계획을 세워라.

27 당신의 소식을 적은 편지를 친구들에게 돌린다. 친구들이 그 편지를 읽

은 뒤 끝에 자기 소식을 덧붙여 다음 사람에게 돌리도록 한다.

28 친구에 대해, 또 친구와 나눈 우정에 대해 기록한다. 사진도 붙이고 두 사람이 만나고 대화하고 여행한 일에 대한 감상도 덧붙인다. 그리고 나중에 이 기록을 생일이나 크리스마스 선물로 친구에게 준다.

29 전화, 편지, 이메일, 팩스, 직접 만나기 등등 친구와 여러 가지 방법으로 접촉하라.

30 당신이나 당신 친구가 만날 약속을 취소하는 일이 너무 잦다면 혹시 두 사람의 우정에 문제가 있는 것은 아닌지 생각해보라. 약속을 취소하는 일이 지나치게 잦다는 것은 두 사람 사이를, 혹은 당신 자신을 되돌아봐야 한다는 신호일 수 있다.

31 오랫동안 소식을 나누지 못한 친구에게 전화할 때는 그냥 이렇게 시작하라. "잘 있었니? 네 생각이 나서 전화했어. 지금 통화해도 괜찮아? 그동안 어떻게 지냈니?" 될 수 있으면 진작 연락하지 못해서 미안하다는 둥 사과하거나 변명하지 말라.

같은 동네, 같은 아파트, 같은 골목처럼 가까운 곳에 사는 친구와 한 시간 이상 떨어진 곳, 나라 이 끝과 저 끝, 아니면 아예 다른 나라에 사는 친구와는 하는 이야기도 만나는 횟수도 다를 수밖에 없다.

그러므로 각각의 우정이 요구하는 시간과 관심이 다 같지는 않다는 것을 기억하라. 이는 정서적 연결 정도, 친구들 각자의 필요, 만나는 것이 편리한가에 대한 실질적인 고려에 따라 달라지기 때문이다. 또 두 사람이 개인문제나 일과 관련하여 어느 정도 여유가 있는가 하는 것과도 관련이 있다.

　꽤 친한 친구나 아주 친한 친구와 전화하고 만나는 데 가장 방해가 되는 것은 무엇일까? 나는 핑계대기, 자기가 가장 바쁘다고 생각하는 것, 우울증, 이 세 가지가 가장 큰 요인이라고 생각한다.

핑계

"너무 바빠서." "시간이 안 나."

　우리는 이런 핑계를 곧잘 댄다. 우정이 얼마나 소중하고 중요한 관계인지 잊기 때문이다. 그러나 아무리 일이나 공부가 바쁘고 애인이나 가족의 일이 급해도 우정은 중요하다.

　친구의 존재를 당연하게 여기는 사람은 자주 만나거나 통화하지 못하는 것을 합리화하기 위해 자주 변명을 한다. 이런 사람은 친구가 언제나 자기 곁에 있을 것이라고 생각한다. 왜냐면 지금껏 그래왔으니까. 그러나 당신이 친구가 필요하지 않을 때에도 친구 곁에 있어주어야 정말 친구가 필요할 때, 즉 신세가 처량할 때, 기쁜 일을 함께 나누고 싶을 때, 이야기 상대가 필요할 때, 따분하고 외롭고 그냥 친구와 시간을 보내고 싶을 때 친구가 당신 곁에 있어줄 가능성이 높아진다.

자기가 가장 바쁘다는 착각

요새는 미혼이건 기혼이건 전업주부이건 취업 주부이건 안 바쁘다는 사람이 없다. 물론 당신이 이제 막 아이를 낳았다든지 수술을 받고 회복중이라든지 마감에 쫓긴다든지 하여 일시적으로 모임에 참석하지 못할 수는 있다. 그러나 친구와 좋은 관계를 유지하고 싶다면 이런 상황에 잘 대처해야 한다. 친구와 모이는 게 힘들다면 적어도 연락이라도 유지해야 한다.

우울증, 자기에 대한 부정적인 생각

우울하면 사람들을 만나기 싫다. 상대가 친구라고 해도 예외는 아니다. 그러므로 당신의 친구도 우울해서 당신을 멀리하고 있는 것인지도 모른다. 어떤 게 우울하다는 증거일까? 몇 가지 예를 들어보겠다. 전화를 하면 응답전화가 없다. 늘 같은 옷을 입고 나타난다. 사고가 부정적이고 패배감에 젖어 있다. 너무 많이 먹거나 먹지 않는다. 너무 많이 자거나 불면증에 시달린다. 집중을 못한다. 부정적이고 절망적인 말이나 생각을 한다. 몸무게가 너무 많이 늘거나 줄었어도 친구들과 만나는 것을 꺼릴 수 있다. 그 밖에 외모에 다른 불만이 있을 때도 친구들을 피할 수 있다.

친구가 당신을 멀리하는 것이 우울증 때문이라면 이에 대해 민감하게 반응하지 않는 것이 좋다. 친구가 당신의 관심이나 질문을 싫어하지 않는다면 왜 자꾸 피하려 드는지 알아보라. 이를 위해서는 대놓고 묻기보다 주의 깊게 지켜보고 이야기에 귀를 기울이는 것이 좋을 수도 있다. 만일 친구가 엄청나게 늘어난 몸무게 때문에 자꾸 핑계를 대며 만나려하지 않거나 만나기로 한 약속을 취소한다면 친구가 편하게 당신을 만날 수 있는 방법을 찾아보라. 친구를 피하며 만나지 않는 것은 악순환을 불러온다. 고립은 더 큰 우울증과 자기혐오를 부르기 때문이다. 그러므로 친구가 기분 상하지 않게 조심하면서 당신이 친구를 걱정하고 있음을 꾸준히 알리라. 그러나

친구가 다시 당신에게 마음을 열기까지는 며칠, 몇 주, 몇 달, 심하
면 몇 년이 걸릴 수도 있다. 물론 당신은 이 친구가 우울증과 고립에
서 벗어나도록 돕는 한편 당신 곁에 있어줄 다른 친구들을 사귀어야
한다. 당신까지 고립되어서는 안 되니까.

반대로 당신이 우울해서 친구를 멀리하고 있다면, 친구들에게
당신의 우울증이 문제이지 우정에 문제가 있어서가 아님을 알려라.
당신은 친구들에게 당신이 지금 어떤 기분인지 말하고 당분간 혼자
있게 해달라고 말할 수 있다. 언제쯤이면 다시 이야기하거나 만나
고 싶은 생각이 들지 친구들에게 일러두는 것도 좋다.

우울증이 심각하거나 만성적이어서 친구에게서 고립되어 있는
시간이 길어진다면 전문가의 도움을 받는 것을 고려해보라.

친구는 집에서 얻지 못하는 것을 채워줄 수 있다

이 책 첫 부분에서도 말했듯이 우정은 제 구실을 다하지 못하는 가
족 때문에 고통 받는 친구를 도울 수 있다. 그리하여 그들이 집에서
얻지 못하는 것들을 채워준다. 대개의 경우 가족은 어떤 형태의 관
리나 외부의 간섭에서도 독립되어 있는 것이 바람직하다. 개입하는
사람이 친구라도 마찬가지다. 그러나 문제가 가족 안에 있는 경우
라면 단기적으로 또 장기적으로 그 가정에서 일어나는 비극을 막을
수 있도록 외부에서 즉시 개입하는 것이 필요하다.

예를 들어 범죄희생자의 대변인으로 활동하는 존 월시는 아동

성 학대를 예방하고 대처하는 방법에 대한 공공연설에서 아이들에게 이렇게 충고했다. "문제가 가족이 아닌 다른 사람과 있는 경우라면 어머니나 아버지에게 말하라. 만일 식구 중 한 사람이 문제라면 선생님이나 가족의 친구 중 믿을 만한 사람에게 이야기하라." 믿을 수 있는 가족 친구는 도움을 줄 수 있다. 이들은 학대 상황에 사로잡혀 객관성을 잃은 당사자와 달리 객관성을 유지할 수 있다.

또 어린 시절 부모나 형제와 건강한 관계를 맺지 못한 사람은 이런 고통스런 기억을 치료해줄 수 있는 친구를 찾는 것이 매우 중요하다. 브리짓은 자녀를 셋 둔 58살의 기혼 여성이다. 그는 남편의 비서로 일하고 있으며 남편과 몬태나에 살고 있다. 브리짓의 엄마는 브리짓이 아홉 살 되던 해 집을 나갔는데 그 때부터 아버지가 브리짓 자매를 성적으로 학대하기 시작했다. 엄마가 떠나고 첫 번째 새 엄마가 오기 전, 또 첫 번째 새 엄마가 떠나고 두 번째 새 엄마가 오기 전, 아버지는 이들 자매의 방을 세를 주었고 브리짓과 여동생은 분주하게 자신들을 더듬는 아버지와 한 방에서 자야 했다. 브리짓의 아버지는 친구들이 집에 놀러오면 꼭 바지를 벗어 보여서 브리짓을 창피하게 만들었다.

브리짓은 16살이 되어서야 비로소 집을 나올 수 있었다. 돌이켜보면 브리짓은 어린 시절 자신이 받은 학대에 별다른 거부감이 없었다고 한다. "사랑인줄 알았어요. 그게 학대라는 걸 몰랐죠. 아버지가 우리를 귀여워하는 줄로만 알았어요." 그러나 브리짓이 7학년과 8학년 때 사귄 두 친구가 브리짓의 집에서 일어나고 있는 일이 비정상이라는 걸 일깨워주었다. 그리고 가족이란 어떠해야 하는지를 알게 해주었다.

집에서 벌어지고 있는 일에 문제가 있음을 알게 됐죠. 한 친구는 부모가 이혼해서 엄마와 아주 조그만 아파트에서 살고 있었지만 아주 행복했어요. 다른 친구는 집안이 '도나 리드(미국 에이비시 방송의 가족 시트콤, 〈도나 리드 쇼〉의 주인공 ─ 옮긴이)' 가족 같은 분위기였고요. 나는 두 친구를 보고서 내 삶이 정상이 아니란 걸 깨달았죠.

29살의 미혼남 멜은 배달원으로 일하고 있다. 멜은 어렸을 적 여동생, 엄마, 엄마의 동성애인, 엄마 애인의 네 아이와 함께 10년간 살았다. 네 아이 중 가장 큰 아이는 멜이 아홉 살이 되던 해부터 5년간 멜과 정신장애를 앓고 있는 멜의 여동생을 성적으로 학대했다. 멜은 3년 전 자살을 기도하기도 했다. 멜은 지금 학대로 입은 마음의 상처, 여자와 성적인 접촉을 하는 데 겪는 어려움, 분노, 자꾸만 혼자 있으려는 성향, 낮은 자기존중감을 치료받고 있다. 멜은 고등학교에서 폴을 만나 깊은 우정을 나누면서 우울에서 벗어날 수 있었다. "폴은 언제나 내 얘기 상대가 되어주었어요!"

릴리안은 열두 살 때 열여덟 살이던 오빠에게 여러 번 성 학대를 당했다. 릴리안의 말에 따르면 그의 성격형성기에 알코올중독에 일중독이었던 아빠는 거의 집에 있지 않았고 엄마는 곁에 있기는 했지만 감정이 너무 메말라 말이나 행동으로 사랑을 표현하는 일이 없었다. 그러나 릴리안은 친구들 덕분에 어린시절의 상처에서 벗어날 수 있었다고 한다.

3년 전 결혼할 때, 조앤 덕분에 어머니 생각으로 언짢을 겨를 같은 건 없었어요. 저는 어머니는 없는 거나 마찬가지라 생각하고 어머니를 초대하지 않았거든요. 그러나 조앤이 워낙 쾌활하게 분위기를 띄워주는 바람에 결혼식을 무척 기분 좋게 마칠 수 있었죠. 제 들러리이기도 했던 조앤은 결혼선물로 골든리트리버를 주었어요. 그 개는 다른 주에서 사와야 하는 건데 우린 경제적으로 그만한 여유가 없었죠.

우정은 어린 시절에서 중요한 관계가 빠져 있다고 생각하는 사람에게 이런 관계를 찾고 고를 수 있는 기회를 준다. 릴리안의 말을 더 들어보자.

친구를 원한다면 자기가 먼저 친구가 되어야 해요. 그게 지금껏 제가 해온 방식이에요. 제 가족이 제게 이렇게 해주었으면 하고 바랐지만 받지 못했던 것을 다른 사람에게 해줘요. 그러니까 상대방을 배려하고 사려 깊고 상냥하게 행동하려 해요.

그러나 당신이 무정하기 짝이 없고 부정적인 당신의 가족을 그대로 닮은 친구들만 사귄다면 친구를 통해 끊임없이 되풀이되는 패턴에서 벗어날 수 있도록 전문가의 도움을 받는 방법을 고려해보라. 우리는 누구나 따뜻하고 자상하고 재미있고 보람 있는 우정을 누릴 자격과 능력이 있다. 그러나 비난받고 실망하고 버림받고 배신당하는 데 익숙해지면 이와 정반대의 긍정적인 상황을 찾고 경험하는 것이 어렵고 두려울 수 있다. 너무 낯설기 때문이다. 부정적이기는 하나 익숙한 관계는 당신이 의식으로는 원치 않는다고 말하지만 내면 깊은 곳에서는 그 익숙함 때문에 편안함을 느낀다.

그러나 이런 불편한 감정을 느낄 만큼 느끼고 나면 변화도 가능하다. 사실 이런 불편한 감정은 알지 못한다는 데서 말미암는다. 당신에게 좋은 일인데도 말이다. 변화는 더 나은 일을 위한 것일지라도 때로 불안과 저항을 일으킨다. 그러나 우정패턴을 부정적인 패턴에서 긍정적인 패턴으로 바꾸는 데 따르는 불편함을 자기 힘으로 또는 전문가의 도움으로 이겨낼 수 있다면 이제껏 꿈꾸어온, 도움과 격려를 주고 긍정적이고 믿고 의지할 수 있는 우정을 키울 수 있다.

친구는 내 성격의 단점을 고칠 수 있는 기회도 준다

우리는 친구, 애인, 직장동료, 가족과 원만한 인간관계를 맺는 데 방해가 되는 자기의 성격을 우정의 도움으로 고칠 수 있다. 나는 이어지는 내용에서 세 가지 전형적인, 또 서로 대조되는 우정의 유형을 분석했다. 그 유형은 다음과 같다.

:: 지나치게 의존적인 친구

:: '나에게는 친구가 필요 없다'는 외톨이형 친구

:: 욕구와 독립성이 적절히 결합된 친구

각각의 유형에는 그런 유형이 된 원인과 해결방안을 같이 설명했다. 따라서 그런 친구를 대하는 데, 또는 그런 유형이 바로 당신이라면 그런 경향을 극복하는 데 도움을 얻을 수 있을 것이다.

TYPE 1 지나치게 의존적인 친구

원인

- 부모에게서 필요한 관심과 인정을 받지 못했다. 따라서 친구에게 인정을 받음으로써 이를 보상하려 한다.

- 자랄 때 아무리 작은 일에 대한 결정에도 꼭 부모가 참견했다. "좋아, 하지만…" 이런 말을 하도 많이 들어 자기의 의견이나 능력에 자신감을 키울 수 없었다. 그래서 어른이 된 지금도 내가 이러저러한 일을 했는데 너는 어떻게 생각하니? 하고 친구에게 확인을 받는 것이다.

- 어렸을 적 혼자 있는 것은 금지된 행동이거나 벌이었다. 그 결과 혼자 생각하고 결정하는 능력까지 키우지 못하게 됐다.

- 부모가 자기 생각을 너무 고집해 자녀들이 자기 시각을 키울 수 없었다. 그 결과 자기가 '잘 하고 있는지' 확인하기 위해 친구들에게 지나치게 의존하게 됐다.

당신이 이런 성향을 지닌 친구라면

- 다음번에 무언가를 결정할 때는 친구들에게 전화하지 말라. 혼자서 결정하라. 친구에게 전화해야겠다는 생각을 정 떨치지 못하겠거든 종이에 자기 의견이나 결정을 적어둔다. 그래

야 친구들이 다른 의견을 내놓을 때 자기가 애초 내린 결정과 견주어볼 수 있다. 이렇게 하지 않고 여러 친구들의 의견을 듣다보면 나중에는 자기가 내린 결정이 있었다는 사실조차 기억하지 못한다.

- 혼자서 시간을 보내는 데 익숙해져라. 그 시간이 즐겁고 유익하다고 생각하라. 혼자서 영화를 보러가라. 혼자 커피숍에 가보라. 혼자 있는 게 더욱 편해지면 근사한 식당에도 가보라. 혼자 있는 시간을 즐기는 데 익숙해지라. 그리고 내면의 목소리에 귀 기울이는 연습을 하라. 이 때는 어느 누구의 생각과 반응도 아닌 자기의 생각과 반응이 가장 우선하는 때이다.

- 현재 겪고 있는 어떤 일에 대해 친구에게 이야기하려면 그 일이 끝난 뒤 또는 그 일에 대한 결정이 끝난 뒤 얘기하라. 아직 결정단계일 때 친구에게 얘기하는 것은 바람직하지 않을 때도 있다.

- 친구가 조언을 자청하면 얼른 사양하라. 그리고 솔직하게 상황을 설명하고 이해를 구한다. "네가 정말 나를 아끼는 마음에 도와주려 하는 거 알아. 그런데 나는 이제부터 내가 내린 결정에 좀더 믿음을 가지려고 해. 그러니까 내게 조언을 하지 말아줘. 네 조언이 필요하면 얘기할게."

당신의 친구가 이런 성향을 지녔다면

- 당신 자신을 바꾸는 데 시간과 에너지를 집중하라. 자신을 직접 제어하고 바꿀 수 있는 사람은 바로 자신이다. 당신 스스

로 친구에게 덜 의존하도록 한다. 당신의 변화된 모습은 친구에게 훌륭한 역할 모델이 될 것이다.

- 친구에게 조언하는 일을 그만두라. 당신의 조언이 의존형 친구에게는 득보다 해가 됨을 깨달아야 한다. 친구가 자기신뢰와 자기 판단에 대한 자신감을 키울 수 있는 기회를 뺏는 일이기 때문이다.
- 친구의 결정을 좋다 나쁘다 판단하지 말고 있는 그대로 받아들여라. "어떤 일을 하는 데는 두 가지 방법이 있다. 하나는 내 방법이고 다른 하나는 잘못된 방법이다"와 같은 사고방식은 친구들이 당신에게서 멀어지게 만드는 사고방식이니 버려라.

TYPE 2 '나에게는 친구가 필요 없다'는 외톨이형 친구

원인

- 어린 시절 형제나 친구에게 깊은 상처를 받은 탓에 친구를 사귀는 게 두렵다. 그래서 오직 자기에게만 의지한다.
- 믿었던 어른에게서 정신 또는 육체적 학대를 받았다. 그래서 지금 아무도 믿을 수가 없다.
- 지난날 어머니나 아버지가 자신의 삶에 너무 깊숙하게 개입했다. 그래서 다른 누군가가 자신의 삶에 들어오는 것이 두렵다. 그 사람이 부모가 그랬던 것처럼 자신의 삶을 휘두를까 겁이 나기 때문이다.
- 외동아이 또는 다른 형제들이 너무 나이가 많거나 어려서 자

신이 외동아이 같다고 느꼈던 아이인데다 또래와 유대를 맺고 갈등을 해결할 기회를 충분히 얻지 못했다. 따라서 친구를 사귀는 기술이나 친구에 대한 욕구가 결여되어 있다. 이런 유형의 아이는 실은 어린 시절 몹시도 친구를 원했지만 친구를 사귈 기회를 얻지 못한 탓에 자기에게 지나치게 의지하게 됐다. 이들은 우정이 가져다주는 기쁨을 알지도 못한다.

- 형제가 많은 집안의 맏이라 어린이가 누려야 할 즐거움을 포기하고 동생들을 보살펴야 했다. 그 결과 친구도 자신에게 주기보다는 받기만 할 것이라는 피해의식을 지니고 있다.

당신이 이런 성향을 지닌 친구라면

- 자신의 이런 성향이 문제임을 인식하라.

- 당신이 고독한 방랑자 노릇을 하느라 놓치고 있는 우정의 이점을 종이에 쭉 적어본다. 뒷면이나 별도의 종이에 친구를 피하는 이유 또는 혼자 있고 싶어 하는 이유를 모두 적어본다.

- 무엇이 가장 두려운가? 친구를 사귀었다가 버림받을까봐 두려운가? 그런 일이 일어났다고 상상하라. 그리고 그 상황에 대처하여 이겨내는 법을, 약해지는 게 아니라 더 강해지는 모습을 상상하라.

- 스스로를 설득하라. 사랑과 마찬가지로 친구도 없는 것보다 있는 게 낫다고. 설혹 나중에 멀어질지언정.

- 친구와 우정의 긍정적인 이점을 논한 책을 읽는다. 물론 이 책도 포함된다. 그리하여 당신의 인생에 친구를 들이지 않음

으로써 얼마나 많은 것을 잃고 있는지를 깨닫는다.

- 자기도움 그룹에 가입하거나 개인상담 치료를 받는다. 과거 어떤 관계, 상황, 고통스런 경험, 두려움이 지금 친구를 사귀는 데 장해가 되고 있으며 이런 애초의 상황이 지금의 인간관계, 비즈니스 관계에 어떻게 나타나고 있는지 이해하고 해결책을 찾는다.

- 당신도 삶에 보탬이 되는 멋진 우정을 누릴 수 있다고 긍정적으로 생각하라.

당신의 친구가 이런 성향을 지녔다면

- 고독한 방랑자는 긍정적인 우정의 이점을 마음으로 느껴야 한다. 고독한 방랑자의 친구가 되려는 사람은 거리를 두려는 상대에게 휘말려 포기하는 일이 없도록 신중해야 한다. 또 끊임없이 노력하되 너무 저돌적이어서도 안 된다. 고독한 방랑자가 자기 페이스로 마음의 문을 열게 만들어야 한다. 그리고 상대방을 심판하려 해서는 안 된다. 그냥 곁에서 이상적이고 독립적인 친구로 있어야 한다. 상대방에게 지나치게 요구하는 게 많으면 고독한 방랑자가 품고 있는 가장 큰 두려움을 자극할 수 있다. 그것은 친구에게 곁을 주면 그가 '나를 갉아먹고 말 것'이라는 두려움이다.

- 지금 상황을 이야기하라. "너는 내가 너와 친구가 되고 싶어 하는 걸 알고 있어. 그런데 그걸 허락하지 않고 있어. 혹시 내가 잘못한 게 있니? 아니면 내 도움이 필요하니?" 이렇게 말

이다.

- 친구에게 자기도움 그룹이나 심리치료를 받을 것을 권유한다. 그리하여 친구가 과거 어떤 관계, 상황, 고통스런 경험, 두려움 때문에 지금 친구와 사귈 수 없게 된 건지, 또 이런 상황이 지금 관계에서 어떻게 나타나고 있는지 이해하고 해결책을 찾을 수 있도록 한다.

- 당신의 친구나 친구가 될 가능성이 있는 사람에게 매우 긍정적인 우정을 경험할 기회를 선사한다. 그에게 친구를 사귀고 싶다는 욕심이 생길 것이다. 예컨대 상대의 생일에 생일카드를 보내거나 너무 사적이거나 비싸서 상대방을 당황하게 하지 않을 물건, 예를 들어 책, 근사한 펜, 극장이나 식당을 이용할 수 있는 상품권 같은 것을 선물한다. 또 화기애애하고 밝은 분위기의 모임에 초대한다.

- 고독한 방랑자 친구에게 당신이 지금 사귀고 있거나 필요로 하는 그런 친구가 되라. 즉 이해심이 많고, 지나친 관심을 요구하지 않고, 상대를 배려할 줄 알고, 같이 있으면 즐겁고, 친구의 마음을 잘 이해하고 이야기를 잘 들어주는 친구가 되라.

- 참을성을 가지고 기다려라. 누군가를 믿고 마음을 열기까지는 시간이 걸린다.

TYPE 3 욕구와 독립성이 적절히 결합된 친구

이런 유형의 친구는 친구를 원하는 욕구와 혼자 지낼 수 있는 능력이 적절히 결합된 사람이다. 우정을 환영하지만 지나치게 원하지는 않는다. 친구에게 조언을 구하기도 하지만 최종결정은 전적으로 자기가 내린다.

원인

- 이런 친구는 부모형제에게 지나친 관심을 받거나 무시당하지 않고 건강한 관계를 맺으며 자랐다. 딱 적당한 자율이 주어졌으며, 부모는 그에게 서로 돕는 법을 가르쳤고 형제들은 그가 자기보다 나이가 많든 적든 존중해주었다. 아무도 "너한테 뭐가 좋은지는 내가 잘 알아"라고 말하지 않았다. 따라서 이 친구는 혼자 결정을 내리는 데 자신감을 키울 수 있었고 또래 관계를 삶의 긍정적인 한 부분으로 보는 건강한 태도를 지니게 됐다.

이런 성향을 유지하는 법

- 이런 유형은 지나치게 의존적인 사람이나 고독을 즐기는 사람이 닮고 싶어 하는 사람이다. 그러므로 이런 사람들이 자기 주변에 너무 꼬이지 않도록 조심해야 한다. 이런 유형의 사람은 자기처럼 균형을 유지하고 있는 사람과 사귀어야 한다. 그러지 않으면 모든 사람을 '도우려다' 진이 빠질 수 있다.
- 때로 혼자 있는 시간이 필요하다. '혼자만의 시간'을 삶의 긍정적인 한 부분으로 계속해서 즐기고 존중해야 한다.
- 부탁하지 않았는데도 친구가 지나치게 충고를 하려들면 친구에게 그러지 말라고 말해야 한다. 자기가 내린 결정이 최선의

결과를 낳지 못할 수도 있다. 그럴 때 남을 탓하지 말고 자기가 내린 결정의 어디가 잘못 되었는지 고민한다. 그래야 자신의 결정능력에 대하여 계속 자신감을 가질 수 있다.

- 당신의 건강한 균형감각이 재능임을 깨닫고 존중하라. 당신의 균형감각은 다른 사람에게 본보기가 될 수도 있다.

친구를 사귀고 친구와 평생 좋은 관계를 유지하는 법

여기 친구를 사귀고 친구와 평생 좋은 관계를 유지할 수 있는 14가지 방법이 있다. 이 방법 중에는 이 책에서 소개한 방법을 요약한 것도 있고 이 책에서 익힌 개념을 다른 분야로 확대한 것도 있다.

01 우정이 싹트려면 먼저 호감이 있어야 한다. 친구를 사귀는 가장 좋은 방법은 다른 사람에게 관심을 가지고 다른 사람이 좋아할 만한 사람이 되는 것이다.

02 자기만 생각하지 말고 친구 생각도 하라. 우리 아들이 유아원에 다닐 때 아들 친구 한 명을 집에서 같이 놀게 하려고 차에 태워 데려온 적이 있다. 나는 아들 친구에게 우리 집에 가서 무얼 하고 놀고 싶으냐고 물었다. "제프가 하자는 거요." 친구들에게 인기가 많던 그 아이는 그렇게 대답했다.

03 긍정적이고 쾌활한 친구가 되라.

04 친구를 심리치료사나 돈 꿔주는 사람으로 착각하지 말라.

05 친구에게 잠시 아이를 봐달라고 부탁할 수 있다. 그러나 그러다가 친구가 애 봐주는 사람으로 전락할 수 있다.

06 주의 깊게 들어라. 상대방을 이해하고 도우려는 자세를 보여라.

07 친구의 일에 꾸준히 진지한 관심을 보여라.

08 두 사람의 관계를 될 수 있는 대로 편안하게 만들어라. 이를 위해 친구가 무엇을 필요로 하며 어떤 일을 할 수 있는지 살펴라. 만일 친구가 당신과 만날 시간을 한 달에 한 번밖에 낼 수 없다면 주마다 또는 날마다 만나거나 전화하자고 조르지 말라. 친구가 아예 멀어질 수 있다.

09 자신감을 가져라.

10 당신의 지식과 경험을 친구와 나누라. 친구는 샐러맨더(salamander, 불도마뱀으로 전설상의 괴물 – 옮긴이)가 어떤 것인가 하는 지식에서부터 아픈 부모를 보살피는 법까지 당신에게 가르쳐줄 수 있는 게 무궁무진하다. 그러면서 당신의 견해를 존중해준다.

11 친구의 영역을 존중하라. 나는 내 친구 노나가 몇 년 전 남자친구가 열어준 깜짝파티 때문에 무척 당황했던 일을 기억한다. 노나의 남자친구는 노나의 친구들을 다 알지는 못 했다. 하지만 몇 다리 건너다보니 결국 노나의 모든 친구들과 연락이 닿게 됐다. 그래서 어떻게 되었냐고? 한 자리에 아티스트에서부터 주식중개인까지 온갖 친구들이 다 모였다. 전에 사귄 남자친구들까지 왔다. 이들 중 몇몇 친구와 헤어진 남자친구들은 노나가 다른 친구들에게 소개하고 싶지 않았던 친구들이었다.

12 물론 당신은 바쁠 수 있다. 그러나 친구가 만나고 싶어 하는데 너무 자주 바쁘다고 하거나 바쁜 기간이 너무 길어지면 관계가 멀어지거나 끝날 수 있다. 지금 당장 바쁜 일이 있거나 곧 바쁠 예정이라 해도 친구와

만날 약속을 정하고 지키려 노력하라. 이렇게 하면 당신이 두 사람의 관계를 여전히 중요하게 생각한다고 친구가 믿을 것이다.

13 친구를 바라보는 눈을 늘 새롭게 하라. 그러지 않으면 낡은 정보로 말미암아 낡고 비현실적인 관점을 가질 수 있다.

14 잠시도 짬을 낼 수 없을 만큼 바쁘다면 이메일, 전화, 팩스로 접촉하라. 또는 전화로 당신이 무척 바쁘다는 사실을 알리라. 친구와 머리를 맞대고 궁리하라. 아무리 바빠도 만날 수 있는 방법이 있을 것이다. 만나고 싶지만 시간을 내지 못해 고민하고 있음을 친구에게 알리는 것만으로 두 사람은 다시 연결될 수 있다.

데일카네기연구소의 크롬 회장은 카네기가 1936년에 발표한 고전,《친구를 사귀고 다른 사람에게 영향력을 행사하는 법》의 주요 아이디어를 인용하며 "기본원리는 같다. 다만 오늘날 우리가 그것을 표현하는 말이 바뀌었을 뿐이다"라고 말한다. 다음은 카네기의 책에서 뽑은 우정에 대한 네 가지 지침이다. 이를 기억해두면 당신이 아끼는 사람과 더 잘 지낼 수 있을 것이다.

:: 상대방을 비난하지 말라. 소중한 자존심에 상처를 주고 자존감을 다치게 하며 분노를 불러일으킬 것이기 때문이다.

:: 진실하고 성실한 마음으로 고마워하라.

:: 상대가 진실로 원하게 하라.

:: 웃어라.

우정은 신비하다

우정은 감정을 바탕으로 한 가장 특이하고 복잡한 관계임을 여기 마무리 부분에서 다시 한번 짚고 넘어가려 한다. 우정은 법, 재정, 경제, 사회 계약인 까닭에 감정이 복잡하기 마련인 혼인관계, 또 출생으로 결정되는 혈연관계보다도 특이하고 복잡하다. 우정은 서로 감정을 공유할 때만 존재한다. 1993년 출간된 앨런 블룸의 설득력 있고 도발적인 저서 《사랑과 우정(Love & Friendship)》에서 블룸은 프랑스의 사상가 몽테뉴도 우정을 감정적이고 직관적인 것으로 보았다고 밝히고 있다. 블룸은 먼저 "그 사람이 좋은 까닭을 굳이 얘기하라면 나는 이렇게 밖에 말할 수 없다. 그 사람이기 때문에, 그리고 나이기 때문에"라는 몽테뉴의 말을 인용한 뒤 이를 다음과 같이 설명했다. "그(몽테뉴)와 그보다 조금 나이가 많은 친구는 서로에게 깊이 빠져 있었다. 그리하여 자기와 타인 혹은 나와 너라는 구분을 극복했다."

아마도 이것이 우정이 그토록 신비하고 보람찬 이유 중 하나일 것이다. 즉 우정은 다른 사람과 결합할 수 있게 하여 그 사람의 영혼을 들여다 볼 수 있는 창을 마련해준다. 모든 결합은 나와 다른 사람이 정서적으로 연결됐다는 점에서 모두 놀랍다. 그러나 어떤 결합은 다른 결합보다 더 많은 기대를 받기도 한다. 즉 성별과 나이가 같고 가까이 살며 성장배경과 가치, 관심사가 비슷한 사람끼리의 우정이 그렇다.

그런가 하면 비슷한 점보다 다른 점이 많아 어떤 논리와 이유로도 설명하기 힘든 우정도 있다. 내가 빌과 나눈 우정이 바로 그러하다. 빌은 영국인 저널리스트이자 범죄피해자의 대변인으로 나보다 거의 50살이나 나이가 많았다. 개중에는 우리가 그렇게 친한 사이는 아니라고 생각하는 사람들도 있었다. 우리가 멀리 떨어져 있고 나이 차이가 많이 났기 때문이다. 그러나 빌과 나는 통하는 게 있었고 나는 항상 그와 연결되어 있는 느낌이 들었다. 우리가 1970년대 후반부터 주고받은 편지를 보면 그간 우리의 삶이 고스란히 들어 있다. 특히 내가 아직 미혼이었던 때 빌은 내가 가까운 친구들에게도 차마 말할 수 없는 느낌과 생각을 표현할 수 있는 사람이었다. 나는 그에게서 원숙하고 현명하고 색다른 견해를 들을 수 있었다. 생각해보니 내가 멀리 떨어져 있는 빌과 나눴던 우정은 오늘날 사람들이 이메일과 인터넷으로 나누는 우정의 시초였던 것 같다. 기술의 발전으로 이제 우리는 지구 반대편에 있는 친구와도 거의 실시간으로 소통할 수 있게 됐다. 나는 1983년 빌에게 썼으나 부치지 않은 편지도 간직하고 있다. 그 편지에서 나는 빌에게 사과를 하고 있다. 빌이 내 편지를 읽고 답장을 하느라 저술활동에 방해를 받고 있다고 생각했기 때문이다.

1985년 나는 빌에게 우리가 나누고 있는 먼 거리 우정에 대해 어떻게 생각하고 있는지 물었다. 빌은 그만의 자상하고도 설득력 있는 문장으로 이런 답을 내놓았다. "나는 존슨 박사(영국의 저명한 문필가 사무엘 존슨을 가리킴 — 옮긴이)가 그랬던 것처럼 '여성과 나누는 우정의 아기자기함'을 좋아해. 아마 다른 남자들도 대부분 그럴 거야. 때로는 스스로를 과신하다 배신감을 맛보기도 하지. 하지만 잔은 결코 그러지 않으리라는 느낌이 들어. 그리고 나 역시 세상을 떠나면 모를까 잔을 떠나는 일은 없을 거야. 그런데 내가 세상을 떠날 날이 얼마 남지 않긴 했구먼."

나는 빌을 직접 만나러 잉글랜드에 갈 계획을 수도 없이 세웠다. 그러나 늘 돈이 없다든지 시간이 없다든지 하는 핑계로 가지 못했다.

내가 빌의 아흔한 번째 생일에 보낸 카드에 빌이 이런 답장을 했다. "나, 그렇게 나쁘지 않아. 내가 이렇게 나이를 먹었다는 게 정말 싫기는 해. 하지만 계속 살아야겠다는 생각이 들어. 어쨌든 그게 그 반대보다는 낫잖아."

세월이 흐르면서 나는 빌과 편지로 나누는 우정을 당연하게 여기게 됐다. 빌은 언젠가 편지에 나를 딸로 삼기로 했다는 말을 쓰기도 했다.

1995년 5월, 그토록 기다리던 유럽여행이 마침내 현실로 다가왔고 나는 들뜬 마음으로 빌에게 편지를 썼다. 정확히 한 달 반 뒤면 우리가 드디어 만나게 된다고.

6월 10일, 나는 팩스 한 장을 받았다. 팩스는 빌의 아들이 보낸 것으로 빌이 1년 전 아흔두 살을 일기로 사망했다는 슬픈 소식이 담겨 있었다. 빌은 건강이 나빠져 한동안 고생하다 끝내 암으로 숨을 거뒀다고 했다. 나는 한동안 멍청히 있었다. 그리고 같이 학교에 다닌 가까운 친구가 죽은 것처럼 슬피 울었다. 내가 빌에게 마지막으로 편지를 쓴 게 2년도 더 됐다는 걸 깨닫고 나는 깜짝 놀랐다. 진동한동 지내느라 날 가는 줄도 모르는 사이 빌을 잃고 만 것이다.

내 친구 빌은 세상을 하직하면서까지 값진 교훈을 남겼다. 소중한 친구와 만나는 일을 미루어서는 안 된다는 교훈 말이다. 빌은 역설을 무척 좋아하는 사람이었다. 그러므로 나는 이 역설적인 상황을 누구보다 빌에게 알리고 싶었다. 그러나 그는 죽고 없으니 어쩔 것인가. 나는 빌의 아들에게 편지를 썼다. "이제 선생님의 부친을 영영 뵐 수 없다고 생각하니 슬프기 그지없습니다. 그분과 악수할 수 없고 얼굴을 뵐 수 없다고 생각하니 눈물이 납니다. 저는 참으로 멋진 펜팔친구를, 멀리 있지만 결코 멀지 않았던 친구를 잃었습니다."

친구에게는 마음을 읽는 능력이 없다

당신이 지금 감정적으로 어떤 도움을 원하는지, 어떤 일을 겪고 있는지 친구가 훤히 알고 있으리라고 착각하지 말라. 친구들은 당신에게 어떤 일이 있는지, 그 일이 당신에게 얼마나 큰 영향을 미치는지 알지 못할 수도 있다. 만일 알았다면 도우려 했을 것이다. 일례로 몇 년 전 내가 유산한 이야기를 하겠다.

나는 그 때 나를 생각하는 사람이라곤 친한 친구 한 명과 사촌 하나밖에 없다는 느낌이 들었다. 그렇게 많은 친구들이며 친지들이 모두 나를 버린 것만 같았다. 그토록 원했던 아이를 임신 10주 만에 알 수 없는 이유로 잃은 슬픔에 나를 위로해주는 친구가 거의 없다는 분노가 겹쳤다. 그렇게 2년이라는 시간이 흐른 뒤에야 나는 내게 어떤 일이 있었는지 친구에게 말한 적조차 없음을 깨달았다. 내 절망과 슬픔을 아는 친구는 나와 자주 연락을 주고받는 친구 몇몇뿐이었던 것이다.

얼마 뒤 아버지가 위독해졌다. 나는 저번 일을 거울삼아 친하기는 하나 연락이 뜸한 친구 모두에게 아버지가 편찮으시다는 편지를 보냈다. 내 심정을 적은 시도 한 편 동봉했다. 내 편지를 받기가 무섭게 고등학교 동창 주디가 전화를 했다. 그리고 응답기에 이런 메시지를 남겼다. "나는 요새 네게 어떤 일이 있는지 전혀 몰랐어."

몇 주 뒤 아버지가 돌아가셨다. 나는 친구들은 독심술사가 아니라는 어렵게 깨달은 교훈을 되새기며 친구들에게 연락했다. 지난번 유산했을 때와 달리 이번에는 친한 친구들이 한 사람도 빠짐없이 찾아오거나 소식을 전했다. 그들의 도움이 필요하다는 사실을 내가 분명히 했기 때문이다. 이번에도 물론 슬픔은 이루 말할 수 없이 컸지만 좀더 빨리 마음의 평정을 찾을 수 있었다. 친구들을 비롯하여 남편, 친지들이 내 곁에서 내가 혼자가 아님을, 관심과 사랑을 받는 존재임을 일깨워주었기 때문이다.

친구들은 서로 찾을 수 있어야 한다

또 한 가지, 친구들이 당신의 삶에서 사라지지 않게 하려면 이사하거나 이름을 바꾸었을 때 친구들이 알 수 있게 해야 한다. 이를 위해 친구의 가족이나 친구들 중 두세 사람, 혹은 적어도 한 사람의 이름,

주소, 전화번호를 알고 있는 게 좋다. 예컨대 당신의 친구가 이사하면서 주소를 알려주지 않아 지금 어디 있는지 모른다고 하자. 당신이 이 친구의 부모, 형제 또는 친구 한두 명의 주소를 알고 있다면 소식이 끊긴 친구를 이들을 통해 쉽게 찾을 수 있다. 이런 상황은 웬만큼 친한 친구나 가까이 살지 않는 꽤 친한 친구에게 해당하는 사항일 것이다. 아주 친한 친구는 이사를 한다든지 이름을 바꾼다든지 하면 친구와 연락이 끊기는 일이 없도록 반드시 알릴 것이기 때문이다.

이전 장에서도 말했지만 특히 여자들은 결혼 뒤에 성(姓)을 바꾸는 것이 평생 우정을 유지하는 데 어떤 영향을 미칠 것인지 신중히 생각해야 한다. 아웃플레이스먼트 전문가 래리 스티벨 말에 따르면 연락이 끊긴 남성 친구를 찾는 일은 훨씬 쉽다고 한다. "요즘 같이 인터넷과 시디롬이 일상화된 시대에는 옛 친구가 나를 찾는 것도 내가 옛 친구를 찾는 것도 쉽습니다. 예를 들어, 저 같은 경우 전화번호부 인명편이 수록된 시디롬이 있어요. 전화번호가 등록된 미국 남자라면 못 찾을 사람이 거의 없죠. 그런데 여자는 좀더 어려워요."

처녀 적 이름을 기록하여 보존하는 체계가 있다면 여자들도 남자들처럼 옛 친구를 쉽게 찾을 수 있을 것이다. 그러나 처녀 적 이름을 기록하는 것은 판도라의 상자를 여는 것과 같다고 경계하는 사람도 있다. 처녀 적 또는 이전 혼인관계에서 쓰던 이름을 비밀로 하고 싶은 여성들도 있기 때문이다.

처녀 적 이름을 기록하는 일이 실시되든 안 되든, 이름이 바뀔 경우 옛 친구들에게 알릴 수 있는 방법을 찾아야 한다. 만일 처녀 적 이름과 결혼 후 이름을 동시에 적는 게 가능하다면 두 이름을 같이 쓰는 방법도 괜찮다. 또는 지방신문, 생활정보지, 전국신문 또는 간행물에 광고를 실어 결혼으로 바뀐 이름을 알리는 것도 좋다. 이 방법은 이혼하여 처녀 적 이름을 다시 쓰게 된 경우에도 쓸 수 있다.

우정의 변화

내가 1970년대 후반 우정에 관한 조사를 실시한 이래 쭉 관찰한 바로는 여성들이 일터에서 높은 자리에 올라갈 때 우정에 가장 큰 변화가 일어난다. 승진한 여성들은 직장동료를 더 믿지 못하게 됐다. 반대로 남자들은 일터에서나 일터 바깥에서나 더 마음을 열고 친구를 신뢰했다. 그러나 앞으로 10년 뒤에는 여성들의 일과 관련한 우정이 남자들의 '탈의실' 우정처럼 활동적이 되는 한편 정서적 지지나 비밀 공유 같은 전통적인 여자들 우정의 특성도 계속 지니게 될 것이다. 그래서 이런 우정이 일터 안팎에서 모두 의미가 있게 될 것이다.

　나는 여성들이 아이를 키우기 위해 잠시라도 직장을 그만두지 못하는 까닭이 수입이 줄고 경력관리가 어려워지기 때문이기도 하지만 사회적 접촉이 줄고 일을 통해 친구를 사귈 수 없기 때문임을 알았다. 대부분의 여성에게 일터는 학교를 졸업한 뒤 친구를 사귀는 장소이다. 그런데 육아휴직을 하거나 육아를 위해 장기간 일터에서 떠나 있으면 새 친구를 사귀는 것이 어려워진다. 일을 그만두면 퇴직한 사람이나 실직자와 마찬가지로 일터에서 손쉽게 친구를 사귀는 일이, 그 밖에 일자리에서 얻을 수 있는 갖가지 이익과 함께 물 건너가는 것이다.

일터 혹은 학교 밖에서는 소외감을 느끼기가 더 쉽다. 일터에서라면 천천히 자연스럽게 친구를 사귈 수 있지만 일터 밖, 예컨대 지역사회 같은 곳에서는 그런 일이 쉽지 않기 때문이다. 직장이나 학교에서는 자연스럽게 함께 지내는 시간이 많다. 그러나 그 밖의 상황에서는 상대방에 대한 사전정보를 별로 얻지 못한 채 관계가 너무 빨리 형성되기도 한다. 이런 사전정보는 두 사람의 우정이 서로에게 보탬이 될지 판단하기 위해 꼭 필요한데도 말이다.

오늘날의 남녀는 배우자, 자녀, 친구와 같은 중요한 관계들을 조화롭게 꾸려가려 무척 애쓴다. 이들은 한 가지 관계에 노력을 집중하느라 나머지 관계를 희생했던 이전 세대들과 다르다. 그러나 고집스럽게 옛날방식을 지키는 사람도 있다. "나는 친구들 만날 시간이 없어요." 밀드리드는 여섯 자녀 중 둘만 남고 모두 집을 떠났는데도 그렇게 말했다. "애들하고 남편 챙겨야지, 일 해야지, 친구 사귈 시간이 도무지 안 생기네요."

2년 뒤 노동절, 밀드리드가 전화를 걸어서는 "이 큰 집에 나 혼자 있어요" 하고 투덜거렸다. 그이 남편은 일하고 있었고 아이들은 모두 포코노스에 있는 주말별장에 가 있었다. "애들이 같이 가자고 했지만 할 일이 너무 많아서 안 갔어요."

그렇게 외로운 게 분명한데도 밀드리드는 점심이나 같이 하자는 내 말에 너무 바빠서 안 되겠다고 말했다.

그러나 2년 뒤 밀드리드 인생에도 변화가 찾아왔다. 그는 집을 팔고 예전에 살았던 맨해튼으로 이사했다. 그리고 어린 시절 친구들과도 다시 만났다. 그것은 밀드리드에게 잘된 일이었다. 밀드리드는 곧 퇴직했고 자유시간이 많아졌기 때문이다.

1980년대에 나는 우정이란 '보통 가족의 책임으로 남겨진 영역의 문제에 대해 지나치게 기대서는 안 되는 선택적인 구실'이라고 생각했다. 이러한 정의는 우리 사회의 변화로 말미암아 1990년대 이후 나타난 새로운 경향으로 일부 수정이 필요해졌다. 다음은 심리학자 허버트 프로이덴베르거가 한 말이다.

에이즈 환자를 친구로 둔 이들이 예전에는 친구에게 기대할 수 없었던 많은 일들을 하는 것을 보았습니다. 이들은 친구에게 음식을 가져다주고 물건을 사다줍니다. 가족에게 편지를 써주고 전화를 걸어주고 집을 치워줍니다. 우정이라는 이름으로 정말 많은 일을 합니다. 중요한 사실은 이들이 애인이 아니라 친구라는 점입니다. 에이즈 같은 질병은 우정을 더 돈독하게 만들기 때문에 친구들이 일반적으로 생각하는 것보다 훨씬 헌신적이 되는 것 같습니다.

이제는 우정이 정신적인 도움뿐만 아니라 실질적인 도움도 준다. 일례로 광고위원회(Ad Council, 미국의 대표적인 공익광고기관 — 옮긴이)와 미국 교통부가 공동 후원한 '친구가 음주운전을 하게 두지 마세요'라는 캠페인이 음주운전 관련 사상자 수를 크게 줄인 예가 있다. 내 친구 토니 피에트란투오노의 말을 들어봐도 그렇다. "내가 여러 사람 살렸지. 내가 대리운전자였거든. 모임에서 술자리가 벌어지면 일단 자리를 떴다가 나중에 와서 친구들을 집에 태워다 줬지."

요새 남자들은 우정에 다른 방식으로 접근한다. 이들은 이전 세대의 전형적인 아버지들과는 달리 아이들과 친구가 되기 위해 시간을 낸다. 아이들과 보내는 시간은 일부러 만들지 않으면 생기지 않는다. 그래서 어떤 아버지들은 하루쯤 친구들과 어울리지 않고 일찍 들어오고 어떤 아버지들은 아예 날마다 집에 일찍 온다. 남자들은 자녀들과 친구가 되어야 하고 아내에게도 가장 좋은 친구가 되어야 하며 일에도 시간과 정력을 쏟아 부어야 한다. 그러나 남자들은 이 모든 것을 조화롭게 할 수 있는 방법을 찾아낼 것이고 친구들의 우정도 계속 유지할 수 있을 것이다.

남자와 여자의 우정패턴을 연구하는 심리학자 린다 새퍼딘은 내게 이런 말을 했다. "자녀가 어릴 때는 대부분의 사람들이 관심사가 같은 사람과 친하게 지냅니다. 하지만 이런 우정은 삶의 다음 단계로 넘어가거나 이사를 하게 되면 변합니다. 이런 우정 대부분은 오래 못가죠. 시간과 정력은 언제나 한정되어 있으므로 옛것에 매달려 있으면 새 친구를 사귈 수가 없습니다. 그러므로 옛것의 일부는 버려야 합니다."

프렌드시프트는 피할 수 없는 현상이다. 우리 인생이 변하는 만큼 우정도 변할 수밖에 없다. 지금의 우정보다 더 친밀감을 나눌 수 있고 더 자주 만날 수 있는 관계로 옮아가거나 지금의 우정을 사그라지게 둔다 해서 한때 이 관계가 당신에게 주었던 의미가 작아지는 것은 아니다. 그러나 소중한 우정이 소홀히 두거나 시간관리를 잘못하여 멀어지는 일은 없어야 한다. 우정은 자발적인 관계이므로 친구에게 응답전화를 하지 않거나 친구가 나를 필요로 할 때 있어주지 않으면 오래지 않아 그 친구는 다른 친구를 찾을 것이다.

어느 여대생이 설문에 적은 내용이다. "아직까지는 끝나버린 우정이 많지 않다. 한동안 못 본 친구도 있지만 우리 사이에 아직 우정이 남아 있다고 생각한다."

그러면서 그 여대생은 1970년대의 베스트셀러 《나 자신에게 가장 좋은 친구가 되는 법(How to Be Your Own Best Friend)》이라는 책의 핵심이기도 한 말을 덧붙였다. "먼저 내가 나에게 가장 좋은 친구가 되는 게 중요하다고 생각한다. 내가 나를 좋아하면 다른 사람들도 나를 좋아한다."

이는 우정에 관한 책에 꼭 등장하는 기초적인 개념이다. 즉 내가 나를 좋아하면 내 곁에 있고 싶어 하는 사람들이 많아진다.

당신 스스로가 중요한 사람임을 느낄 수 있는 방법 중 하나가 다른 사람을 위해 끝까지 노력하는 것이다. 그러다 혹 마음 상하는 일이 있더라도 이겨내야 한다. 어렵더라도, 시간, 정력, 개인의 욕구나 목표를 희생해야 하더라도, 몹시 불편하고 어렵고 그렇게 하는 데 돈이 들더라도 당신의 친구, 어머니, 배우자, 형제를 도와야 한다. 다른 사람들은 당신을 당신이 베푼 일로 기억할 것이다. 혹 다른 사람들이 알아주지 않는다 해도 당신은 다른 사람이 내게 이렇게 해주었으면 하고 바랐던 대로 다른 사람들에게 행동한 것에 대해 마음

깊은 곳에서 자부심을 느낄 것이다.

　이처럼 과거의 전통적 접근과 요즘의 현대적 접근을 적절히 혼합할 때 우리는 우리 삶을 모든 면에서 더 낫게 만들어줄 다양한 친구를 사귈 수 있다. 20세기 초 독일의 사회학자 짐멜은 우정의 현대적 접근에 따른 세분화된 우정이 현대인이 얻을 수 있는 모든 것이라고 예언했다. 그러나 우리는 그 우정에서 상당히 진전했다. 오늘날 이상적인 결혼의 친밀한 남녀관계가 과거 절친한 친구의 전형적인 특징인 동성 간의 우애를 대체하고 있음이 사실이다. 그러나 여러분은 가장 모범적인 결혼에서도 친구가 있으면 이로운 점이 많다는 것도 보았을 것이다. 어떤 일을 함께 하기 좋은 적당히 친한 친구, 동성끼리만 통하는 경험을 나눌 꽤 친한 또는 아주 친한 친구가 그 예이다.

　삶에서 변화는 불가피한 것이다. 우리는 이혼, 배우자의 죽음, 실직, 가족의 이사와 같은 상황으로 말미암아 우리를 지탱해주던 주요관계와 경험에서 잠시 또는 영영 분리되었음을 발견하기도 한다. 이때 구명보트 노릇을 하는 것이 우정이다. 요새는 의사소통 수단의 속도가 너무 빠르므로 모든 친구에게 편안하게 '속을 내보일' 수는 없다. 그러므로 우리는 어떤 상대에게 자신을 낱낱이 보일 것인지 좀더 시간을 들여 신중하게 골라야 한다. 그러나 조금만 주의하면 지나치게 조심스럽게 굴거나 사람들과 거리를 두지 않고도 육체적, 정신적 사랑과 가족관계로 이루어진 충만하고 만족스런 삶을 살 수 있다.

　프렌드시프트. 여러분은 예로부터 전해오는 전통적 접근에 따른 우정의 고귀한 특성과 현대적 접근의 이점을 결합한 매력적이고 강력한 우정의 이점을 누릴 수 있다. 현대적 접근의 이점에는 여성의 지위향상, 남성의 높아진 감정표현능력, 아주 어릴 때부터 노년에 이르기까지 우정이 중요하다는 인식의 변화, 이메일, 팩스, 빠른 우편, 화상회의 등을 통한 더 빠른 의사소통, 인터넷이 가져온 세계화와 장벽제거, 연락하고 만나는 것을 더 쉽게 해주는 방법들, 우정을 결혼이나 가족과 경쟁관계가 아닌 삶에서 가치 있는 관계로 보는 새로운 세대의 등장이 있다. 여러분에게는 이전의 어떤 세대들보다도 선택할 수 있는 관계가 많다. 여러분은 아주 친한 친구, 꽤 친한 친구, 웬만큼 친한 친구와 우정을 나누면서 이런 변화가 가져온 이익을 누리게 될 것이다.

프렌드시프트

지은이 | 잔 야거
옮긴이 | 한지영

1판 1쇄 펴낸날 | 2004년 5월 1일

펴낸이 | 이주명
편집 | 문나영
본문디자인 | 예티
출력 | 문형사
종이 | 화인페이퍼
인쇄 | 한영문화사
제본 | 영신사

펴낸곳 | 필맥
출판등록 제2003-63호
주소 | 서울시 종로구 송월동 99-2 송월빌딩 401호
이메일 | philmac@philmac.co.kr
전화 | 02-3210-4421
팩스 | 02-3210-4431

ISBN 89-91071-00-7 (03320)

* 잘못된 책은 바꾸어 드립니다.
* 값은 뒤표지에 있습니다.

이 도서의 국립중앙도서관 출판시도서목록(CIP)은 e-CIP 홈페이지(http://www.nl.go.kr/cip.php)에서
이용하실 수 있습니다.(CIP제어번호: CIP2004000849)